Max Pierre Schaeffer's Kriminalbibliothek

Zum Nachtisch Zyankali

Max Pierre Schaeffer's
Kriminalbibliothek

Die 10 berühmtesten Versicherungsverbrechen:
Der Fall Alexander Keith
Der Fall Kurt Tetzner
Der Fall Martha Marek
Der Fall Jack Graham
Der Fall Giovanni Fenaroli
Der Fall Elfriede Tiltmann
Der Fall Arthur Simbürger
Der Fall Franz Xaver Uhl
Der Fall Linda Hollis
Der Fall Julian Harvey

Zum Nachtisch Zyankali

Herbig

Schutzumschlag: Werner Rebhuhn, Hamburg
Gesamtherstellung: Welsermühl, Wels
Printed in Austria 1981
ISBN: 3-7766-1142-1

Inhalt

Einleitung

Auch wenn Sie gut versichert sind – sicher sind Sie damit noch lange nicht. Im Gegenteil: Eine hohe Versicherung kann für Sie das Todesurteil bedeuten.

Das klingt widersinnig, ist es aber keineswegs. Als ich mit der Arbeit für dieses Buch begann, suchten gerade Taucher den Bodensee nach einer Frau ab, die auch geglaubt hatte, sich mit einer Versicherung vor den gröbsten Risiken des Lebens geschützt zu haben. Kaum war die Tinte unter dem Vertrag trocken, da kenterte ihre Motoryacht, und sie ertrank. Lange stand ihr Mann im Verdacht, ihrem Ende »nachgeholfen« zu haben. Denn ihr Tod bedeutete Bargeld für ihn.

Die Leiche der Frau wurde bis heute nicht gefunden, ihr Mann wieder auf freien Fuß gesetzt. Das Problem blieb: Wer sich hoch versichert, läuft Gefahr, unsicher zu leben. Auch – und gerade – in der eigenen Familie.

Was ich in den Akten von Versicherungsdetektiven in aller Welt und beim Studium von Polizei- und Gerichtsprotokollen über Versicherungsverbrecher entdeckt habe, ist kaum zu glauben, aber die Statistik bestätigt es: Beim sogenannten »Versicherungsmord« liegt der Mord am eigenen Mann durch die Ehefrau an erster Stelle. An zweiter Stelle: der Mord an der eigenen Frau durch den Ehemann. Es folgen drittens der Mord an anderen Verwandten, viertens der

Mord am eigenen Kind. Erst an fünfter Stelle steht der Mord an fremden Personen.
Wie ist das möglich? Was geht in Menschen vor, die ihren engsten Angehörigen Liebe und Zuneigung vorgaukeln, während sie schon ihren Tod, in dem sie ein »gutes Geschäft« sehen, vorbereiten?
Antwort darauf geben die zehn berühmtesten Versicherungsverbrechen, die ich in diesem Band meiner Reihe »Schaeffer's Kriminal-Bibliothek« zusammengetragen habe. Da ist etwa der Fall des jungen Jack Graham, der seiner Mutter eine Bombe in den Koffer schmuggelte, bevor sie ins Flugzeug stieg. Der Fall der Elfriede Tiltmann, die zuerst ihren Mann, dann ihren Sohn mit einem giftigen Nachtisch ins Grab schickte. Der Fall des Giovanni Fenaroli, der seiner Frau telefonisch eine Todesfalle stellte. Oder auch der Fall des Julian Harvey, der ein Schiff, auf dem sich seine Frau befand, versenkte, nachdem er zuvor alle Menschen an Bord erschossen hatte. Ein Kind aber vergaß er – das wurde ihm schließlich zum Verhängnis.
Alle diese Mörder erlagen der Lockung des Geldes. Alle ihre Opfer waren für sie tot wertvoller als lebendig – sie bedeuteten hohe Summen, die die Täter durch Mord einlösten. Und die Todeskandidaten machten es ihnen leicht: Sie waren arglos bis zum bitteren Ende.
Daß man sich vor gewissen Unwägbarkeiten des Lebens durch eine Versicherung schützen kann, ist eine große Errungenschaft der Zivilisation. Sie ist zugleich auch eine große Verlockung. Denn seit es Versicherungen gibt, ist immer wieder versucht worden, sie betrügerisch auszubeuten. Schadensfälle werden vorgetäuscht, versichertes Gut wird

mutwillig zerstört, um hohe Entschädigungen von den Versicherungsgesellschaften kassieren zu können. Wegen des erhofften Geldes schrecken Täter selbst nicht davor zurück, ihre eigenen Häuser und Geschäfte anzuzünden, ihre eigenen Körper zu verstümmeln. Oder, wie etwa im tragischen Fall der Linda Hollis, mit dem ich mich in diesem Buch auch befasse, sie begehen Selbstmord, um ihren Angehörigen einen Vorteil zu verschaffen.
Versicherungsbetrüger machen aber auch vor der Gesundheit und dem Leben anderer Menschen nicht halt. Bei ihrem makabren Geschäft mit dem Tod lassen sie Schiffe versinken, Flugzeuge abstürzen, Autos verunglücken oder Ahnungslose qualvoll an Giften wie Zyankali, Thallium oder Arsen sterben. Sie kennen kein Erbarmen.
Während man Mördern, die aus Liebe und Leidenschaft, aus Ängsten, Verzweiflung oder Depressionen töteten, manchmal noch eine versöhnliche Seite abgewinnen kann, ist das beim Versicherungsmörder nicht möglich. Er wird von keinem inneren Konflikt, von keiner sich entladenden Emotion, er wird einzig von dem Willen getrieben, sich zu bereichern; koste es, was es wolle.
Versicherungsmörder, so ergaben meine Recherchen, sind »Generalstäbler des Teufels«. Sie planen ihre Verbrechen oft von langer Hand und führen sie dann ohne Skrupel durch. Mit dem Abschluß des Versicherungsvertrages, in den sie sich als »Begünstigte« einsetzen lassen, fällen sie das Todesurteil über ihre Opfer. Von nun an überlassen sie nichts mehr dem Zufall, gehen sie gefühlskalt und geschäftsmäßig vor. Während sie Zuwendung und Zärtlichkeit heucheln, treiben sie die Menschen, die für sie Wohlstand, Luxus oder

auch nur Befreiung aus augenblicklicher finanzieller Not bedeuten, systematisch in den Tod.
Kann man sich vor ihnen schützen? Ich meine, ja. Wer fürchtet, selbst einmal das Opfer habgieriger Machenschaften zu werden – und wer kann davor schon absolut sicher sein –, für den, auch das zeigen die in diesem Buch geschilderten Fälle eindrucksvoll, ist Mißtrauen die beste Lebensversicherung.

Max Pierre Schaeffer

Der Fall Alexander Keith
Das höllische Faß

Ein kleiner, äußerst korpulenter Mann betritt an einem Märztag das kaiserliche Uhrenmuseum in Wien. Mit seiner hohen Stirn, der randlosen Brille und dem kurzgeschnittenen dunklen Vollbart sieht er aus wie ein Gelehrter. Nicht zu diesem Bild passen allerdings seine auffälligen goldenen Ringe, die zu breite Uhrkette auf der Weste und der listige, verschlagene Zug in seinem Gesicht.
Er winkt einen Museumsdiener heran. »Sagen Sie, wo finde ich hier Uhren, die man auf Schiffen verwendet?«
»Mechanische oder elektrische?«
»Mich interessieren Uhren, die lange laufen, möglichst leise und präzise sind.«
Der Museumsdiener führt ihn zu einigen Glasvitrinen und erläutert ihm die Konstruktionen verschiedener Modelle. Der Besucher, der seiner Aussprache nach Amerikaner zu sein scheint, stellt einige Fragen und hört aufmerksam zu. Von Zeit zu Zeit macht er sich Notizen. Eine Uhr interessiert ihn besonders. Sie läuft acht Tage, ist wasserdicht und stoßfest. Als er erfährt, daß sie von dem bekannten Wiener Uhrmacher Ignaz Riad stammt, hat er es plötzlich eilig.
Er fährt mit einer Droschke zur Werkstatt des Meisters in der Siebensterngasse 56. Hier stellt er sich als »Mr. Wiskop« vor. Auf Ignaz Riad wirkt der lebhafte, korpulente Mann bei aller Jovialität, um die er sich bemüht, irgendwie zwielichtig.

Er sagt: »Ihre Uhr im Museum hat mir gefallen, Mr. Riad. Können Sie mir eine ähnliche herstellen? Bedingung: Sie muß eine Laufzeit von zwölf Tagen haben und darf nicht ›ticktack‹ machen.«
Der Meister runzelt die Brauen. »Wie meinen Sie das?«
»Sie muß völlig geräuschlos sein. Ist das möglich?«
»Ja, das geht.«
Eine weitere Forderung, die der dicke Mr. Wiskop stellt: Eine Feder, die über einen Hebel stark zurückschnellt. Nach seinen detaillierten Angaben, die ein großes technisches Wissen verraten, fertigt Meister Riad eine Skizze an. Man einigt sich über Ausführung und Preis, und der neue Kunde legt als Anzahlung hundert Gulden auf den Tisch. In vier Wochen, so verspricht der Uhrmacher, soll das Werk fertig sein.
Von Wien aus reist der Bärtige, der halb wie ein Professor, halb wie ein Dandy wirkt, nach Köln. Er läßt sich im Büro der Gebrüder Krebs melden, die in Kalk eine Dynamit-Fabrikation betreiben. Diesmal nennt er sich »Mr. W. Garcia aus Jamaica«. Er bestellt eine so große Menge Sprengstoff, daß der ältere Herr Krebs verwundert den Kopf schüttelt.
»Sieben Zentner Dynamit – damit können Sie ja den ganzen Kölner Dom in die Luft sprengen, Mr. Garcia!«
Der korpulente Mann blickt lächelnd über den Brillenrand hinweg.
»Den Dom möchte ich natürlich stehenlassen«, erwidert er. »Ich brauche das Dynamit für eines meiner Bergwerke in Kingston. Der Sprengstoff, den wir drüben verwenden, taugt nicht viel. Deshalb komme ich zu Ihnen. Sie sind mir empfohlen worden.«

Am nächsten Tag nimmt er den Sprengstoff, der zum Seetransport in längliche runde Säcke verpackt ist, selbst in Empfang. Er läßt sie in zwei Holzkisten verpacken und nach Dresden schaffen, wo er unter dem Namen »William K. Thomas« eine hochherrschaftliche Villa bewohnt, zusammen mit seiner Frau Cäcilie, einer aparten dunkelhaarigen Schönheit aus Paris, und seinen beiden Kindern. In dem großen Haus, das er führt, verkehren neben den Spitzen der Dresdener Gesellschaft auch Prinzen aus dem sächsischen Königshaus. Die wahre Identität des Mannes mit den drei Namen, denen er später auch noch andere zufügt, und seinen wahren Charakter kennt niemand, nicht einmal seine Frau.
Vier Wochen später ist die in Wien bestellte Uhr fertig. Meister Riad, stolz auf sein Werk, führt sie seinem Kunden selbst vor. Der Dicke ist zufrieden, lobt ihren leisen Gang. Er hat allerdings einen Änderungswunsch: Die Feder schlägt ihm nicht kräftig genug zu. Wie zu sich selbst sagt er: »Sie soll ja etwas auslösen!« Noch zweimal läßt er die Feder verstärken.
In einem abgelegenen Raum des Hauses, den niemand außer ihm betreten darf, macht er sich daran, das Dynamit und das Uhrwerk zusammenzufügen – in einem großen Faß, in das er ein kleineres hat einbauen lassen. In dem kleinen Faß befestigt er die Uhr, aus der er mit einem Schlagbolzen und einem Zündhütchen einen Zeitzünder konstruiert hat. Das große Faß packt er mit den grauen Dynamitsäcken voll.
Ende Mai 1875 ist sein Werk fertig – eine Höllenmaschine mit ungeheurer Sprengkraft.
Er schickt das harmlos aussehende Faß mit der Eisenbahn nach Bremerhaven, wo es am 1. Juni eintrifft. Am 5. Juni

soll es mit dem Dampfer »Rhein« nach New York gebracht werden. Vorher weist der Auftraggeber sein Bankhaus »Baring Brothers« in London telegrafisch an, die Fracht mit 9000 Pfund Sterling zu versichern. Da das zu versichernde Gut nicht genau bezeichnet ist, müssen die Bankiers die höchste Prämie zahlen: 46 Pfund Sterling.

»Ich mache eine größere Reise, Liebling«, verabschiedet sich Mr. Thomas alias Mr. Garcia alias Mr. Wiskop in Dresden von seiner Frau. »Wenn ich zurückkomme, werden wir wieder Geld haben, viel Geld.«

Die schöne Cäcilie verzieht schmollend den Mund. »Hoffentlich, Alexander. Du weißt ja, es ist höchste Zeit!«

Am Tag der Abfahrt der »Rhein« steht der elegant gekleidete, überaus korpulente Mann unter den winkenden Menschen am Pier. Nur er allein weiß, welches höllische Faß sich an Bord befindet. Nach seinen Berechnungen wird der Dampfer mit den über vierhundert Passagieren, den sechzig Besatzungsmitgliedern und den sieben Zentnern Dynamit mitten auf dem Atlantik in die Luft fliegen. Ein unangenehmer Gedanke, der ihn einen Augenblick beschäftigt, den er dann aber rasch verdrängt.

Sirenengeheul zum Abschied. Eine ältere Dame, die ihrer Tochter und ihrem Schwiegersohn zuwinkt, die oben an der Reling stehen, wendet sich ihm zu. Sie hat Tränen in den Augen.

»Ein wunderbares Schiff, nicht wahr?« sagt sie seufzend, mit einer Mischung aus Rührung und Stolz.

Der Dicke nickt. »Ja, ein schönes Schiff...«

Noch am selben Tag reist er über London nach Liverpool. Hier besteigt er den Dampfer »Republik«, der Stunden später ebenfalls nach New York ausläuft.
Während der Fahrt ist er in aufgeräumter Stimmung. Alle zwei Tage läßt er sich eine neue Flasche Kognak in seine Kabine bringen, und bei den Bordfesten ist er trotz seiner Leibesfülle ein ausdauernder Tänzer. Der »flotte Professor«, wie er genannt wird, ist bei den Passagieren beliebt, besonders bei den Damen. Sie würden gern mehr über ihn erfahren, aber er erzählt nur wenig von sich selbst.
Tagsüber liegt er zufrieden in einem Deckliegestuhl und hängt seinen Gedanken nach. Nicht mehr lange, dann wird die »Rhein«, die jetzt irgendwo auf dem Ozean fährt, mit dem tickenden Tod in ihrem Stahlleib, als vermißt gemeldet werden, und die Versicherungsgesellschaft muß ihm 9000 Pfund Sterling auf den Tisch blättern – ein kleines Vermögen ...
Der geheimnisvolle Mann, der so hoffnungsvoll seinem Reichtum entgegenfährt, heißt mit wirklichem Namen Alexander Keith. Er ist gerade fünfundvierzig geworden, sein Vollbart läßt ihn allerdings älter erscheinen. Sohn eines aus England eingewanderten Bierbrauers aus Halifax in Neuschottland. Die Idee für seinen Coup, sein gigantisches Versicherungsverbrechen, das jetzt ganz ohne sein weiteres Zutun abläuft, ist ihm während des amerikanischen Bürgerkriegs gekommen.
Er selbst hat zu dieser Zeit, als junger Mann, Anfang dreißig, ein Vermögen damit verdient, daß er in Halifax kleinere Dampfer und Segelschiffe mit Munition, Medikamenten und Fleisch belud und als Blockadebrecher zu den Südstaaten

schickte, die sich von der Union gelöst hatten und deren Häfen von den Nordstaaten blockiert wurden. Durch seine Rigorosität und seine enorme Geschäftstüchtigkeit wurde er rasch zu einem Kriegsgewinnler vom Schlage eines Rhett Butler, des Helden aus Margaret Mitchells Roman »Vom Winde verweht«. Und wie Rhett Butler, den später im Film Clark Gable verkörperte, trat auch Alexander Keith auf: mit kurzen glänzenden Stiefeln, großkarierten Anzügen, steifem grauen Hut, dreifach geschlungener goldener Uhrkette über der Brokatweste und einer nie ausgehenden schwarzen Brasilzigarre im Mund. Sein wichtigtuerisches Gehabe trug ihm die Spitznamen »Konsul von Südamerika« und »Dandy Keith« ein.

Nicht alle Schiffe, die er losschickte, kamen allerdings in den blockierten Südhäfen an, und sie wurden nicht von den Booten der Union abgefangen. Unter den Eignern der Frachter gab es dunkle Existenzen, die ihr Geld mit »Kohlenbomben« verdienten. Von bestochenen Matrosen ließen sie heimlich mit Sprengstoff gefüllte Kohlenbrocken in die Heizungsbunker der Schiffe schmuggeln, die sie vor dem Auslaufen gegen Untergang hoch versicherten. Wurde die präparierte Kohle auf offener See von den ahnungslosen Heizern unter den Kessel gelegt, kam es zur Explosion. Die Schiffe sanken, und die Betrüger kassierten. Den Tod vieler unschuldiger Menschen nahmen sie ungerührt in Kauf.

Als der Sezessionskrieg zu Ende ging und mit ihm auch die guten Verdienstmöglichkeiten für Alexander Keith, verließ er Halifax und ging nach New York, mit wohlgefüllter Brieftasche, aber auch mit 32 000 Dollar, die ihm nicht gehörten. Er hatte sie für die Besitzer des Dampfers »Caledonia« kassiert,

der unter geheimnisvollen Umständen untergegangen war, und es ist zu vermuten, daß »Dandy Keith« seine Hand dabei im Spiel hatte. Ein Teil seines Geldes wurde ihm wieder abgejagt, aber er verschaffte sich mühelos neues. Da er es nicht gelernt hatte, seinen Lebensunterhalt auf seriöse Art zu verdienen, half er sich mit Betrügereien, Täuschung und Veruntreuung. So eignete er sich 300 000 Dollar an, die er Freunden und Geschäftspartnern unter falschen Versprechungen bedenkenlos abnahm.
Sein imposantes Auftreten imponierte auch der jungen Cäcilie Paris, die er bei einer Bankiersfamilie kennenlernte und kurz darauf heiratete. Sie war mit ihrer Mutter aus Frankreich nach Amerika gekommen, eine aparte Schönheit, schlank, grazil, mit glattem schwarzem Haar und feurigen schwarzen Augen. Außerdem war sie gebildet und sprachbegabt. Sie ahnte nicht, welchem Abenteurer sie ihr Jawort gab, nahm arglos seinen falschen Namen »Thomas« an und zog mit ihm nach Deutschland, wo angeblich große Geschäfte auf ihn warteten. In Wirklichkeit aber wollte er den von ihm Getäuschten und Betrogenen aus dem Weg gehen. Er hatte für den Anfang genügend Geld, um bequem leben zu können. In Dresden gab er sich als »verrückter reicher Amerikaner«, und seine bezaubernde Frau war der Mittelpunkt der feinen Gesellschaft. Alexander Keith, der seine junge Frau abgöttisch liebte, umgab sie mit allem Luxus, fuhr mit ihr in die teuersten Hotels in Paris, Rom und Wien und schickte sie zu kostspieligen Kuren – bis ihm schließlich das Geld ausging, bis sich auf seinem Louis-XV-Schreibtisch die unbezahlten Rechnungen häuften.
Da fiel ihm die alte Sache mit den »Kohlenbomben« ein. Da

er keinen eigenen Frachter besaß, den er entsprechend präparieren konnte, beschloß er, ein Frachtstück mit Dynamit auszurüsten, es hoch zu versichern und an Bord eines Passagierschiffs zu schmuggeln: Er brauchte dann nur noch abzuwarten ...

Am 19. Juni wird Keith vom Decksteward geweckt. Er ist in seinem Liegestuhl eingeschlafen.

»New York, Sir! Sehen Sie nur!«

Der korpulente Mann steht auf, tritt gähnend an die Reling. Er sieht die berühmte Skyline, die Freiheitsgöttin mit der emporgereckten Fackel, den Hafen, in den die »Republik« mit gedrosselten Maschinen langsam einläuft.

Irgendwie ist ihm nicht ganz behaglich zumute. Die vierhundertsechzig Menschen auf der »Rhein« spuken ihm durch den Kopf: vierhundertsechzig Menschen, die durch seine Schuld jetzt irgendwo auf dem Grund des Meeres liegen.

Er mustert die Schiffe an der Pier, und plötzlich entdeckt er etwas, was ihm für einen Moment den Atem stocken läßt: Auf dem Bug eines der Schiffe prangt in roten Lettern der Name »Rhein« – es ist der Dampfer mit seinem Dynamitfaß! Unversehrt und friedlich schaukelt er im Wasser des Hafenbeckens.

Keine Explosion ... Keine Toten ... Keine 9000 Pfund Sterling von der Versicherung ...

Alexander Keith faßt sich an den Kopf, kann das Bild, das er da sieht, nicht begreifen. Was ist geschehen, daß nach seinen langen und gründlichen Vorbereitungen nichts »passiert« ist?

Er geht zum Frachtbüro und läßt sich das Faß, das an »Georg S. Thomas, New York« adressiert ist, aushändigen. In der dunklen Ecke eines Lagerschuppens öffnet er vorsichtig den Deckel, und er findet die Ursache der Panne: Die Schlagfeder des Uhrwerks hat sich verklemmt. »Verdammt!« murmelt er.

Sein Anschlag ist mißlungen, aber er gibt nicht auf. Er bringt das entschärfte Faß in ein Depot und fährt fünf Tage später nach Europa zurück.

Als erstes vertröstet er seine Frau, die von seinen finsteren Machenschaften nichts ahnt. Sie ist ungehalten. »Was soll ich nur machen, Alexander?« fragt sie jammernd. »Das Personal muß bezahlt werden. Die Lieferanten mahnen immer aufdringlicher. Ich kann keine Gesellschaft mehr geben. Selbst für das Nötigste im Haushalt fehlt mir das Geld!«

Keith beruhigt sie. »Das Geschäft hat sich verzögert. Hab noch ein wenig Geduld, Liebling. Du kennst mich doch. Bald sieht es wieder anders aus!«

»Hoffentlich«, erwidert sie gereizt, den Tränen nahe. »Hoffentlich. Sonst ...« Sie unterbricht sich, spricht den Satz nicht aus.

Aber er versteht die versteckte Drohung: Cäcilie wird ihn verlassen, wenn er ihr nicht bald wieder den gewohnten Luxus bieten kann. Die Drohung scheint ihn zu beflügeln. Er macht sich daran, eine neue Höllenmaschine zu basteln. Das heißt, er baut gleich zwei.

Er besorgt sich hundert Pfund Dynamit, zweiunddreißig Zündhütchen, drei Rollen Zündschnur und einige wasserdichte Säcke. Außerdem zwei Holzkisten und zwei Eisenkassetten, die genau in die Kisten passen. In ihnen bringt

er den Sprengstoff unter. Mit diesen Requisiten reist er nach London, geht in ein Hotel und baut dort alles zusammen.
Sein Plan: Um keine neue Panne zu erleben, will er selbst an Bord eines Schiffes gehen und die Sprengmasse mit einer langen Lunte anzünden, kurz bevor das Schiff ausläuft. Er selbst will im gleichen Moment unbemerkt an Land zurückkehren. Wenn die glimmende Lunte die Kisten erreicht, ist er längst in Sicherheit.
Er braucht jetzt nur noch einen Dampfer und einen Vorwand, die Dynamitkisten möglichst hoch zu versichern.
Er entscheidet sich für die englische »Celtic« von der White-Star-Dampferlinie, die in wenigen Tagen von Liverpool nach New York ausläuft. Auf ihr belegt er eine Kabine, in die er auch die beiden Kisten schaffen läßt. Er hat sie als Passagiergut deklariert. Dann versucht er, dafür von einer Versicherung eine Police zu bekommen. Er gibt an, daß die Kisten mit 20-Dollar-Stücken im Wert von 6000 Pfund Sterling gefüllt sind. Er brauche das Geld für Grundstücksgeschäfte in Amerika.
»Okay«, sagt der erste Versicherungsmann, den er anruft, »machen wir! Wir versichern die Kiste zum vollen Wert. Unter einer kleinen Bedingung.«
»Ja?«
»Ich komme, und Sie zählen mir die Dollars vor.«
Alexander Keith sitzt plötzlich in der Klemme. Er redet sich schließlich damit heraus, daß ihm die Prämie zu hoch ist. Doch bei zwei anderen Versicherungsgesellschaften blitzt er ebenfalls ab. Auch sie wollen das viele Geld sehen, das sie versichern sollen.

Als die »Celtic« in Liverpool ablegt, sitzt Keith niedergeschlagen in seiner Kabine. Daß er überhaupt mitfährt, ist ganz gegen sein Programm. Denn wäre es ihm gelungen, eine Versicherung abzuschließen, hätte er die Lunte angesteckt und sich heimlich von Bord entfernt. So aber muß er bleiben, eine neue Chance suchen.

Die enge Nachbarschaft mit den hundert Pfund Dynamit, neben denen er auch schlafen muß, macht ihn nervös. Er verläßt häufig seine Kabine, trinkt mehr Kognak als gewöhnlich.

An der Schiffsbar kommt ihm eines Abends der – wie er meint – rettende Gedanke. Er muß nur Edwin Barnett, den Zahlmeister, auf seine Seite bringen. Wenn der ihm seine angeblichen »Geldkisten« in Verwahrung nimmt und ihm eine Empfangsbestätigung ausstellt, aus der hervorgeht, daß die Kisten 6000 Dollar wert sind, kann er damit in Queenstown, wo Zwischenstation gemacht wird, jede Versicherung bekommen. Dann braucht er keinem schlauen Agenten die Dollars vorzählen, und er kann endlich die Lunte an seine Höllenmaschinen legen. Wo das Schiff explodiert, ist ihm völlig gleichgültig.

Die erste Enttäuschung erlebt er, als er erfährt, daß die »Celtic« ausgerechnet auf dieser Reise nicht in Queenstown anlegt. Er zwingt sich, ruhig zu bleiben. Nach gründlichem Nachdenken faßt er den Entschluß, die Ausführung des Plans nach New York zu verlegen. Er wird sich dort schnell um eine Versicherung kümmern und das Schiff notfalls im Hafen explodieren lassen. Wer soll ihn schon als Urheber der Katastrophe entlarven können? Er muß seine Höllenmaschinen nur in einen selten benutzten Raum stellen, ehe er von Bord geht.

Voraussetzung ist natürlich, daß der Zahlmeister seine »Geldkisten« nimmt und ihm die entsprechende Bestätigung ausstellt.
Edwin Barnett sagt nicht nein, als der nette dicke Herr mit der Gelehrtenbrille ihn eines Tages zu einem Drink an der Bar einlädt. Keith redet mit ihm über dieses und jenes, ehe er schließlich zur Sache kommt.
Er nimmt den Zahlmeister, einen hageren, blonden Mann mit wachen blauen Augen, vertraulich am Arm. »Vielleicht können Sie mir helfen, Mr. Barnett. Ich habe da ein Problem.«
Der Blonde sieht ihn fragend an. »Dann schießen Sie mal los. Professor. Wo drückt's denn?«
»Ich kann nachts kaum noch schlafen. Aus Angst, daß mir meine Kisten gestohlen werden. Sie sind bis an den Rand vollgepackt mit Dollars. Heute nacht hatte ich das Gefühl, daß jemand in meine Kabine eindringen wollte.«
»Und wie kann ich Ihnen helfen?« fragt Barnett. Er lacht. »Soll ich etwa bei Ihnen schlafen?«
Alexander Keith nimmt einen tiefen Zug aus seinem Kognakglas, schüttelt dann den Kopf.
»Nein. Ich wäre froh, wenn Sie die Kisten in Verwahrung nehmen würden. Sie könnten sie vielleicht in einem Tresorraum einschließen.«
»Kein Problem.«
Keith blinzelt den Zahlmeister über seine Brillengläser hinweg an. »Was ich allerdings brauche, ist ein Beleg, auf dem Sie mir den Inhalt der Kisten bestätigen. Sie wissen schon, was ich meine: die Dollars.«
Auch der andere nimmt jetzt einen Schluck. Er überlegt

einen Moment, ehe er erwidert: »Gut und schön, Mr. Keith. Ich glaube Ihnen ja, daß die Dollars in den Kisten sind. Aber glauben heißt bekanntlich: nicht wissen. Und wie es der Teufel will, kann irgend etwas mit den Kisten passieren, und ich muß für etwas geradestehen, was ich nicht gesehen habe.«

Alexander Keith blickt den Zahlmeister etwas dümmlich an.

»Was wollen Sie damit sagen?«

»Ich will sagen, daß Sie mir das Geld in den Kisten zeigen – und ich quittiere Ihnen dann den Inhalt. Anders geht es nicht.«

»Hm.«

Keith fällt es schwer, seine Enttäuschung zu verbergen. Er weiß: Auch die letzte Chance, auf dieser Fahrt seinen Coup zu starten, ist damit dahin.

Seufzend entgegnet er nach einer Weile: »Ach wissen Sie, lassen wir's, Mr. Barnett. War nur so eine Schnapsidee von mir. Muß ich halt die letzten Tage noch selbst auf den Schatz in meiner Kabine aufpassen!« Sein Lachen klingt dabei hohl.

Für den Rest der Reise schließt er sich in seiner Kabine ein und zeigt sich nur noch kurz zu den Mahlzeiten. Er wirkt dann mürrisch und verschlossen. Seine Tischnachbarin fragt ihn einmal, ob er krank sei.

»Ich brüte irgend etwas aus«, erwidert er in halbwegs freundlichem Ton. »Aber ich weiß nicht, was.«

Vor der Ankunft in New York schüttet er den Sprengstoff aus den Kisten heimlich ins Wasser.

Der Zahlmeister steht dabei, als Keith die Kisten in Gegenwart eines Zollbeamten öffnet. Kopfschüttelnd sieht er – es befindet sich kein einziger Dollar darin. Sie sind leer!

Wieder hat Alexander Keith verloren, doch auch dieses Mal gibt er sich nicht geschlagen.
Auf der Fifth Avenue sucht er einen Frachtmakler auf. Er gibt ihm den Auftrag, das entschärfte Dynamitfaß, mit dem er den Dampfer »Rhein« versenken wollte, aus dem Depot zu holen und nach Bremerhaven zu verfrachten. Empfänger dort ist er selbst, unter seinem falschen Namen »Thomas«. Makaber: das Faß tritt ausgerechnet auf der »Rhein« die Rückreise über den Ozean an.
Er selbst fährt als »Mr. Stewart« am 26. Oktober mit dem Dampfer »Frisia« nach Hamburg. Dieses Mal nur 3. Klasse, denn sein Geld geht zur Neige. Unterwegs beschäftigt ihn nur ein Gedanke: wie er nach dem neuen Fehlschlag seiner Frau unter die Augen treten soll. Er hat nun Angst, sie für immer zu verlieren.
Eine Gräfin, die auf der »Frisia« mit ihm am Tisch sitzt, fragt ihn eines Abends: »Was bedrückt Sie denn so, Mr. Stewart? Kann ich Ihnen irgendwie helfen?«
Keith erkennt rasch seine Chance. Die Gräfin, Witwe eines amerikanischen Industriellen, gilt als reiche Frau, mit Grundbesitz in New York und Kalifornien.
Bekümmert erwidert er: »Ich bin hinter einem Angestellten her, der mir mit 30 000 Dollar nach Deutschland durchgebrannt ist. Genau das Geld, das ich für die Ärzte meiner Frau brauche!«
»Mein Gott, Sie Armer. Haben Sie denn eine Chance, den Mann zu fangen?«
Keith hebt die dicklichen Schultern. »Ich weiß es nicht. Ich habe zwar einen Tip bekommen, wo er sich versteckt halten soll. Aber wer weiß, ob er noch da ist, wenn ich ankomme.«

Die Gräfin erhebt sich nach dem Dessert. »Ich hoffe, daß Ihre Frau nicht darunter zu leiden hat«, sagt sie, ehe sie sich in ihre Kabine zurückzieht. In den nächsten Tagen ist sie krank. Keith sieht sie bis zur Ankunft in Hamburg nicht mehr.
Auch dem Bordfriseur erzählt er die Geschichte mit seinem ungetreuen Angestellten, wohl in der Hoffnung, ihn anpumpen zu können. Doch der Friseur traut ihm nicht über den Weg. Er hat gesehen, daß auf einer Ledertasche des Dikken der Name »Thomas« steht, während er doch unter dem Namen »Stewart« reist.
Alexander Keith hat seine alte Sicherheit, mit der er bisher seine Pläne und Unternehmungen durchführte, verloren. Er ist nervös, fängt an, Fehler zu machen.
Nach der Ankunft in Hamburg fährt er sofort weiter nach Linz. Dort kann er bei einer Bank, bei der er einmal einen hohen Betrag eingezahlt hat, noch einmal Kredit bekommen. Mit dem Geld reist er zu seiner Frau nach Dresden. Cäcilie ist froh, die dringendsten Schulden bezahlen zu können, und auch, ihren Mann wieder für einige Wochen bei sich zu haben.
Alexander Keith ist zwar wieder zu Hause, aber Tag und Nacht beschäftigt er sich in Gedanken mit seinem dritten Schlag, mit dessen Vorbereitung er jetzt beginnt und der ihn endgültig von seinen Sorgen befreien soll.
Ende November erscheint er im Kontor eines Frachtbüros in Bremerhaven, um sein Faß abzuholen. Es ist nicht aufzufinden. Nach einigen Telefongesprächen erfährt er schließlich, daß es versehentlich zum Bahnhof nach Bremen geschafft worden ist. Er fährt ihm nach und steigt im Hotel »Stadt Bremen« ab. Durch eine Zeitungsanzeige sucht er einen

Raum, in dem er ungestört arbeiten kann. Unter den Angeboten fällt seine Wahl auf einen Schuppen in der Altstadt. Hierher läßt er auch sein Faß transportieren.
Punkt eins seines Programms: Ausbau der Uhr. Er entfernt die Schlagfeder, ehe er das Werk zum Überholen zu einem Uhrmacher bringt.
Der fragt ihn neugierig: »Warum hat die Uhr denn kein Zifferblatt? Was hat sie für einen Zweck?«
Was soll Keith schon darauf antworten? Er sagt: »Ich brauche sie für ein Patent. Ich möchte noch nicht darüber sprechen, bevor es angemeldet ist, wenn Sie das verstehen?«
»Aber natürlich.«
»Bis wann ist die Uhr fertig?«
»Sie können sie am 2. Dezember abholen.«
An diesem Tag ist Keith pünktlich zur Stelle. Der beleibte Mann lädt das schwere Werk ächzend auf die Schulter. Plötzlich stutzt er. Tickt da nicht etwas? Er setzt seine Last wieder ab, horcht.
»Das Uhrwerk ist ja aufgezogen«, sagt er dann aufgeregt. »Warum?«
»Das ist doch üblich.«
»Ich habe aber nichts davon gesagt. Sie sollten die Uhr nur überholen – sonst nichts!« Keith schwitzt plötzlich. Er wischt sich mit einem Tuch über die Stirn, ehe er fragt: »Seit wann läuft sie? Wann muß sie wieder aufgezogen werden? Das muß ich genau wissen.«
Der Uhrmacher gibt ihm Auskunft. Kopfschüttelnd blickt er dem bärtigen Dicken nach, als der mit der Uhr auf der Schulter den Laden verläßt und sich auf den Weg zu seinem Schuppen in der Altstadt macht.

Hier ist inzwischen ein neues Faß angekommen, das Keith von einem Bremer Böttcher hat anfertigen lassen. Das alte war durch die Transporte zu stark beschädigt worden. Keith baut das Uhrwerk ein und packt das Dynamit darum, die ganzen sieben Zentner, die schon einige Wege und Irrwege hinter sich haben. Anschließend läßt er den Böttcher kommen, um das Faß fachgerecht zuzunageln.
Als er sieht, welch lange Nägel der Mann in das Kastanienholz treibt, verliert er die Fassung. Er packt ihn an der Schulter. »Um Gottes willen, nehmen Sie kürzere Nägel!« schreit er ihn an.
Alexander Keith ist blaß. Sein dicker Körper zittert. Er hat Angst, jeden Moment selbst in die Luft zu fliegen.
Der Böttcher, der die Reaktion seines Auftraggebers nicht versteht, schlägt achselzuckend kürzere Nägel ein.
Am 9. Dezember transportieren zwei Arbeiter, die Keith von einer Baustelle geholt hat, das Faß auf einem zweirädrigen Karren zum Kontor des Norddeutschen Lloyd. Der Wagen holpert über die vereisten Straßen, das Faß, das nicht befestigt ist, rutscht gefährlich hin und her.
»Vorsichtig, ganz vorsichtig!« beschwört Keith die Männer, die nicht wissen, welches Teufelszeug sie da transportieren. »Nicht stoßen! Und beim Abladen nicht kippen! Da ist Porzellan drin, das geht mir sonst kaputt!«
Dann läuft er der Karre um hundert Meter voraus. Man kann ja nie wissen. Von Zeit zu Zeit dreht er sich um, gibt den Arbeitern Zeichen, noch behutsamer zu sein.
Vom Kontor des Lloyd wird das Dynamitfaß am 11. Dezember mit einem Extrazug nach Bremerhaven gebracht. Dort transportiert es ein Rollwagen, der von einem Pferd

gezogen wird, zum Südkai, wo der Luxusdampfer »Mosel« liegt. Er soll an diesem Morgen auslaufen, mit achthundertachtundzwanzig Passagieren und hundertfünf Mann Besatzung. Über neunhundert Menschen, die nach dem Willen eines verzweifelten Mannes, der gar nicht wie ein Mörder aussieht, sterben sollen ... Aber er denkt nicht an ihren Tod. Er denkt nur daran, daß er weiterleben will, bequem und ohne finanzielle Sorgen.

Es ist ihm gelungen, das Faß mit 3000 Reichsmark versichern zu lassen. Angeblich sind »Präzisionswerkzeuge« darin. Nicht viel Geld für das Sterben so vieler. Aber das ist nur der erste Teil seines geplanten Coups. Teil zwei ist der alte Trick mit der Quittung über die angebliche »Geldkiste«, der ihm zwar auf der »Celtic« mißlungen ist, den er aber beim Zahlmeister der »Mosel« neu probieren will. Ein deutscher Schiffsoffizier, so hofft er, wird einem Engländer Glauben schenken, und nicht verlangen, daß er ihm das Geld, das er da in einer Kiste transportiert, Münze für Münze zeigt.

In Southampton will Alexander Keith nach Abschluß der großen Versicherung auf die »Geldkiste« von Bord gehen, ehe das Schiff weiterfährt. Der Zeitzünder ist so eingestellt, daß die »Mosel« einige Stunden nach Verlassen des Kanals explodiert und mit Mann und Maus untergeht.

Dieses Mal setzt er auf das Gelingen seines Plans alle Hoffnung. Er hat alles Geld, was er noch besaß, in sein furchtbares Vorhaben investiert. Die letzten 20 Pfund Sterling, die er bei sich hat, sind für den Abschluß der Versicherung in Southampton bestimmt. Wenn alles gutgeht, ist er in wenigen Tagen ein reicher Mann.

Gegen 10 Uhr 30 betritt ein Mr. William King Jones die »Mosel«, das modernste und schnellste Schiff des Norddeutschen Lloyd, der Stolz der deutschen Seefahrt.
Er hat einen Handkoffer bei sich und eine Kiste, die ein Dienstmann in seine 1.-Klasse-Kabine mit der Nummer 11 bringt. Geheimnisvoll deutet er dem Steward an, daß die Kiste »viel Geld« enthält.
Der füllige Herr mit Bart und Brille ist etwas auffallend elegant gekleidet, wirkt aber nicht unsympathisch. Als Wohnort hat »Mr. Jones« Strehlen bei Dresden angegeben. Unter seinen Kleidern sind für »alle Fälle« neun Meter Zündschnur versteckt.
Nachdem er seinen Koffer und die Kiste in seiner Kabine abgestellt hat, begibt er sich an Deck. Von der Reling aus sieht er zu, wie die letzten Frachtstücke an Bord gehievt werden.
Es ist kurz vor 11 Uhr an diesem 11. Dezember 1875.
Kapitän Albert Leist, auf der Treppe der Kommandobrücke neben dem Lotsen stehend, beobachtet, wie zwei Arbeiter die schwere Kette des Verladekrans um ein dunkles Holzfaß legen. Schließlich gibt er dem Kranführer das Zeichen, das Faß hochzuziehen.
Im nächsten Moment passiert es:
Beim Herüberschwenken des Krans zum Laderaum löst sich das Faß aus der Kette und fällt auf das Pflaster, dicht neben der Bordwand.
Dann geschieht alles auf einmal: Eine gewaltige schwarze Wolke schießt an der Stelle empor, wo das Faß aufgeschlagen ist, höher als die Schornsteine der »Mosel«. Ein ohrenbetäubender Knall ertönt. Die Druckwelle der Explosion reißt ein

hausgroßes Loch in die Stahlplatten der Schiffswand, fegt alles um, was aufrecht steht.
Auf der Pier und an Deck schreien Menschen, die sich plötzlich in ihrem Blut wälzen. Andere sind sofort stumm – tot.
»Ich sah, wie Menschenleiber, Holzteile und Eisenstücke durch die Luft gewirbelt wurden«, schildert später ein Hafenarbeiter, der in einiger Entfernung am Weserdeich steht, die Explosion. »Als sich die schwarze Wolke verzog, sah es aus, als ob ein Orkan über die Hafenanlage hinweggefegt wäre. Von dem Wagen, auf dem das Faß gelegen hatte, und von den Arbeitern, die es verladen hatten, sah man keine Spur mehr. Auch die Fuhrleute waren weg, und das Pferd lag ohne Beine an der Kaimauer. Die Reling des Schiffes war eingerissen, der Radkasten vollkommen zerschmettert.«
Die Explosion ist bis zu zwanzig Kilometer im Umkreis gehört worden. Glassplitter übersäen die lange Hauptstraße Bremerhavens. Schaufenster sind unter der Druckwelle zersprungen, Dächer abgedeckt worden. Die Gerüchte jagen sich in der Stadt. Der Dampfkessel der »Mosel« ist explodiert, heißt es. Dann: Ein Pulvermagazin ist in die Luft geflogen.
Den ersten Rettungstrupps bietet sich ein entsetzliches Bild: Überall liegen menschliche Leichenteile umher. Tote am Pier und Tote an Deck der »Mosel«. Schrecklich die Schreie der Schwerverletzten. Jammer und Wehklagen der Sterbenden, die zum Teil bis zur Unkenntlichkeit verstümmelt sind. Der Schnee am Pier ist von roten Blutflecken übersät. Leichen treiben auf den Eisschollen im Wasser.

Plötzlich ertönt ein Befehl: »Sofort die Pier räumen! Es besteht weitere Explosionsgefahr!«
Das Kommando kommt vom Offizier einer Artilleriekompanie, die in der Nähe einen Übungsmarsch gemacht hat und nun angerückt ist, um zu helfen. Er befürchtet, daß durch den Brand, der an Bord ausgebrochen ist, weitere Behälter mit Sprengstoff explodieren.
Wer noch laufen kann, verläßt den Unglücksplatz, geht hinter den Lagerschuppen in Deckung. Erst als die Feuerwehr den Brand unter Kontrolle hat und keine weiteren Explosionen erfolgt sind, nähern sich die Helfer wieder vorsichtig den Verletzten.
Eine Lagerhalle wird zum Notlazarett. Mittags treffen die ersten Ärzte aus der Umgebung ein und beginnen sofort mit der Arbeit. Die zerfetzten Körper, die sie zusammenflicken, erinnern die gedienten Soldaten unter ihnen an die Schlachtfelder des Krieges 1870/71, der noch nicht lange vorüber ist.
Es dauert Tage, bis das ganze Ausmaß der Katastrophe bekannt wird: achtundachtzig Tote und fünfundfünfzig Verletzte, viele von ihnen bleiben zeitlebens Krüppel.
Der Lärm im Hafen übertönt zwei Pistolenschüsse auf der »Mosel«, die am Nachmittag des 11. Dezember in der 1. Klasse, Kabine Nummer 11, fallen.
Kapitän Leist, der wie durch ein Wunder unverletzt geblieben ist, nur sein Anzug ist von der Druckwelle der Explosion zerrissen worden, steht ganz in der Nähe in seiner Kajüte. Auch er achtet nicht auf das Knallen, zweimal dicht hintereinander.
Kriminalbeamte treffen ein und beginnen mit den Ermitt-

lungen. Wer steckt hinter der Katastrophe? Wer hat das Faß, das vom Kran fiel und explodierte, aufgegeben? Nach den Feststellungen der Sachverständigen hat es mindestens fünfhundert Pfund Dynamit enthalten. Man geht die Passagierliste durch, findet aber keinen Verdächtigen. Es ist auch nicht anzunehmen, daß der Attentäter, womöglich ein Versicherungsverbrecher, der das Schiff vielleicht mit Hilfe einer Höllenmaschine auf offener See versenken wollte, mit an Bord gewesen ist. Er wäre dann ja selbst in Lebensgefahr gewesen.

Gegen Abend fegt ein Steward in der Kapitänskajüte Glassplitter und Holzstücke zusammen. Als er sie auf den Flur trägt, hört er aus einer der Kabinen ein Stöhnen, aus Kabine 11. Er schließt die Tür auf, kann sie aber nur bis zur Sperrvorrichtung öffnen.

»Ich sah einen Mann, der sich am Boden wälzte«, gibt er später zu Protokoll. »Ich nahm ein Beil und schlug die Tür ein. Der Mann lag in einer Blutlache vor seiner Koje. Er sah schrecklich aus. Ein Auge war dick verschwollen, sein Bart mit Blut verschmiert. Er war bei Bewußtsein, und er stammelte etwas, das ich nicht verstand. Neben ihm standen ein Koffer und eine offene Kiste, die mit Wäsche gefüllt war. Ich dachte, der Passagier wäre von der Explosion am Kopf verletzt worden.«

Der Steward holt den Schiffsarzt, der den Mann zuerst untersucht und dann in eins der Notlazarette bringen läßt, die inzwischen überall in Bremerhaven eingerichtet worden sind.

Als der Steward in Kabine 11 zurückkommt und anfängt, das Blut vom Boden zu waschen, sieht er neben dem Spülstein

einen Revolver. Sofort benachrichtigt er die Kriminalpolizei. Ein Beamter untersucht die Waffe und stellt fest, daß daraus zwei Kugeln abgefeuert worden sind, vier stecken noch in der Trommel.
Der Passagier wollte sich also umbringen. Warum? Hatte er unter dem Eindruck des schrecklichen Geschehens die Nerven verloren? Oder hatte er einen Grund, den Schlußstrich zu ziehen – ist er womöglich der Attentäter, nach dem so hektisch gesucht wird?
Zwei Kriminalbeamte fahren ins Lazarett. Sie finden den bärtigen Mann unter den vielen anderen verletzten Opfern der Explosion in einem notdürftig hergerichteten Bett liegen. Seine linke Körperhälfte ist gelähmt, von einer Revolverkugel, die ihm in den Kopf gedrungen ist. Die zweite Kugel steckt in seiner Brust. Grauenvoll ist der Anblick seines zerschmetterten Gesichts.
»Wie heißen Sie?« fragt einer der Beamten.
Der Schwerverletzte kann nur mühsam seinen Namen flüstern: »Alexander Keith ...«
»Warum wollten Sie sich umbringen?«
Keine Antwort.
»Gehörte Ihnen das Faß mit dem Dynamit?«
»Ja ...«
»Was wollten Sie damit? Das Schiff in die Luft sprengen?«
Alexander Keith versucht zu nicken.
Immer wieder nach Luft ringend, immer wieder nach Wasser verlangend, gesteht er dann in Bruchstücken seinen ungeheuerlichen Plan. Mit steigender Erregung, mit aufflammendem Zorn hören die Beamten zu. Als Keith fertig ist, fragt fassungslos der jüngere von ihnen: »Und die neunhun-

dert Menschen sollten sterben – für die lumpigen 3000 Mark von der Versicherung?«
Alexander Keith antwortet nicht. Wie so oft in den letzten Stunden, verliert er das Bewußtsein.

Fünf Tage lebt Keith noch. Fünf Tage, in denen die deutsche Kriminalpolizei und das Detektivbüro Pinkerton in New York das ganze dunkle Sündenregister des Mannes aufdekken, der mal den Professor, mal den Dandy spielte, hinter diesen Masken aber das eiskalte Herz eines Mörders versteckte.
Seine Frau Cäcilie wird zu dem Sterbenden gerufen. Die schöne Schwarzhaarige wirkt ängstlich und verloren angesichts des Mannes, den der Kopfschuß fürchterlich entstellt hat. In Tränen aufgelöst, wirft sie sich über ihn.
»Verzeih mir, Alexander!« ruft sie schluchzend. »Ich weiß, du hast es für mich und die Kinder getan!«
Als sie sieht, wie er sich unter seinen schier unerträglichen Schmerzen aufbäumt, fleht sie die Ärzte an, ihn durch eine Spritze zu erlösen.
»Please, kill him!« ruft sie verzweifelt. »Kill him!«
Am 16. Dezember stirbt Alexander Keith.
Noch lange nach seinem Tod wird in der Öffentlichkeit über ihn und seine Untat mit ihren katastrophalen Folgen diskutiert. Ein Mann, der für eine bestimmte Summe von der Versicherung den Tod so vieler Menschen in Kauf nimmt – das ist ein ganz neuer Verbrechertyp, wie man ihn in dieser Härte, in dieser Verworfenheit in der Welt bisher nicht kannte.
Lange Zeit glaubt man, daß seine Kaltblütigkeit, seine grausame Phantasie und seine tödliche Entschlossenheit, sie in

ein Verbrechen umzusetzen, nicht mehr zu überbieten sind. Wer aber so denkt, weiß nicht, wozu die menschliche Natur fähig ist. Die Explosion von Bremerhaven ist nur der Auftakt zu einer Kette immer ausgeklügelterer, immer böserer, immer unmenschlicherer Versicherungsverbrechen, die eine blutige Spur durch die Geschichte ziehen.
Schon der nächste »große« Fall, der sich ebenfalls in Deutschland ereignet, gibt den Kriminalisten und Psychologen ein neues schreckliches Rätsel auf.

Der Fall Kurt Tetzner
Doppelgänger gesucht

Der Mann, der an diesem strahlend schönen Maimorgen in Regensburg zum Schafott geht, stirbt zum zweitenmal. Schon einmal hat er in einem Sarg gelegen, ist er beerdigt und von seiner Frau beweint worden, schon einmal haben Glocken für ihn geläutet, hat ein Pfarrer das letzte Gebet für ihn gesprochen. Doch dieser Tod war von ihm selbst inszeniert worden, ein Schauerstück, in dem die Hauptrolle ein anderer spielte. Einer, der sterben mußte, damit er, heimlich und unerkannt und als vermögender Mann, weiterleben konnte – der wohl einfallsreichste und grausamste Mörder seiner Zeit. Im Schlußakt aber geriet ihm ein Telefongespräch zum Verhängnis. So wurde er entlarvt und wiedererweckt, um an diesem schönen Morgen abermals – und endgültig – den Tod zu erleiden.
Kurz vor sieben Uhr verabschiedet er sich in der Todeszelle, in der er die letzten drei Wochen verbracht hat, von seinen Wärtern. Sein etwas aufgeschwemmtes Gesicht mit den tiefliegenden Augen und dem auffallend kleinen Mund ist bleich. Man sieht ihm die Angst an, trotz seines krampfhaften Versuchs, stark zu sein und die paar Schritte bis zur Ewigkeit wie ein Mann hinter sich zu bringen. Selbst für seinen letzten Gang hat er sich einen akkuraten geraden Scheitel gezogen. Man wird ja nicht uneitel, wenn man stirbt. Er trägt Holzpantinen, Drillichhose und ein Leinenhemd, das

im Nacken ausgeschnitten ist. Er hat in den letzten vierundzwanzig Stunden nicht geschlafen, und er sieht viel älter aus als ein Mann von achtundzwanzig Jahren.
Die Gehilfen des Scharfrichters stürmen herein, darauf trainiert, den Schock, den ihr Anblick auslöst, durch Schnelligkeit zu verkürzen. Sie binden ihm die Hände auf den Rükken. Während die Armesünderglocke zu läuten beginnt, verläßt der Mann die Todeszelle, gefolgt vom Pfarrer, der ein Gebet murmelt, flankiert von den beiden Henkersknechten, einem Gastwirt und einem Angestellten der Mitropa-Schlafwagengesellschaft, der sonst am Münchener Hauptbahnhof die Wäsche ausgibt. Das Töten ist für sie nur ein Nebenjob, der ihnen 60 Mark pro Kopf und zehn Mark Tagesspesen einbringt.
Im Gefängnishof erwartet der Staatsanwalt den Delinquenten. Er ist schwarz gekleidet. Schwarz ist auch das Tuch, mit dem der Tisch bedeckt ist, vor dem er steht. Auf dem Tisch ein Kruzifix und zwei brennende Kerzen. Die Kerzen flakkern leicht im milden Maiwind.
»Sie sind Kurt Erich Tetzner«, sagt der Staatsanwalt. So schreibt es das Zeremoniell vor. Man will sich vergewissern, daß man den richtigen Delinquenten vor sich hat, erwartet aber keine Antwort.
Nickt der Todeskandidat? Er zittert etwas, bringt kein Wort heraus. Die Sonne, die er das letzte Mal sieht, blendet ihn.
Noch einmal wird ihm das Urteil vorgelesen, teilt man ihm mit, daß der Bayerische Ministerrat sein Gnadengesuch abgelehnt hat.
In einem Reflex versucht er, die Fessel auf dem Rücken abzustreifen. Doch sie sitzt erbarmungslos eng. Die zwöf Hinrich-

tungszeugen blicken an ihm vorbei zum Staatsanwalt, der sich jetzt an den Henker wendet.
Es ist Johann Reichhart aus München, eine schmächtige Gestalt in Gehrock und Zylinder, an der die durchsichtigen eisblauen Augen auffallen. Sie haben die Kälte von Gletschern.
Reichhart steht vor dem Fallbeil, das von einem schwarzen Vorhang verdeckt ist. Es soll den Augen des Delinquenten bis zum allerletzten Augenblick verborgen bleiben. Der Henker starrt auf die Lippen des Staatsanwalts, bis sie sich zum entscheidenden Satz öffnen.
»Scharfrichter, walten Sie Ihres Amtes!«
Alles läuft nun blitzschnell ab, vollzieht sich mit eingespielter Routine. Fast in einer einzigen Bewegung streift Johann Reichhart den Zylinder vom Kopf, reißt den schweren Vorhang zur Seite. Seine Gesellen packen Kurt Tetzner, bringen ihn zum Fallbeil, stellen ihn aufrecht davor, schnallen ihn fest, kippen das Brett um und schieben es auf der Fallschwertmaschine nach vorne. So weit, bis es mit dem Kopf Tetzners unter dem hohen Holzgestell mit dem Messer einrastet. Sein Kinn befindet sich jetzt in einer Mulde, sein Nakken ist nach oben gekehrt.
Der Henker kontrolliert, ob der Mann »richtig« liegt. Dann – vom Kommando des Staatsanwalts bis zu diesem Moment sind keine fünf Sekunden vergangen – zieht er an einem Hebel. Das Messer fällt. Alles ist rot von Blut.
Reichhart ruft: »Das Urteil ist vollstreckt!«, und die Zeugen, die den Anblick nicht ertragen können, starren in den Himmel.
Das Bimmeln der Glocke verstummt. Kurt Tetzner ist tot – zum zweitenmal. Aber dieses Mal wirklich . . .

Mit der Hinrichtung im Hof des Gerichtsgefängnisses Regensburg am 2. Mai 1931 endet ein Verbrechen, das in der Kriminalgeschichte der Welt lange einzigartig war.
Schon immer haben Kriminelle versucht, auf der »Höhe« ihrer Zeit zu sein und sich der neuesten technischen Errungenschaften bemächtigt. Von den selbstgefertigten Hiebwaffen der Räuber der Steinzeit führt der Weg über die Handfeuerwaffen der Wegelagerer im Mittelalter zu den Maschinenpistolen und Zielfernrohr-Gewehren der »Profikiller« unserer Tage. Aber auch technische Revolutionen, wie die Erfindung des Automobils, haben die Phantasie von Verbrechern beschäftigt. Das Auto steht auch im Mittelpunkt des Kriminalfalls, von dem hier die Rede ist. Heute nennt man ihn »klassisch« – als er geschah, war er von so unerhörter Neuheit, daß er bei seinem Bekanntwerden die Menschen beschäftigte und bedrückte wie ein bevorstehender Erduntergang. Man fragte sich, wie ein Mensch, einer von uns, so satanisch handeln konnte. Und ob es irgendeine Art von Schutz gegen solche Mörder gibt, die plötzlich aus dem Dickicht auftauchen und ihre Opfer wie Raubtiere reißen. Eine neue Dimension des Verbrechens war sichtbar geworden, die den Wissenschaftlern Rätsel aufgab und die Zeitgenossen mit dumpfen Ängsten erfüllte.
Es beginnt am 28. November 1929.
An diesem Tag erhält die Nordstern-Versicherung ein Telegramm von einer Frau Emma Tetzner aus Leipzig. Sie teilt darin mit, daß ihr Ehemann am 27. November ums Leben gekommen ist, bei einem Unfall mit seinem Auto. Sie bittet um Auszahlung der zu ihren Gunsten ausgestellten Lebensversicherung.

Ebenso wie die Kriminalpolizei bei der Untersuchung eines Falles von gewaltsamem Tod grundsätzlich zunächst von Mord ausgeht, ziehen Versicherungen beim Bekanntwerden des unnatürlichen Todes eines Versicherten zunächst einmal in Zweifel, ob es dabei mit rechten Dingen zugegangen ist. Zu der Prozedur, die als erstes abläuft, gehört die Anfrage bei anderen Versicherungen, ob auch dort Verträge für den Toten bestehen. In diesem Fall hat die Anfrage Erfolg: Die »Vaterländische« und die »Allianz« melden, daß Kurt Tetzner auch bei ihnen sein Leben versichert hat.
Das ist schon ungewöhnlich. Noch ungewöhnlicher aber ist, daß alle Versicherungen erst vor wenigen Wochen in Kraft getreten sind und daß sie – alles in allem – den Betrag von 145 000 Reichsmark ergeben. Für einen Mann wie Tetzner, der als kleiner Vertreter arbeitete, eine horrende Summe.
Bemerkenswert ist auch die Eile, mit der Emma Tetzner auch bei den anderen Versicherungen schon einen Tag nach Bekanntwerden des Unglücks das Geld anfordert, das ihr zusteht.
Diese Umstände rufen bei der »Nordstern« Argwohn hervor. Zwei Beamte der Versicherung machen sich auf den Weg zum Unfallort in der Nähe von Regensburg, um das Ende Tetzners zu überprüfen. Nach Angaben der Polizei ist er am 27. November mit seinem grünen Opel-Zweisitzer auf der Staatsstraße 8, bei Ettershausen, gegen einen Kilometerstein geprallt und bei lebendigem Leib verbrannt.
Was die Versicherungsleute feststellen, deutet allerdings eher auf einen Selbstmord Tetzners als auf einen Unfall hin.
Schon dem Gendarmerie-Hauptwachtmeister Karl Beck, der als erster Beamter am Unfallort eintraf, waren ein paar Unge-

reimtheiten aufgefallen. Zunächst einmal schrieb er ins Protokoll:
»Allem Anschein nach ist der Wagen mit der Vorderseite an einen Kilometerstein (Kilometer 9) auf der rechten Straßenseite angefahren. Auf dem Führersitz saß eine bis zur Unkenntlichkeit verkohlte Leiche, die mit dem Oberkörper noch etwas zum linken Wagenschlag über das Trittbrett hinaushing. Am Boden lagen – etwa eineinhalb Meter abseits vom Wagen – Teile eines Gehirns und unmittelbar neben der linken Wagenseite verbrannte menschliche Finger.«
Dann entdeckte der Hauptwachtmeister mit geschultem Blick einige Dinge, die nicht so recht zu dem Bild des Unfalls passen wollten, nach dem auf den ersten Blick alles aussah.
Da lag einmal in der Nähe des Wracks ein Benzinkanister, und zwar völlig unbeschädigt und leer. Und zum anderen verwunderte es Karl Beck, daß am Autowrack sowohl die Verschlußkapsel als auch das Sieb des Benzintanks fehlten. Hat Tetzner ein Unglück vielleicht nur vorgetäuscht? Hat er in Wirklichkeit das Auto selbst angezündet und Selbstmord begangen, um seine Angehörigen in den Genuß der hohen Versicherungssumme kommen zu lassen?
»Da der Wagen nicht explodiert ist, hätte er genügend Zeit gehabt, ihn zu verlassen, wenn er nicht freiwillig in den Tod gegangen wäre«, schreibt einer der beiden nach Regensburg geschickten Versicherungsbeamten in seinem Bericht an die Direktion.
Merkwürdig erscheint den Polizisten und Versicherungsleuten auch ein anderer Umstand: Im Auto sind keine Reste eines Koffers, bei dem Toten sind weder Hartgeld noch der Ehering, eine Uhr oder Schlüssel gefunden worden. Fährt

ein Vertreter aus Leipzig aber eine Strecke von über tausend Kilometern, ohne einen Koffer mit frischer Wäsche, Zahnbürste und Rasierutensilien mitzunehmen? Fährt er ohne einen Pfennig Geld in der Tasche?
Einem Selbstmörder ist das schon zuzutrauen. Wenn Tetzner aber einen Selbstmord geplant hatte – warum fuhr er dann so weit?
Klarheit über die tatsächliche Todesursache kann nur eine Obduktion der bis zur Unkenntlichkeit verkohlten Leiche schaffen. Doch daran ist nicht zu denken: Nach »Augenscheinnahme« der Unglücksstelle hat die Staatsanwaltschaft Regensburg den Toten zur Bestattung freigegeben. Und Frau Tetzner würde ihren Mann, nachdem sie ihn in Regensburg identifiziert hat, am liebsten an Ort und Stelle einäschern lassen. Sie läßt durchblicken, daß sie nun mit jedem Pfennig Geld rechnen müsse. Erst als ein großes Bestattungsunternehmen aus Leipzig ihr telegrafisch kostenlos seine Hilfe anbietet, läßt sie den Toten nach Leipzig überführen. Hier soll er nun am 30. November auf dem Südfriedhof beigesetzt werden.
Bei der »Nordstern« sieht man in diesem Stadium nur noch zwei Möglichkeiten: eine Anzeige, um neue Ermittlungen einzuleiten. Versicherungen lieben aber kein Aufsehen. Die zweite Möglichkeit: Man muß mit der Witwe privat verhandeln, um von ihr die Erlaubnis zur Autopsie der Leiche zu bekommen. Damit wird der Vertreter Karl Meier beauftragt.
Die Hausdame öffnet. Frau Tetzner, blond und füllig, mit wirrem Haar, liegt jammernd im Bett. Sie fühlt sich nicht in der Lage, mit Meier zu sprechen. Kurz darauf erhält sie

Besuch von ihrem Bruder. Meier versucht ihn für seine Mission zu gewinnen. Der Bruder hat keine Bedenken, aber seine Schwester lehnt weinend ab. Der Versicherungsmann soll gehen, sie mit ihrem Schmerz allein lassen.
»Es ist nur in Ihrem Interesse, Frau Tetzner«, sagt Meier. »Wir müssen prüfen, ob es sich wirklich um einen Unfall handelt, sonst können wir Ihnen nur die einfache Todesfallsumme auszahlen. Es ist ja zum Beispiel möglich, daß Ihr Mann einen Herzanfall erlitt und erst daraufhin verunglückt ist.«
Emma Tetzner stöhnt: »Laßt Kurt doch seine Ruhe! Lieber verzichte ich auf das Geld.«
Der Vertreter macht ihr noch einmal klar, daß sie bei einer Weigerung, die Obduktion zu gestatten, womöglich auf die Hälfte des Geldes verzichten und langwierige Wartezeiten in Kauf nehmen muß. Schließlich ist sie doch einverstanden, nachdem ihr auch ihr Bruder dazu geraten hat. Allem Anschein nach hat sie Angst, sonst die Versicherungsgelder nicht zu bekommen.
Nun drängt die Zeit. Denn bis zur Beerdigung, die für 12 Uhr angesetzt ist, sind es nur noch zwei Stunden.
Mit der Vollmacht Emma Tetzners in der Tasche fährt Meier zu Professor Richard Kockel, dem Leiter des Instituts für Gerichtsmedizin der Universität Leipzig. Er bittet ihn im Auftrag der »Nordstern«, den Toten zu obduzieren. Kockel, eine Kapazität auf seinem Gebiet, überlegt nicht lange. Da die Zeit nicht mehr ausreicht, den Toten ins Institut in der Johannisallee zu bringen, fährt er mit Meier zum Südfriedhof.
Durch eine Seitenpforte läßt man den Professor in einen Nebenraum der Friedhofskapelle eintreten. Hier liegt der Tote,

oder vielmehr liegen die Reste des Toten, in einem einfachen schwarzen Holzsarg. Kockel holt die Instrumente aus seiner Tasche und beginnt mit der Arbeit.

Er stellt fest, daß dem Toten Teile der Schädeldecke, der Unterkiefer, Armteile und die Unterschenkel fehlen. Das wundert ihn, denn er hält es für ausgeschlossen, daß so schwere Knochen restlos verbrennen können.

Noch etwas anderes macht ihn ebenfalls stutzig. Was er da sieht, stimmt nicht mit der Personenbeschreibung überein, die ihm der Versicherungsbeamte an Hand der Akten vorgetragen hat.

»War Tetzner nicht dunkelblond?« fragt er.

Karl Meier nickt.

»War er nicht kräftig, breitschultrig, etwas übergewichtig?«

»Ja.«

Professor Kockel: »Dann, Herr Meier, verstehe ich eins nicht: Der Mann hier hat hell-rötliche Schamhaare. Das läßt auf die gleiche Farbe des Haupthaares schließen. Und er hat einen ausgesprochen zierlichen Körperbau, fast wie der eines Mädchens.«

Kockel sägt den noch einigermaßen erhaltenen Gelenkkopf des linken Oberarms durch. Die Knorpelleiste, die er in dem geöffneten Knochen entdeckt, ist beim Menschen nur bis zum 20., höchstens bis zum 22. Lebensjahr zu finden, dann verschwindet sie mit dem weiteren Wachstum.

»Wie alt war Tetzner?« will Kockel wissen.

»25 Jahre.«

Auch hier also keine Übereinstimmung.

Und noch etwas ist merkwürdig: Nach den Akten der Versicherung hat Tetzner nie eine Lungenerkrankung durchge-

macht. In der linken Lunge des Toten aber finden sich deutliche Verwachsungen, die von einer schweren Rippenfellentzündung herrühren.
Da der Professor bei der überstürzten Obduktion nicht alle wichtigen Untersuchungen durchführen kann, nimmt er in Gläsern das Herz des Toten, Teile der Lunge und den Gelenkkopf des linken Oberarms mit, als er die Friedhofskapelle wieder durch die Seitenpforte verläßt. In diesem Augenblick treffen die ersten Trauergäste ein. Unter ihnen die weinende Emma Tetzner, die ihren Schmerz nicht verbergen kann. Freunde müssen sie stützen.
Vor dem Friedhof sagt Professor Kockel zu dem verblüfften Mann von der Versicherung: »Ich vermute, daß der Tote gar nicht Kurt Tetzner ist! Endgültiges aber weiß ich erst in ein paar Stunden.«
Während auf dem Südfriedhof die Erdbrocken auf den Sarg Kurt Tetzners poltern, arbeitet der Professor in seinem Institut mit Hochdruck. Bei chemischen und mikroskopischen Untersuchungen der sichergestellten Organe stellt er fest: Im Blut des Toten ist kein Kohlenoxyd zu finden, in den oberen Luftwegen kein Ruß. Außerdem erkennt er in der Lunge eine Fettembolie. Der Tote muß demnach schwere stumpfe Verletzungen erlitten haben, bevor er verbrannte. Als das Feuer ausbrach, atmete er nicht mehr.
Daraus zieht Professor Richard Kockel einen sensationellen Schluß: Der soeben auf dem Friedhof beerdigte Tote, den er nicht für Tetzner hält, ist nicht einem Unfall zum Opfer gefallen, und er ist kein Selbstmörder – er wurde vermutlich ermordet und dann im Auto verbrannt.
Der Gerichtsmediziner hält das für so wichtig, daß er sofort

die Leipziger Kriminalpolizei verständigt. Er teilt den Beamten auch seine Meinung mit: Tetzner ist nicht tot, er hat vermutlich einen »Stellvertreter« umgebracht, um einen Unfall vorzutäuschen und so die Versicherungen zu betrügen.
Regierungsrat von Griegern, Chef der Leipziger Kriminalpolizei, reagiert sofort. Wenn Kockel recht hat, so seine Überlegung, wird der angeblich »Tote« höchstwahrscheinlich versuchen, mit seiner Frau Kontakt aufzunehmen. Das ganze sieht nach einem abgekarteten Spiel aus.
Der Kripochef setzt einige Beamte auf Emma Tetzner an. Tag und Nacht wird sie bewacht, keiner ihrer Schritte bleibt verborgen. Es fällt auf, daß sie häufig zu einer Nachbarin ans Telefon gerufen wird. Diesen Anschluß läßt von Griegern daraufhin vom Fernamt aus kontrollieren.
Am 4. Dezember wird die Nummer aus Straßburg angerufen. Der Polizeibeamte im Fernsprechamt schaltet sich ein.
»Hier ist Sranelli«, sagt ein Mann. Er verlangt in gebrochenem Deutsch Frau Tetzner zu sprechen. Der Beamte erwidert mit verstellter Stimme, Frau Tetzner sei unterwegs und erst gegen 18 Uhr zurück. Sranelli möge sich dann doch wieder melden.
Das Gespräch – so wird schnell festgestellt – kam aus dem Hauptpostamt in Straßburg. Regierungsrat von Griegern verständigt die Kollegen von der französischen Sûrete. Er gibt ihnen eine genaue Personenbeschreibung von Tetzner und bittet sie, das Straßburger Hauptpostamt zu überwachen. Dann besteigt er eine Sondermaschine der Lufthansa nach Straßburg. Er trifft in dem Moment auf dem Flughafen ein, als in der Hauptpost der Mann namens Sranelli von der Sûrete verhaftet wird.

»Sie sind Kurt Erich Tetzner«, sagt der Leipziger Kripochef kurze Zeit später dem Verhafteten auf den Kopf zu.
Der rundliche Mann mit dem akkuraten Scheitel schüttelt den Kopf. »Ich heiße Sranelli!«
Stunden später gesteht er, Kurt Tetzner zu sein. Und er gesteht noch mehr – alle Einzelheiten eines beispiellosen, blutigen Versicherungsbetruges.
Als er geendet hat, blickt ihn Regierungsrat von Griegern ungläubig an. Er sagt: »Das kann doch nicht Ihr Ernst sein, Tetzner! Sie bezichtigen sich des furchtbarsten Verbrechens, das es gibt.«
Tetzner, weinerlich: »Ich habe es so gemacht.«
»Und warum, Menschenskind?«
»Ich war in Geldverlegenheit, Herr Regierungsrat. Was macht man da nicht alles...«

Es ist ein gespenstischer Film, der am Abend des 4. Dezember 1929 mit der Erzählung Tetzners vor dem Leipziger Kripochef abrollt. Ein Film, den damals in den Anfängen des Kinos wohl kaum jemand einem noch so phantasievollen Regisseur abgenommen hätte. Die Handlung spielt auf den Landstraßen des Deutschen Reichs, auf denen zu dieser Zeit Tausende von Männern auf der Suche nach Arbeit, einem Stück Brot oder Abenteuern unterwegs sind. Das ist nicht ungefährlich: 1500 dieser Tippelbrüder werden vermißt.
Einer der Tippelbrüder heißt Alois Ortner. Am Abend des 21. November steht er auf einer Landstraße in der Nähe von Hof. Seine Füße sind müde vom vielen Laufen, und er versucht, ein Auto anzuhalten. Mit dem Zeitalter des Autos hat auch das Zeitalter der »Anhalter« begonnen.

Ortner kann sein Glück kaum fassen, als nach langem Warten endlich ein Wagen hält: ein elegantes, zweisitziges Opel-Cabriolet.

Der Fahrer mustert ihn eindringlich von Kopf bis Fuß, öffnet ihm dann die Tür.

»Wo wollen Sie hin?«

»Nach München. Ich suche da Arbeit.«

Der Fahrer, es ist der Kaufmann Kurt Tetzner, erwidert: »Da fahre ich auch hin. Steigen Sie ein!«

Alois Ortner wirft kurzerhand das Bündel, das er an einem Riemen über der Schulter trägt, auf den Beifahrersitz und nimmt Platz. Der Fahrer löst die Bremse, gibt Gas.

Lange Zeit sprechen sie kein Wort miteinander. Ortner mustert verstohlen den Mann am Steuer von der Seite. Ihm fallen dessen fleischigen Wangen, die tiefliegenden Augen darüber und die grell-bunte Krawatte auf, die er zu seinem grauen Anzug trägt.

Schließlich stellt Tetzner einige Fragen. Woher Ortner denn komme, wie alt er sei, wo er wohne, wer sich um ihn sorge. Denn, so meint er, es passiere doch allerhand auf den Straßen, besonders nachts.

Der junge Anhalter winkt ab. »Ich habe keine Angst.«

»Und Ihre Eltern?«

»Sind tot.«

»Geschwister?«

»Zwei ältere Brüder. Die kümmern sich schon lange nicht mehr um mich. Die wissen überhaupt nicht, wo ich stecke.«

»Was für Arbeit suchen Sie denn in München?«

»Als Autoschlosser. Das ist mein Beruf.«

»So heruntergekommen, wie Sie aussehen«, sagt Tetzner

nach einer Weile, »nimmt Sie bestimmt keiner. Im nächsten Ort kaufen Sie sich Schlips und Kragen. Und rasieren lassen sollten Sie sich auch mal. Das Geld gebe ich Ihnen.«
Alois Ortner weiß nicht, wie ihm geschieht. »Das ist ja wie Weihnachten«, sagt er, als Tetzner ihm in der nächsten Ortschaft vier Mark in die Hand drückt. »Vielen Dank!«
»Kaufen Sie sich eine bunte Krawatte, so wie ich sie habe, das ist heute modern«, gibt Tetzner ihm noch mit auf den Weg.
Alois Ortner sieht sauber und gepflegt aus, als er vom Einkaufen und vom Friseur zurückkommt. Tetzner registriert es zufrieden.
»So wird es gehen«, murmelt er.
»Was wird so gehen?«
Aber der Mann am Steuer gibt keine Antwort. Sie fahren weiter. In Bayreuth gehen sie in ein Lokal. Tetzner ermuntert den anderen, tüchtig Bier zu trinken, rührt selbst aber kein Glas an. In Nürnberg tankt er den Wagen auf. Auch den Reservekanister läßt er vollaufen. In der Nähe von Ingolstadt, es ist inzwischen dunkel geworden, läßt er plötzlich den Motor aufheulen. Er steigt aus, öffnet die Motorhaube, macht sich mit einer Taschenlampe darunter zu schaffen.
»Ein Defekt«, sagt er zu Ortner, der ebenfalls ausgestiegen ist. »Öl scheint auszulaufen. Würden Sie mal nachsehn? Sie kennen sich doch mit Autos aus.«
Ortner überlegt nicht lange. Er hat allen Grund, dem Mann dankbar zu sein, und er will es ihm zeigen. Er kriecht unter den Wagen, um nachzusehen, ob die Ölwanne undicht ist. Aber der Schlüssel, den Tetzner ihm gegeben hat, paßt nicht. Als er sich wieder aufrichten will, steht Tetzner plötzlich mit erhobenem Wagenheber über ihm. Ortner glaubt an einen

Scherz. Der andere aber schlägt zu, trifft Ortners Schulter. Ein zweiter Schlag trifft seinen Kopf. Ortner schreit vor Schmerz. Abwehrend hebt er die Hände. Dann springt er auf, kämpft mit Tetzner, der mit einemmal alle Freundlichkeit verloren hat, stumm und verbissen.
Schließlich kann er den Wagenheber fassen. Tetzner läßt los, packt ihn von hinten und drückt ihm einen Stoffetzen mit Äther unter die Nase. Ortner, in seiner Todesangst, stellt sich ohnmächtig. Er knickt in den Knien ein, fällt zu Boden. Diese List soll ihm das Leben retten. Denn der Dicke läßt einen Moment von ihm ab. Ortner springt auf und rennt davon. Einige Zeit hört er noch den Atem des Mannes, der ihn verfolgt, die brechenden Äste dicht hinter sich. Der Schein der Taschenlampe, mit der Tetzner nach ihm sucht, geistert durch die dunkle Waldkulisse.
Blutüberströmt erreicht Ortner eine Gastwirtschaft im nächsten Ort, in Geimersheim. Der Wirt hält ihn für einen Räuber. Er will nicht öffnen. Ortner drückt die Tür mit Gewalt ein. Er ruft die Gendarmerie an, die ihn an die Kripo verweist. Auch dort schenkt man seinen Angaben keinen Glauben. Auf eigene Faust geht Ortner ins Ingolstädter Krankenhaus. Die Ärzte machen eine besorgte Miene, denn er hat eine Gehirnerschütterung und einen Sprung im Schädeldach erlitten. Erst drei Tage später erscheint ein Polizist an seinem Bett und erkundigt sich nach dem Überfall.
Ob er den Namen des Autofahrers wisse, fragt der Beamte, oder wenigstens die Autonummer.
Der Verletzte schüttelt den Kopf. »Nein. Mit dem Angriff hatte ich ja nicht gerechnet.«
Darauf der Polizist: »Auch umgekehrt kann daraus ein

Schuh werden. Vielleicht haben Sie den Autofahrer überfallen, um ihn zu berauben. Denn daß ein Mann mit einem Wagen sich an einem mittellosen Handwerksburschen wie Sie vergreift, das glauben Sie doch selbst nicht!«
Ortner deutet auf seine schweren Verletzungen. »Und woher sollen die stammen?«
»Ganz einfach: Der Mann hat sich gewehrt!«
»Das ist doch aus der Luft gegriffen.«
»Nein.« Der Beamte blickt grimmig. »Der Automobilist, den Sie beschuldigen wollen, hat in München Strafanzeige gegen Sie erstattet – wegen versuchten Raubüberfalls!«
Das stimmt nicht, ist nur ein Bluff. Der Uniformierte will Ortner damit schocken und ihm ein Geständnis entlocken. Er glaubt dem Burschen nicht. Solange nicht, bis einige Tage später auf einer deutschen Landstraße ein ähnlicher Vorfall passiert. Dem nächsten Opfer des unheimlichen Autofahrers aber wird er das Leben kosten...

Kurt Tetzner hätte selbst im Traum nicht daran gedacht, gegen sein Opfer auch noch Anzeige zu erstatten, etwa um einer Anzeige des Überfallenen zuvorzukommen. So weit überlegt er nicht. Getrieben von der Angst, daß Ortner sich vielleicht seine Autonummer gemerkt und die Polizei auf seine Spur gesetzt hat, fährt er nach dem mißglückten Anschlag auf Umwegen nach Leipzig zurück.
Als erstes fragt er seine Frau: »War die Polizei schon hier, Puppchen?«
Als sie den Kopf schüttelt, ist er erleichtert.
Puppchen, wie er seine Frau nennt, weiß, warum er unterwegs war. Längst hat er sie in seinen Plan eingeweiht, daß er

einen Menschen töten, mit der Leiche einen Autounfall vortäuschen und dafür von der Versicherung kassieren will. Puppchen hat versucht, ihn davon abzubringen. »Über den kaltblütigen Vorschlag meines Mannes, einen Menschen umzubringen, war ich aufs äußerste erschrocken«, gibt sie später zu Protokoll. »Ich sagte: ›Kurt, wenn du so etwas machen willst, nimm wenigstens eine Leiche!‹ Er antwortete: ›Du hast wohl einen Vogel! Bei einem solchen Unfall muß man doch Blut sehen, da muß sich doch einer ein Glied gebrochen haben.‹ Ich redete immer dagegen, beschwor ihn, niemanden zu töten. Er aber meinte, auf einen mehr oder weniger komme es nicht an, im Krieg seien ja auch Tausende hingemordet worden.«

Tetzner ließ sich dann bei den drei Versicherungsgesellschaften gegen Unfalltod versichern. Die 145 000 Mark, die seine Witwe erhält, wenn der Versicherungsfall – also sein Tod – eintritt, sind damals ein Vermögen. Aber nicht er will ja sterben, ein anderer, ein »Stellvertreter« soll es für ihn tun.

Als er die letzte Versicherung abgeschlossen hatte, gab er am 12. November 1929 in den »Chemnitzer Neuesten Nachrichten« folgendes Inserat auf: »Unabhängiger junger Mann, etwa 24 Jahre alt, als Reisebegleiter gesucht.« Einige Interessenten meldeten sich. Tetzners Wahl fiel auf den Kaufmann Kurt Strobel aus Chemnitz. Er hatte Tetzners untersetzte, etwas schwammige Figur, einen ähnlich schweren Knochenbau, dasselbe Alter – also der ideale Doppelgänger, das richtige Opfer. Tetzner nannte sich bei ihm »Max Böhm«, Inhaber des »Lehrmittel-Generalvertriebs West«. Er versprach dem jungen Mann freie Verpflegung und täglich 8 Mark. Dafür sollte er ihm beim Verkauf von Schulartikeln helfen.

Doch Strobel kam der Gesprächspartner mit den tiefliegenden Augen und dem unsteten Blick irgendwie unheimlich vor. Er verständigte die Kriminalpolizei. Bei einem neuen Treffen in Zwickau erschien ein Beamter und nahm Tetzner und Strobel unter einem Vorwand mit zur Wache. Als Tetzner sich ausweisen sollte, flog sein Namensschwindel auf. Er redete sich damit heraus, daß er unter einem Decknamen auftrat, weil er seine geschäftlichen Pläne vor der Konkurrenz geheimhalten wolle. Das konnte man ihm nicht widerlegen und ließ ihn frei. Tetzner forderte Strobel auf, die notwendigen Reisepapiere, vor allem Geburtsurkunde und Paß, zu besorgen. Am 21. November sollte die Reise von Gerau aus losgehen. Sein Doppelgänger aber wartete vergeblich auf ihn. Tetzner war die Fahrt mit dem mißtrauischen Strobel schließlich doch zu gefährlich erschienen, und er war alleine losgefahren. Er wollte sich unterwegs ein anderes Opfer suchen, möglichst einen Wanderburschen. Die Sache eilte, denn die nächsten hohen Prämien für die Versicherungen wurden bald fällig, und das Geld dafür hatte er nicht. Auf seiner Fahrt traf er Alois Ortner, scheiterte aber bei dem Versuch, ihn umzubringen ...

Als Tetzner jetzt, am Morgen des 22. November, bleich und übernächtigt zu seiner Frau zurückkehrt, will sie wissen: »Hast du's getan?«

Mürrisch erwidert er: »Ich hatte einen im Wagen, Puppchen, aber es hat nicht geklappt. Der Bursche ist mir ausgerissen. Hätte ich nur Pfeffer gehabt – dann wäre mir das nicht passiert.«

Er beauftragt Puppchen, im Laden an der Ecke ein halbes Pfund Pfeffer zu kaufen. Damit will er sein nächstes Opfer

blenden, ehe er es tötet. Auf einen Kampf will er sich nicht mehr einlassen.
Emma Tetzner holt den Pfeffer. Genauso wie sie zwei Tage vorher auf Geheiß ihres Mannes ein Fläschchen mit Äther geholt hatte – den Äther, mit dem er versucht hatte, Alois Ortner zu betäuben.
Aus Angst, daß die Polizei doch noch bei ihm auftauchen könnte, versteckt Tetzner sich drei Tage bei Bekannten. Am 26. November bricht er abermals zur Menschenjagd auf.
Puppchen ist über alles im Bilde. Wenn die Tat geklappt hat, schickt er ihr ein Telegramm – mit der verschlüsselten Beschreibung der Kleidung seines Opfers. Sie soll dann seine Kleidung bei der Polizei genauso schildern. Das soll erhärten, daß der Tote Tetzner ist. Puppchen weiß auch, in welchem Schrankfach die drei Versicherungspolicen liegen. Sie soll auf Auszahlung drängen, sobald sie offiziell von seinem »Unfalltod« unterrichtet worden ist. Mit dem Geld erwartet Tetzner sie im Ausland, wo er nach dem Mord untertaucht. Unter falschem Namen will er seine »Witwe« später heiraten.
In den Abendstunden, etwa gegen 18 Uhr, sieht Tetzner in der Nähe von Bayreuth einen Anhalter am Straßenrand. Im Licht der Scheinwerfer erkennt er: Der Mann, der einen schwarzen Mantel, Breecheshosen und Gamaschen trägt, ist etwa in seinem Alter, vielleicht zwei Jahre jünger und hat eine zierlichere Figur als er. Außerdem ist er größer. Er hält, läßt ihn einsteigen.
Das weitere Geschehen schildert Kurt Tetzner in einer Aussage am 25. Februar 1930 vor dem Badischen Amtsgericht Müllheim so:

»Wir sind etwa vier Stunden zusammen gefahren, und zwar über Nürnberg, Neumarkt nach Regensburg. Mein Begleiter hat nicht geschlafen. Wir wechselten allgemeine Redensarten. Dabei hatte ich immer den Plan im Auge und wartete auf eine günstige Gelegenheit zur Ausführung. Nur das eine stand für mich fest, daß er verbrannt werden müßte. Das Wie überließ ich der Entwicklung ...

Am 27. November gegen 3 Uhr früh kamen wir in eine Ortschaft. Ich tankte 25 Liter Benzin. Der Tank war somit voll, und eine gefüllte Benzinkanne befand sich im Notsitz des Wagens.

Gegen 4 Uhr sah ich am Horizont den Lichtschein einer größeren Stadt, es war Regensburg, auftauchen. Da dachte ich, daß es nun an der Zeit sei, das Auto mit dem darin sitzenden Wanderburschen zur Explosion zu bringen.

Um die Idee auszuführen, tat ich nun folgendes: Zunächst sagte ich zu meinem Begleiter, wir seien schon lange gefahren, ich müsse Öl auffüllen und deshalb anhalten. Ich stieg aus und schlug die Wagentür wieder zu. Der Wagen besaß ein Linkssteuer. Der Handwerksbursche saß auf dem rechten Sitz. Das Öffnen der Tür an dieser Seite war für einen Nichteingeweihten einigermaßen schwierig. Ich hatte die Erfahrung gemacht, daß jeder, der das erste Mal im Wagen fuhr, die Tür von innen nicht aufbrachte. Der Handwerksbursche wußte natürlich nichts davon.

Es war finster. Ich ging zunächst an die Rückseite des Wagens und nahm aus dem Notsitz die gefüllte Benzinkanne. Dann ging ich nach vorne, hob die Motorhaube hoch und schraubte die Verschlußkapsel des Benzintanks ab. Ich begoß aus der Benzinkanne die Tanköffnung und das ganze

Trittbrett der rechten Wagenseite sowie den Kotflügel mit Benzin, ebenso die hintere Seite des Wagens, so daß also von dort eine ununterbrochene Benzinbahn bis zur Tanköffnung führte. Zum Schluß schüttete ich Benzin in das Innere des Wagens, dafür entschuldigte ich mich: Es sei ein Versehen. ›Jetzt muß ich noch einen Schlüssel dazu nehmen‹, sagte ich zum Schein, und zwar für den Fall, daß es dem Handwerksburschen zu lange gedauert hätte. Ohne daß er es bemerkte, nahm ich meinen Reisekoffer aus dem Notsitz und stellte ihn auf die Straße. Er sollte nicht mit verbrennen.

Anschließend zündete ich ein Streichholz an und warf es auf das Trittbrett an seiner Seite. Sofort entstand ein dumpfes Getöse, und blitzschnell war der ganze Wagen in Flammen gehüllt. Der Handwerksbursche saß ahnungslos auf seinem Sitz. Er hatte offenbar nicht den geringsten Verdacht geschöpft.

Als ich sah, wie das Feuer auf das Innere des Wagens übergriff, lief ich mit meinem Koffer den Waldhang neben der Straße hinauf. Durch den Brand war alles taghell erleuchtet. Ohne mich noch einmal umzusehen, rannte ich weiter nach Regensburg.«

Nach einer Weile setzt Tetzner hinzu: »Der Mann ist also bei lebendigem Leib verbrannt oder durch die Brandgase erstickt.«

Eine entsetzliche Schilderung. Doch trotz aller grauenvollen Einzelheiten, zu denen der Mörder sich bekennt, kann sie nicht die volle Wahrheit sein. Sie erklärt zum Beispiel nicht, wie der Handwerksbursche auf den Fahrersitz gekommen ist, auf dem die Leiche später ja gefunden wurde. Und auch nicht, warum Schädeldecke und Gliedmaßen fehlten. (Tetz-

ner wird noch einige andere Versionen über den Tatablauf geben.)
Er schildert weiter, daß er in Regensburg den nächsten Zug nach München genommen hat. Hier gab er an Puppchen das vereinbarte Telegramm mit dem verschlüsselten Text auf: »Schwarzen Mantel, Breecheshosen und Gamaschen nachschicken!«
Irgendwie zog es ihn dann in die Nähe des Schulbuchverlages am Stachus, für den er arbeitete. In einer Milchbar wurde er von einer Sekretärin und einem Abteilungsleiter des Verlages erkannt und angesprochen. Sie wußten nicht, daß sie einen seit Stunden »Toten« vor sich hatten. Der Abteilungsleiter vereinbarte mit ihm für den Nachmittag einen Besprechungstermin. Tetzner hatte es nun aber eilig, München zu verlassen. Über Paris fuhr er nach Straßburg.
Einige Tage blätterte er vergeblich die deutschen Zeitungen durch. Kein Wort von seinem Unfall. Nervös geworden, rief er unter dem Namen »Sranelli« seine Frau in Leipzig an – und wurde verhaftet.
Der »Tote« war zum Leben erweckt worden – um bald unter der Hand des Henkers endgültig zu sterben.

Der Mordprozeß gegen Kurt und Emma Tetzner beginnt am 17. März 1931 vor dem Schwurgericht in Regensburg, der alten Bischofsstadt an der Donau.
Am Tag zuvor schreibt der Reporter des »8-Uhr-Blatts«: »Fieberhafte Erregung liegt über der Stadt. Es ist der Vorabend des Mordprozesses Tetzner, der den Schlußstrich unter ein Verbrechen setzen soll, wie es die Kriminalgeschichte des Erdballs nur noch ein einziges Mal erlebte. Rouse, der

›englische Tetzner‹, hat seine Tat bereits mit dem Tod gebüßt. Wie wird es Tetzner ergehen? Die blutrot untergehende Sonne verkündet nichts Gutes . . .«

Wie immer, wenn der Schatten des Fallbeils über einem Gerichtssaal liegt, wenn es im Duell zwischen Anklage und Verteidigung um Leben oder Tod geht, füllt schon Stunden vor Beginn der Verhandlung eine sensationslüsterne Menge den Zuschauerraum des Landgerichtsgebäudes. Pressevertreter aus aller Welt sind angereist, unter ihnen sogar ein Korrespondent aus Tokio.

Voller Spannung warten alle auf Tetzner, dessen Name seit langem die Schlagzeilen und die Diskussionen beherrscht. Was ist er für ein Mensch, dieser »Mörder ohne Gnade«, wie man ihn nennt? Ist er ein Kranker, ein Sadist, oder ist er vom Teufel der Habgier besessen? Ist er die Personifizierung des ungezähmten Bösen?

Endlich – um 9 Uhr – wird Kurt Tetzner von zwei Polizisten in den Saal geführt, und der erste Eindruck ist enttäuschend. Der junge Mann im grauen Anzug, dem man nun die Fesseln abnimmt, ist Durchschnitt: der stämmige, mittelgroße Körper, das breite Gesicht mit dem kleinen Mund, bei dem die Lippen merkwürdig breit auseinanderklaffen, der glatte, strenggezogene Scheitel im dunkelblonden Haar. Seine dikken, fleischigen Wangen lassen die tiefliegenden kleinen Augen noch kleiner erscheinen. Der rote Schlips ist ein scharfer Kontrast zu seiner Blässe.

Ihm folgt seine Frau. Eine üppige Blondine mit Wuschelkopf. Sie trägt eine lange blaue Strickweste über einem grauen Rock. Mit ihrem wenig intelligenten, fast stupiden Gesicht und den nachgezogenen Brauen macht sie den Eindruck

einer Halbweltdame. Ängstlich und verstört blickt sie sich um. Da in dem Saal, in dem sonst das Arbeitsgericht tagt, eine Anklagebank fehlt, müssen die Tetzners auf zwei Stühlen Platz nehmen, die in einiger Entfernung voneinander vor dem Richtertisch stehen.
Auf dem Platz des Anklägers erscheint Erster Staatsanwalt Hebauer. Fast zur gleichen Zeit betreten die Verteidiger den Saal: Rechtsanwalt Dr. Fritz Sauter aus München, der Kurt Tetzner vertritt, und Rechtsanwalt Dr. Alfred Strauß, ebenfalls aus München, für Emma Tetzner. Um 9 Uhr 30 folgt das Schwurgericht, dessen Vorsitz Landgerichtsdirektor Engert führt.
Die Verhandlung beginnt mit der Verlesung des Eröffnungsbeschlusses und der Anklage. Frau Tetzner weint dabei fassungslos. Tetzner sitzt ruhig, mit leicht vorgeneigtem Kopf da. Er ist wegen versuchten und vollendeten Mordes angeklagt, sie wegen Begünstigung und Beihilfe.
Kurt Tetzner wird als erster zur Person und zur Sache vernommen.

VORSITZENDER: »Sie haben früher Angaben gemacht, daß Sie den Handwerksburschen bei lebendigem Leib verbrannt hätten. Dieses Geständnis haben Sie widerrufen und behauptet, der Handwerksbursche sei durch Zufall von Ihnen überfahren worden und Sie hätten dann seine Leiche verbrannt. Was wollen Sie heute erklären?«

TETZNER: »Ich halte die zweite Erklärung aufrecht.«

Der Vorsitzende bespricht mit ihm sein Vorleben. Dabei kommt er auf einen Vorfall zu sprechen, der zeigt, daß Tetzner schon lange den Gedanken gefaßt hatte, sich durch die Versicherung eines anderen Menschen und dessen Tod zu bereichern. Tetzners Schwiegermutter litt an Unterleibskrebs. Er riet ihr davon ab, sich operieren zu lassen. Dann versicherte er ihr Leben zu seinen Gunsten für 10 000 Mark – und nun empfahl er ihr eindringlich die Operation. In der Hoffnung, sie würde den Eingriff nicht überleben.

VORSITZENDER: »Wie haben Sie das mit der Versicherung der armen Frau denn beigebracht?«

TETZNER: »Das ging ganz leicht.«

VORSITZENDER: »Zwei Tage nach der Operation war die Frau tot. Sie sollen der letzte Besucher in ihrem Krankenzimmer gewesen sein.«

Landgerichtsdirektor Engert spricht damit kurz den Verdacht an, daß Tetzner dem Tod der alten Dame »nachgeholfen« habe. Die offizielle Todesursache war Herzschwäche.

TETZNER: »Ob ich der letzte Besucher war, weiß ich nicht.«

VORSITZENDER: »Wußten Sie, wie krank Ihre Schwiegermutter war?«

TETZNER: »Ja. Sie hatte das letzte Stadium von Krebs. Deshalb haben wir sie ja auch versichert.«

VORSITZENDER: »Das nennt man eigentlich Betrug. Sie haben die 10 000 Mark glatt ausbezahlt bekommen, und das war Ihr Unglück. Denn dadurch kamen Sie zu Ihren furchtbaren Taten.«

TETZNER leise: »Ja, das ist richtig.«

VORSITZENDER: »Sie wollten Ihre eigene Mutter dann auch noch versichern lassen, und zwar mit 20 000 Mark.«

TETZNER: »Das ist nicht wahr.«

VORSITZENDER: »Wir wissen es von Ihrer Frau. Haben Sie zu ihr nicht auch gesagt, mit 15 000 Mark in der Tasche kriegt man in der Großstadt jedes Gift, das man haben will?«

TETZNER: »Das ist gelogen. Das bestreite ich!«

VORSITZENDER zu der Mitangeklagten: »Frau Tetzner, hat Ihr Mann das mit dem Gift gesagt?«

Gespannt richten sich alle Augen auf die dickliche Frau, die bisher teilnahmslos auf ihrem Stuhl gesessen hat. Jetzt richtet sie sich ein wenig auf.

Was wird sie sagen? Wird sie bestätigen, was sie in der Voruntersuchung angegeben hat und ihren Mann damit schwer belasten? Oder steht sie auch hier im Gerichtssaal noch unter seinem Bann, dem sie sich noch nie entziehen konnte? Es dauert eine Weile, ehe sie antwortet.

EMMA TETZNER: »Ja, er hat es gesagt.«

VORSITZENDER: »Wollte er seine Mutter versichern lassen?«

EMMA TETZNER: »Ja. Ich sagte ihm darauf, nicht alle Menschen, die du versicherst, sterben so schnell wie meine Mutter. Er antwortete: Mit 10 000 bis 15 000 Mark Bargeld kann ich das bekommen, was ich brauche.«

VORSITZENDER: »Wie haben Sie das verstanden? Haben Sie angenommen, daß dann seine Mutter bald sterben würde?«

EMMA TETZNER: »Ja, das habe ich angenommen ...«

Empörte Rufe unter den Zuschauern.

VORSITZENDER sehr eindringlich: »Ist das auch die Wahrheit, Frau Tetzner? Ihre Aussage ist von einer ungeheuren Tragweite. Sie kann für Ihren Mann überaus schädlich sein.«

Was er damit meint, ist klar: Wenn Kurt Tetzner sogar plante, seine eigene Mutter wegen einer Versicherungssumme umzubringen, dann ist ihm auch jedes andere Verbrechen, dann ist ihm selbst das Verbrennen eines fremden Menschen zuzutrauen.

Vorsitzender: »Frau Tetzner, ich frage Sie noch einmal: Ist das die Wahrheit?«

Die Angeklagte nickt unter Tränen. Kaum hörbar sagt sie: »Ja!«

Tetzner schüttelt dazu entrüstet den Kopf.

Als sich die Unruhe im Saal gelegt hat, wird seine Vernehmung fortgesetzt.

Der Vorsitzende stellt fest, daß er nach dem Tod seiner Schwiegermutter durch das Geld von der Versicherung und den Verkauf des Cafés in Oschatz über ein Vermögen von rund 30 000 Mark verfügte. Er kaufte sich ein Auto, elegante Kleidung für sich und Puppchen. Den Rest brachte er in Nachtlokalen mit Freundinnen und auf gemeinsamen Vergnügungsreisen mit seiner Frau durch.

Tetzner berichtet, daß er dann alles mögliche versucht habe, um wieder zu verdienen. Er übernahm die Vertretung des Münchener Verlages für den Vertrieb von Schulbüchern in Sachsen, vertrieb Poliermittel, Tee, Kalender. Er sagt: »Aber nichts schlug ein.« In Wirklichkeit hatte er keine Lust, beständig und fleißig zu arbeiten. Deshalb kam er auf die Idee, bequemer zu verdienen – durch ein neues »Versicherungsgeschäft«. Und zwar mit Hilfe seines Autos. Da er für seinen Plan einen Komplizen brauchte, der nach seinem vorgetäuschten Tod das Versicherungsgeld in Empfang nahm, machte er Puppchen zur Mitwisserin.

Vorsitzender: »War Sie denn mit Ihrem Vorhaben einverstanden?«

Tetzner: »Bis dahin war unsere Ehe ganz harmonisch. Als

ich meine Frau in die Mordpläne einweihte, kam es zu Streitigkeiten. Sie wollte ja, daß ich mir eine Leiche besorge.«

Ohne Beschönigung gibt der Angeklagte den Mordversuch an dem Autoschlosser Alois Ortner zu. Dann kommt der Hauptanklagepunkt, der Mord an dem immer noch unbekannten Handwerksburschen zur Sprache. Und nun tischt Tetzner Einzelheiten seiner neuen Tatversion auf, an der er festhält, nachdem er sein ursprüngliches Geständnis widerrufen hat.

TETZNER: »In Wirklichkeit hat sich alles so abgespielt: Der Unbekannte ist mir in Plauen ins Auto gelaufen. Ich selbst war dabei in Lebensgefahr. Beinahe hätte der Aufprall meinen Wagen in die Chausseebäume geworfen. Ich verlor fast die Kontrolle und dachte nur noch eins: Jetzt mußt du aufpassen, daß niemand das Unglück bemerkt!

Ich fuhr zurück und sah, daß der Mann verletzt war. Ich schlug meinen Mantel um ihn und setzte ihn zu mir in den Wagen. Ich war etwa 30 Kilometer gefahren, da rutschte er plötzlich vom Sitz. Gleichzeitig hörte ich ein Stöhnen. Ich hielt an und fühlte dem Verunglückten den Puls. Auch die Finger hielt ich ihm unter die Nase. Ich war zwar aufgeregt, konnte aber feststellen, daß kein Lebenszeichen mehr zu spüren war. Der Mann war gestorben.

Ich habe ihn in den Notsitz gepackt und fuhr mit ihm nach Nürnberg weiter. Hier ging ich in ein Restaurant und blieb etwa drei Stunden.«

VORSITZENDER: »Und das Auto mit der Leiche ließen Sie die ganze Zeit auf der Straße stehen?«

TETZNER: »Ja.«

VORSITZENDER: »Ich finde es merkwürdig, daß Sie sich stundenlang ins Wirtshaus setzen und dabei nicht Angst hatten, daß die Leiche draußen gesehen wird.«

TETZNER: »An sowas denkt man da nicht.«

Er schildert weiter, daß er auf der Weiterfahrt hinter Ettershausen um 4 Uhr morgens gegen einen Kilometerstein gefahren sei. Er habe die Kühlerhaube und den Tank geöffnet, die Leiche aus dem Notsitz geholt und sie ans Steuer gesetzt. Anschließend habe er eine Benzinbahn von vorn über das rechte Trittbrett nach hinten gegossen und angesteckt. Mit seinem Koffer sei er dann durch den Wald nach Regensburg gegangen und mit der Bahn nach München gefahren. Von dort habe er seiner Frau das verabredete Telegramm geschickt.

VORSITZENDER: »Das sollte wohl für Ihre Frau der Wink sein, wie sie die Kleidung der Leiche ihres Mannes beschreiben sollte?«

Tetzner gibt darauf keine Antwort.

VORSITZENDER: »In München begingen Sie dann die Dummheit, ein Lokal in nächster Nähe des Verlages aufzusuchen, für den Sie arbeiteten. Dort wurden Sie dann von zwei Angestellten erkannt und angesprochen.«

TETZNER: »Ja, leider. Ich bin dann schleunigst weggefahren.«

VORSITZENDER: »Das war ein entscheidender Fehler. Denn nun gab es zwei Menschen, die wußten, daß Sie nach Ihrem angeblichen Tod noch lebten ...«

Trotz aller Vorhaltungen von Landgerichtsdirektor Engert wegen der Unsinnigkeit seiner Behauptung, sein Opfer überfahren und es dann, um den Unfall zu verschleiern, verbrannt zu haben, bleibt der Angeklagte bei seiner Darstellung. Sie ist ihm allerdings erst Anfang Mai 1930, im fünften Monat seiner Haft, eingefallen.

VORSITZENDER: »Ich verstehe nicht, warum Sie bis dahin Ihr erstes Geständnis, nachdem Sie den Handwerksburschen bei lebendigem Leib verbrannt haben, aufrechterhalten haben – obwohl Sie der Untersuchungsrichter immer wieder darauf hingewiesen hat, daß Sie sich damit in der furchtbarsten Weise belasten. Das Verbrennen auf dem Scheiterhaufen galt im Mittelalter als die grausamste Strafe. Und Sie halten so lange daran fest, ähnlich unmenschlich vorgegangen zu sein. Wie wollen Sie das erklären?«

TETZNER: »Ich habe angenommen, es sei für mich günstiger, wenn ich erst in der Hauptverhandlung mit der Wahrheit herausrücke.«

Erneute Unruhe im Saal. Gelächter, Zwischenrufe. Der Vorsitzende muß zur Glocke greifen, um die Ruhe wiederherzustellen.

Tetzner, so zeigt auch diese Szene, genießt unter den meist weiblichen Zuschauern nicht die geringsten Sympathien. In ihren Augen ist er ein Ungeheuer, ein »Teufel« in Menschengestalt. Das Vorurteil hat ihn gerichtet, noch längst bevor das Urteil gesprochen ist.

VORSITZENDER: »Sie haben Ihr Geständnis erst widerrufen, Angeklagter, als Ihnen das Gutachten von Professor Kokkel bekannt geworden war, nachdem der Mann im Auto schon tot gewesen sein mußte, bevor er verbrannte.«

Tetzner erwidert nichts darauf.

Dieser Punkt wird später bei den Aussagen der medizinischen Sachverständigen noch eine entscheidende Rolle spielen. Dabei wird sich zeigen, daß Tetzner sowohl bei seinem

ersten Tatgeständnis, wie auch bei seinem neuen Geständnis gelogen haben muß.
Nach ihm wird seine Frau vernommen. Eine wichtige Frage rückt damit in den Mittelpunk des Prozesses: Wie kam es, daß sie der Mordspur ihres Mannes folgte? Wie weit ist sie selbst in seine Taten verwickelt? Ist sie nur Mitwisserin, wie sie selbst behauptet? Oder ist sie mehr: womöglich Anstifterin, wie Tetzner bei einer seiner ersten Vernehmungen erklärt hat – eine Behauptung, die er später allerdings nicht mehr aufrechterhalten hat, und die niemand glauben kann, der diese Frau hier im Saal neben ihm erlebt.
Ihre Vernehmung wirft einige Schlaglichter auf ihre Vergangenheit.
Sie war 23 Jahre alt, als sie Tetzner am 24. Dezember 1927 heiratete. Ihre Mutter, die Witwe Georgi, betrieb im sächsischen Freiberg ein Feinkostgeschäft. Darauf hatte Tetzner es mehr als auf die Reize seines pummeligen Puppchens abgesehen. Er überredete die Schwiegermutter, das Geschäft zu verkaufen und gegen ein Café in Oschatz einzutauschen. Die Witwe entschloß sich nur schweren Herzens dazu. Auch sie konnte sich dem willensstarken »Männe«, wie ihre Tochter Tetzner nannte, aber nicht widersetzen.
In dem Café spielte er den »feinen Herrn«, der sich vor allem für die Kasse interessierte, seine Frau aber für sich arbeiten ließ – als Animierdame.
Emma Tetzner über diese Zeit in einem Brief an eine Freundin: »Hier bin ich ganz raffiniert geworden. Ich muß schon morgens in seidenen Kleidern gehen, und ich verstehe es, den Männern das Geld aus der Tasche zu ziehen. Eifersüchtig darf mein Männe nicht mehr auf sein Puppchen sein.«

Das war er auch nicht. Er hatte eine Reihe von Freundinnen, da störte es ihn nicht, daß Puppchen mit dem Animieren ziemlich weit ging. Daß sie käuflich war, wie in Oschatz gemunkelt wurde, bestritt sie später allerdings mit den Worten: »Wenn Kurt auch viel aus mir gemacht hat, eine Hure hat er nicht aus mir gemacht!«

Gemacht hat er aus ihr jedenfalls eine Frau, die ihm »beinahe hündisch ergeben« war, wie Menschen aus ihrer engsten Umwelt später als Zeugen bestätigen. Ihr Bruder bezeichnete sie in der Voruntersuchung als »keine große Leuchte, die von Tetzner sklavisch abhängig war«. Sie habe sich voll nach seinem Anspruch gerichtet, er könne nur eine Frau gebrauchen, die ihm »etwas nütze«.

Als willenloses Werkzeug ihres Mannes versucht sie denn auch Rechtsanwalt Dr. Strauß, ihr Verteidiger, hinzustellen. Er ist noch jung, kaum dreißig, mit scharf geschnittenem Gesicht, buschigen Augenbrauen und pechschwarzem, vollem Haar.

VERTEIDIGER: »Sie haben erklärt, Frau Tetzner, daß Ihr Mann ebenso wie Ihr Vater über gewisse hypnotische Kräfte verfügte. Stimmt das?«

EMMA TETZNER: »Ja.«

VERTEIDIGER: »Sie haben ferner gesagt, daß er jedem Menschen seinen Willen aufzwingen könne.«

EMMA TETZNER: »Ja.«

Landgerichtsdirektor Engert erkennt die Absicht, die der junge Anwalt verfolgt. Er schaltet sich ein.

VORSITZENDER: »Hat Ihr Mann Sie jemals hypnotisiert?«

EMMA TETZNER: »An mir hat er es nicht probiert, wohl aber an meiner Mutter.«

Vorsitzender: »Was hat er da gemacht?«

Emma Tetzner: »Wenn sie Kopfschmerzen oder ihr Reißen hatte oder wenn sie nicht einschlafen konnte, hat er ihr die Hand aufgelegt. Dann wurde sie ruhig und schlief ein.«

Verteidiger: »Hat er das auch bei Ihnen versucht?«

Emma Tetzner: »Er hat manchmal meine Hände angefaßt und mich angestarrt. Ich habe aber immer gesagt: Geh weg, laß das sein! Dann hat er es gelassen.«

Jetzt erhebt sich Dr. Sauter, der Verteidiger Tetzners, ein Hüne von Gestalt. Mit seinem kurzen englischen Schnurrbart und seiner kerzengeraden Haltung ist er der Typ des ehemaligen Husarenoffiziers. Er versucht einen Punkt für seinen Mandanten zu machen.

Verteidiger: »Hat Ihr Mann Ihnen gedroht, für den Fall, daß Sie nicht mitmachten? Hat er Sie gezwungen?«

Emma Tetzner: »Nein, er hat immer nur auf mich eingeredet. Er hat gesagt, wenn ich mich weigere, können wir uns aufhängen!«

Unter immer stärkerem Schluchzen schildert die Angeklagte, wie ihr Mann gegen ihren Widerstand die eigentliche Tat vorbereitet habe. »Ich habe aber nie eingewilligt!« ruft sie aus. Dabei bleibt sie trotz aller Vorhaltungen des Vorsitzenden und des Staatsanwalts.

Darauf verliest der Vorsitzende einen Brief, den Emma Tetzner aus ihrer Zelle an ihren Bruder, einen Bäckermeister, geschrieben hat. Darin heißt es: »Männe hat mir alles so verlokkend geschildert, daß ich nach schwersten Seelenkämpfen eingewilligt habe. Ich habe ihn dann gebeten, wenigstens niemanden zu ermorden, sondern sich eine Leiche zu beschaffen, und darauf hat er gesagt, das ginge nicht. Bei einem

Unglück müsse man Blut sehen, oder es müssen Knochen gebrochen sein.«

VORSITZENDER: »Nach diesem Brief haben Sie letztlich doch eingewilligt, Angeklagte.«

EMMA TETZNER: »Ich habe lieber arbeiten wollen, damit wir wieder Geld verdienen. Aber mein Mann sagte: Heute arbeiten nur noch die Dummen!«

VORSITZENDER: »Ihre Rolle haben Sie aber gut gespielt. An der Beerdigung in Leipzig haben Sie in tiefer Trauer teilgenommen und dabei heftig geweint.«

EMMA TETZNER: »Ich habe nur geweint, weil mir der arme Mensch leid tat, der da im Sarg lag.«

VORSITZENDER: »Warum haben Sie Ihrem Mann nicht gesagt, Sie würden sich eher scheiden lassen, als daß Sie in alles einwilligen?«

EMMA TETZNER: »Ich konnte ihm nicht widerstehen!«

VORSITZENDER: »Wenn Sie gesagt hätten, ich rühre von den 145 000 Mark keinen Pfennig an, dann wäre es nicht passiert. Aber Sie haben ja sogar an die Versicherungsgesellschaften telegrafiert, daß das Geld möglichst rasch gezahlt wird. Und jetzt sitzen Sie da!«

Als erster der 21 Zeugen wird unter allgemeiner Spannung der 28jährige Autoschlosser Alois Ortner aus München vernommen, auf den Tetzner den ersten Überfall ausgeführt hat. Man sieht noch Spuren seiner schweren Kopfverletzungen. Er schildert den Mordversuch im wesentlichen so wie der Angeklagte. Kopfschütteln im Saal, als er von seinen Erfahrungen mit der Polizei berichtet, die ihm seine Schilderung des Überfalls lange Zeit nicht glauben wollte. Erst als Tetzners Mordtat bekannt geworden war, nahm man ihn ernst.

Nach seiner Vernehmung wendet der Anklagevertreter sich an Tetzner.

STAATSANWALT: »Wollten Sie Ortner töten?«

TETZNER: »Ob ich ihn töten wollte, weiß ich nicht.«

STAATSANWALT: »Aber Sie hatten ihn doch niedergeschlagen, um ihn anschließend zu verbrennen. Weshalb haben Sie sich dann, nachdem der Anschlag mißlungen war, von Ihrer Frau Pfeffer besorgen lassen?«

TETZNER: »Ich wollte den Nächsten, den ich bekam, blenden und ihn dann anstecken.«

VORSITZENDER: »Sie wollten ihn bei lebendigem Leib verbrennen? Das ist doch entsetzlich! Wie kamen Sie bloß auf solche furchtbaren Gedanken?«

Der Angeklagte schweigt. Er starrt auf den Boden.

Als nächste Zeugin wird die frühere Hausdame Katharina Nagel vernommen, die Tetzner als Stütze für seine Frau engagiert hatte. Sie war zunächst unter dem Verdacht der Mitwisserschaft verhaftet, dann aber wieder freigelassen worden.

STAATSANWALT: »Wann bestellte Frau Tetzner Sie zum letztenmal zu sich?«

ZEUGIN: »Als ihr Mann Ende November zum zweitenmal auf Reise gegangen war.«

STAATSANWALT: »Das war am Abend des 26. November, an jenem Abend also, als er unterwegs war, um zu morden. Wie verhielt sich Frau Tetzner? War sie unruhig? Merkte man ihr etwas an?«

ZEUGIN: »Nein, sie war fröhlich und guter Dinge.«

STAATSANWALT: »Und wie reagierte sie, als die Nachricht vom angeblichen Unglück eintraf?«

ZEUGIN: »Da weinte sie herzzerbrechend. Sie konnte nicht schlafen, aß nichts und bekam Schwindelanfälle.«

STAATSANWALT: »Also ein perfektes Schauspiel!«

Dann folgt eine Reihe von Zeugen aus der Umgebung von Regensburg und Ettershausen, die seinerzeit das brennende Auto gesehen hatten. Die Aussagen gehen etwas auseinander, da die Zeugen zu verschiedenen Zeiten eingetroffen waren. Wichtig ist die Bekundung des Maurers Engel, daß der Leiche die Arme und die Beine fehlten.

ENGEL: »Es sah so aus, als seien die Oberarme und die Unterschenkel abgehackt.« Der Zeuge Behr, ein Fabrikarbeiter, gibt an, unter dem Auto Knochenteile gesehen zu haben. Etwa einen Meter vom Auto entfernt habe Gehirnmasse gelegen, die nicht verkohlt war. Diese Aussagen sind für die späteren Gutachten der Sachverständigen von besonderer Bedeutung.

Dann begibt sich das Gericht mit allen Prozeßbeteiligten auf den Hof des Gerichtsgebäudes. »Besichtigung des Mordautos«, steht auf dem Prozeßplan.

Das einst elegante zweisitzige Opel-Cabriolet mit der Nummer III 15033 ist nur noch ein Haufen Schrott. An einem gleichartigen neuen Modell soll Tetzner erläutern, wie er den Wagen in Brand gesteckt hat. Er zeigt sich dabei aber so begriffsstutzig, daß auf seine Mitwirkung bald verzichtet und die Besichtigung beendet wird. Sie bringt keine neuen Erkenntnisse.

Beamte der Gendarmerie und der Kriminalpolizei berichten anschließend im Zeugenstand über ihre Ermittlungen bei der Aufklärung des Verbrechens. Interessant die Bemerkung, die Tetzner gegenüber Gendarmeriehauptwachtmeister

Beck machte, als der ihn eines Tages im Untersuchungsgefängnis aufsuchte.

BECK: »Tetzner rechnete sich keine Chance mehr aus. Er sagte: ›Für mich ist die Todesstrafe das beste. Was mache ich, wenn ich nach 20 oder 25 Jahren aus dem Zuchthaus komme? Dann muß ich auf die Straße gehen und betteln. Da ist schon besser: Kopf ab!«

Über seine Versuche, seinen Kopf doch noch zu retten, berichtet der Regensburger Untersuchungsrichter Dr. Schmitt.

ZEUGE: »Fünf Monate blieb Tetzner dabei, daß er den Handwerksburschen bei lebendigem Leib verbrannt hat. Über fünfzigmal habe ich ihn gefragt, ob das auch wahr sei, und er bestätigte es immer wieder.«

STAATSANWALT: »Warum hielt er Ihrer Meinung nach an dieser Version fest, die ihn doch stark belastete?«

ZEUGE: »Das hängt vielleicht mit seinen mangelnden Kenntnissen über den juristischen Tatbestand des Mordes zusammen. Er dachte, mit dieser Version einer Mordanklage entgehen zu können. Darin hatten ihn auch Mitgefangene bestärkt. Er dachte, wenn er den Wagen ansteckt und ein lebendiger Handwerksbursche sitzt drin, kann der ja noch herausspringen. Springt er nicht, ist das nicht seine, Tetzners, Schuld – und in seinen Augen kein Mord.«

Anfang Mai 1930 sei dann plötzlich der Umschwung eingetreten, berichtet Untersuchungsrichter Dr. Schmitt weiter. Tetzner habe ihm in einem Brief geschrieben, er könne sein Mordgeständnis nicht mehr aufrechterhalten. Er habe in Wirklichkeit den Handwerksburschen nur überfahren.

ZEUGE: »Ich fragte ihn: Wollen Sie behaupten, daß Ihnen für Ihren Mordplan ein gütiges Schicksal eine Leiche direkt vor die Räder Ihres Wagens gelegt hat? Darauf Tetzner: Ja, das will ich behaupten.«

Dr. Schmitt bestätigt, daß der Angeklagte damals von dem Gutachten Professor Kockels erfahren hatte, das sich mit Tetzners Schilderung des Tatablaufs nicht deckte. Vermutlich daraufhin sei er umgeschwenkt.

Dann steuert die Verhandlung auf jenen jungen Mann zu, dessen gewaltsames Ende seit Monaten die Gemüter erhitzt und die Spalten der Zeitungen füllt – jener Unbekannte, der durch Tetzners Mordanschlag als Leiche eine traurige Berühmtheit erlangte. Beinahe ein Gespenst, das im Gerichtssaal und in den Gedanken der Prozeßbeteiligten allgegenwärtig ist. Wer er war, wie er hieß, woher er kam – man weiß es noch immer nicht. – Rechtsanwalt Dr. Sauter will vom Untersuchungsrichter wissen, welche Anstrengungen unternommen wurden, um den Toten zu identifizieren.

Zeuge: »Die Recherchen liefen bei der Polizeidirektion München zusammen. Dabei wurde festgestellt, daß sich heute auf den Straßen des Reiches Tausende von Menschen herumtreiben, die niemand kennt.«

Vorsitzender: »Ich habe in den letzten Tage Briefe von Müttern bekommen, deren Söhne seit November 1929 verschollen sind, und die anfragen, ob der unbekannte Tote vielleicht ihr Sohn sei.«

Verteidiger: »Tetzner hat über ihn doch bestimmte Angaben gemacht.«

Zeuge: »Er sagte, der Mann habe einen tschechischen Namen gehabt und sei Sägereiarbeiter gewesen. Er habe keine Eltern mehr gehabt. An den Namen konnte er sich nicht mehr erinnern.«

Zu einem dramatischen Höhepunkt des Prozesses wird schließlich die Vernehmung der medizinischen Sachverständigen. Sie nimmt zeitweise den Charakter eines wissenschaftlichen Grundsatzstreits zwischen den medizinischen Fakultäten der Universitäten Leipzig und Erlangen an.

Als erster tritt Professor Kockel aus Leipzig vor den Richtertisch, jener Gerichtsmediziner, der noch kurz vor der Beerdigung des »falschen« Tetzner die Leiche auf dem Südfriedhof in Leipzig obduzierte. Ohne ihn wäre das ganze Verfahren, wäre die Aufdeckung des Verbrechens nicht in Gang gekommen.

Bei der Obduktion, so erklärt er, habe er zwei wesentliche Feststellungen treffen können. Erstens: Der Tote sei nicht Tetzner gewesen. Zweitens: Der Mann sei nicht lebendig, sondern als Leiche verbrannt worden. Seine wissenschaftliche Begründung für den zweiten Punkt: In den noch vorhandenen Lungenteilen hätte sich kein Ruß befunden, ebenso habe Kohlenoxyd im Blut gefehlt. Der Mann könne also bei der Verbrennung nicht mehr geatmet haben. In der Lunge habe er jedoch eine Fettembolie festgestellt, die auf Gewalteinwirkung hinweise. Die Todesart könne jetzt allerdings nicht mehr mit Sicherheit festgestellt werden. Es sei möglich, daß der Unbekannte erschlagen, erschossen oder überfahren worden sei.

Vorsitzender: »Hierüber kann uns nur der Angeklagte Tetzner Auskunft geben.«

Atemlose Stille im Saal, als Landgerichtsdirektor Engert den blassen Mann mit dem streng gescheitelten Haar ansieht. Er fixiert ihn einen Augenblick.

Vorsitzender: »Nun, Herr Tetzner?«

Der Angeklagte senkt den Kopf und schweigt.
Nach Ansicht von Professor Kockel sind der Schädel und die Gliedmaßen, von denen keine Spur mehr gefunden wurde, nicht völlig verbrannt. Das sei bei so schweren Knochen nicht möglich. Seine Vermutung: Der Schädel mit der andersfarbigen Behaarung und die Beine, die wahrscheinlich länger als die von Tetzner waren, hätten Zweifel daran aufkommen lassen können, ob es sich bei dem Toten um Tetzner handelte. Deshalb habe er Schädel und Unterschenkel vom Körper des Toten getrennt und irgendwie beseitigt.
Nach Kockel kommt Professor Molitoris aus Erlangen zu Wort. Er setzt sich sofort in scharfen Widerspruch zu den Ausführungen seines Leipziger Kollegen.
Er sagt, die Frage des Regensburger Untersuchungsrichters an ihn habe gelautet, ob das erste Geständnis Tetzners, er habe den Unbekannten lebendig verbrannt, mit den Erkenntnissen der medizinischen Wissenschaft in Einklang stände. Sein Gutachten hierüber habe er im Einverständnis mit dem Medizinalkomitee Erlangen erstattet, und er komme zu dem Ergebnis, daß dem Geständnis Tetzners zu glauben sei.
Professor Molitoris: »Die Tatsache, daß in der Lunge des Toten eine Fettembolie vorhanden war und ebenso die Tatsache, daß Kohlenoxyd im Blut und Ruß in Lunge und Kehlkopf fehlten, schließen nicht aus, daß der Unbekannte lebendig verbrannt worden ist.«
Das Opfer Tetzners, so weiter der Professor, könne in dem Augenblick, als die Flammen ringsum hochschossen, auch von einem Schock befallen worden sein. Seine Atmung könne ausgesetzt haben, während das Herz weiterschlug. In

diesem Fall sei es unmöglich, daß der Unglückliche Ruß oder Kohlenoxyd eingeatmet habe. Das komme häufiger bei schnellem Verbrennen von Menschen vor. Ein Beispiel dafür seien die Opfer der Brandkatastrophe in der Pariser Oper 1887. Ebenso könne bei einem Schock eine Fettembolie in der Lunge eingetreten sein.

Das ist nun genau das Gegenteil von dem, was Professor Kockel gesagt hat. Landgerichtsdirektor Engert blickt ein wenig ratlos von einem Gutachter zum andern.

VORSITZENDER: »Herr Professor Molitoris, bezweifeln Sie die Feststellung, die hier Professor Kockel getroffen hat?«

MOLITORIS: »Sie kann richtig, sie kann aber auch falsch sein. Die Schlußfolgerungen des Herrn Kollegen sind nicht zwingend.«

Da erhebt sich Professor Kockel. Scharf erklärt er: »Ich verwahre mich dagegen, daß mir der Kollege Molitoris ungenaue Feststellungen vorwirft.«

Ebenso scharf gibt Professor Molitoris zurück: »Ich habe Sie nicht angegriffen. Meine Auffassung deckt sich nur nicht mit Ihrer.« Und zu den Richtern gewandt: »Herr Kockel hat mir in seinem letzten Gutachten schwere Fehler vorgeworfen, und auf die muß ich hier antworten. Wie es in den Wald ruft, so schallt es zurück!«

»Darüber wird noch an anderer Stelle zu reden sein«, erwidert Professor Kockel.

Dann kommt es zu einer grotesken Szene.

Professor Molitoris versteigt sich in seinem Zorn zu der Behauptung: »Schon der bei der Obduktion von Herrn Kockel geäußerte Verdacht, der Tote könne nicht Tetzner sein, entbehrte der wissenschaftlichen Grundlage.«

Dieser Angriff ist absurd. Und Professor Kockel macht es mit einer einzigen Geste deutlich. Er deutet auf den Angeklagten und erwidert: »Aber da sitzt er doch!«
Das Lachen, das jäh aufflammt, verstummt rasch wieder. Zu ernst, zu düster ist dieser Prozeß.
Tetzner hat den unversöhnlichen Streit der Gutachter mit Spannung verfolgt. Er allein weiß, wer von beiden recht hat. Aber erst drei Tage vor seinem Tod wird er es sagen.
Für die übrigen Prozeßbeobachter ist das Rätsel um den Tod des Handwerksburschen durch die Aussagen der Experten nicht klarer geworden. Wer die Verhandlung aufmerksam verfolgt hat, wird wohl eher der Meinung des Leipziger Professors Kockel zuneigen, die ja auch sein Kollege aus Erlangen für möglich hält.
In diesem Zusammenhang gewinnt eine bis dahin wenig beachtete Aussage an Bedeutung. Da hatte ein Tankwart aus Hohenschambach in der Oberpfalz, bei dem Tetzner am 26. November gegen 20 Uhr 35 Liter Benzin getankt hatte, als Zeuge erklärt: »Beim Tanken benahm der Angeklagte sich sehr merkwürdig. Er ließ mich gar nicht richtig an den Wagen herankommen – so, als ob er etwas im Wagen zu verbergen hatte.«
Das legt den Schluß nahe, daß zu dieser Zeit im Notsitz des Wagens schon die verstümmelte Leiche lag.
Tetzner hat in der Verhandlung selbst zugegeben, daß er mit seinem Wagen 20 Kilometer vor Hohenschambach in einem Wäldchen gehalten hat. Vermutlich hat er hier den mitfahrenden Wanderburschen getötet und anschließend verstümmelt. Die Unterschenkel und Arme des Opfers hat er vermutlich in einen Koffer gepackt und in das alte Strombett

der Naab geworfen, das in der Nähe der Stelle liegt, wo er den Wagen mit dem Torso schließlich verbrannt hat.
Eine Spekulation nur zunächst. Wie nahe sie an den tatsächlichen Ablauf des Verbrechens heranreicht, soll sich erst nach dem Prozeß herausstellen.
Als letzte Sachverständige sagen die beiden Ärzte Dr. Vierzigmann und Lackerbauer von der Heil- und Pflegeanstalt Regensburg aus, die beide Angeklagte auf ihren Geisteszustand untersucht haben. Sie kommen zu dem Ergebnis, daß sowohl Tetzner als auch seine Frau vollkommen verantwortlich sind. Als Dr. Vierzigmann über die Angeklagte sagt: »So ganz willenlos ist sie nicht gewesen ...«, kommt es zu einem Zwischenfall.
Emma Tetzner, die die Aussagen der beiden Mediziner mit wachsender Erregung verfolgt hat, verfällt plötzlich in einen Schreikrampf, bricht auf ihrem Stuhl zusammen.
Tetzner, der sie lange Zeit kaum beachtet hat, springt auf und bemüht sich um sie. Er versucht ihre Hand zu fassen.
Auch die Ärzte im Saal kümmern sich um sie. Der Richter läßt ihr ein Glas Wasser bringen. Er sagt: »Beruhigen Sie sich, Angeklagte, wir sind bald fertig!«
Nach kurzer Pause kann Dr. Vierzigmann seinen Vortrag beenden.

Die Beweisaufnahme ist abgeschlossen. Am Mittag des 19. März 1931 beginnen die Plädoyers des Anklagevertreters und der beiden Verteidiger.
Das Schicksal Kurt Tetzners ist in diesem Augenblick so gut wie besiegelt, sein Kopf kaum noch zu retten. Zu grauenhaft ist das Bild seines Verbrechens, das sich während des Pro-

zesses entrollt hat. Unter den 21 Zeugen war kein einziger, der etwas zu seiner Entlastung vorgebracht, der auch nur einen einzigen hellen Pinselstrich zu seinem düsteren Charaktergemälde geliefert hätte. An diesem Mann stimmt nichts versöhnlich, ein Unhold, gewalttätig und brutal, der ohne inneren Konflikt tötete, angestachelt weder von Frustrationen, Emotionen noch von Angst, gekränkter Liebe oder Haß.

Erster Staatsanwalt Hebauer kann es sich leisten, auf forensische Kabinettstückchen zu verzichten und sich kurz zu fassen. Er geißelt zunächst das Verbrechen auf der Landstraße als auf seine Weise einzigartig in der Kriminalgeschichte der Welt. Es habe bereits Schule gemacht und zwei Nachfolger gefunden. Der englische Tetzner, Arthur Rouse, sei inzwischen hingerichtet worden, und auch der deutsche Tetzner Nr. 2, Fritz Saffran aus dem ostpreußischen Rastenburg, werde seiner Strafe nicht entgehen. Tetzner habe bei seiner Schulbildung und ursprünglichen Vermögenslage leicht die Möglichkeit gehabt, sich durchs Leben zu bringen, ohne eine Mordtat zu begehen. Er wollte aber ohne Arbeit zu Geld kommen. Deshalb sei er auf die Idee verfallen, einen Menschen an seiner Stelle sterben zu lassen, um so die Versicherung zu betrügen. Dabei sei er unmenschlich vorgegangen. Seine Frau habe ihm, wenn auch nach anfänglichem Zögern, ihre Hand zur Ausführung des Verbrechens gereicht und meisterhaft ihre Rolle gespielt. Ohne ihre Mitwirkung hätte er die Tat nicht durchführen können.

Nach Ansicht des Staatsanwalts verdiene das erste Geständnis Tetzners – nach dem er den Wanderburschen lebendig verbrannt hatte – Glauben, weil es von ihm völlig

freiwillig abgelegt worden und später immer wiederholt worden sei.
Nach dreiviertelstündigem Vortrag stellt der Ankläger seine Anträge. Sie lauten:
»Kurt Tetzner ist schuldig eines Verbrechens des versuchten Mordes und dafür zu 12 Jahren Zuchthaus zu verurteilen, ferner eines Verbrechens des vollendeten Mordes in Tateinheit mit dem Versuch eines Versicherungsbetruges. Dafür ist er zum Tod zu verurteilen.
Emma Tetzner ist schuldig eines Verbrechens der Beihilfe zum Mord und zu einem versuchten Versicherungsbetrug. Sie ist dafür zu 12 Jahren Zuchthaus zu verurteilen.«
Tetzner sollen außerdem die bürgerlichen Ehrenrechte auf Lebensdauer, seiner Frau auf 10 Jahre aberkannt werden.
Die Stille im Saal, die den Worten des Staatsanwaltes folgt, wird nur vom lauten Schluchzen der Angeklagten unterbrochen.
Nach der Mittagspause – es ist 14 Uhr 30 – plädieren die Verteidiger, die sich nicht damit abfinden wollen – und natürlich auch nicht damit abfinden dürfen –, auf verlorenem Posten zu stehen.
Rechtsanwalt Dr. Fritz Sauter nennt den Prozeß den »Prozeß der ungelösten Rätsel«. Wie schwierig die Klärung des Verbrechens sei, zeige die lange Zeit von eineinhalb Jahren, die man zur Voruntersuchung benötigt habe und schließlich auch der Disput der medizinischen Sachverständigen, die in der Verhandlung mit völlig gegensätzlichen Gutachten aufgewartet hätten. Niemand könne heute sagen, ob das erste Geständnis des Angeklagten richtig ist, niemand könne beweisen, daß das zweite Geständnis falsch ist.

Dr. Sauter wendet sich den Geschworenen zu. Er richtet seine hünenhafte Gestalt zu imposanter Größe empor, als er in beschwörendem Ton fortfährt: »Vielleicht hat sich die ganze Sache auch anders abgespielt – niemand von uns weiß es, nur Tetzner kann es wissen. Unbekannt ist die Person des Verbrannten, ungelöst die Frage, wie dieser sein Leben verloren hat und inwiefern Tetzner daran schuld hat.«

Die nächsten Worte des Verteidigers kommen überraschend, lassen alle Menschen im Saal aufhorchen.

»Frau Tetzner ist der böse Dämon gewesen! Der Angeklagte hat selbst gesagt: ›Wenn ich diese Frau nicht gehabt hätte, säße ich nicht hier.‹«

Als die Angeklagte das hört, zuckt sie zusammen. Sie wirft ihrem Mann einen wütenden Blick zu, schüttelt entrüstet den Kopf. Tetzner reagiert nicht.

Zum Schluß stellt Dr. Sauter den Antrag, die Anklage wegen vollendeten Mordes fallenzulassen und den Angeklagten nur wegen des zugegebenen Mordversuchs, wegen versuchten Versicherungsbetruges und im höchsten Falle wegen fahrlässiger Tötung zu verurteilen.

Emma Tetzners Verteidiger Dr. Strauß kann zu Beginn seines Plädoyers seine Erregung über die Attacke des Kollegen nicht verbergen. In das Hochdeutsch des jungen Mannes mischen sich typische Münchener Klänge, als er sagt: »Ich wundere mich darüber, daß Kollege Dr. Sauter meine Mandantin fast ebenso stark belastet wie der Staatsanwalt. Dazu gibt es nicht den geringsten Grund, im Gegenteil!«

Dr. Strauß geht nun seinerseits daran, dem Mandanten des Kollegen die Schuld am Verbrechen zuzuweisen.

»Die Verbrechernatur ist Kurt Tetzner. Er ist vorbestraft wegen Diebstahls und Betruges. Er hat nicht arbeiten aber viel Geld verdienen wollen. Seine Geldgier hat ihn zu dem scheußlichen Verbrechen geführt. Nicht die Frau, sondern der Mann ist an allem Unglück schuld. Sie ist eine kindlich naive Person und hat die Tragweite und Schwere der teuflischen Pläne ihres Mannes nicht erkannt. Bei der Besorgung von Äther und Pfeffer hat sie sich nichts gedacht.«

Dr. Strauß beantragt nach langen, weitschweifigen Ausführungen, daß man bei Emma Tetzner die Anklage wegen Beihilfe zum Mord fallenlassen müsse. Es komme höchstens eine Verurteilung wegen versuchten Versicherungsbetruges in Frage.

Ehe sich das Gericht zur Beratung zurückzieht, gibt Landgerichtsdirektor Engert den beiden Angeklagten das letzte Wort.

VORSITZENDER: »Haben Sie noch etwas zu sagen?«

TETZNER: »Nein, ich habe die reine Wahrheit gesagt – beim zweitenmal – und gestanden, wie es geschehen ist.«

EMMA TETZNER, von Weinkrämpfen geschüttelt: »Ich schließe mich den Worten meines Verteidigers an.«

Um 17 Uhr 45 beginnt das Schwurgericht seine Beratung.

In den Gängen des Regensburger Gerichtsgebäudes drängen sich Prozeßbeteiligte, Zuschauer und Presseleute und tauschen ihre Meinung aus. Das Todesurteil ist noch nicht für alle beschlossene Sache. Der Reporter des »Straubinger Tagblatts« schreibt in der Abendausgabe: »Alle stehen im Bann der Rede des Verteidigers Dr. Sauter. Man rechnet allgemein mit 15 Jahren Zuchthaus für Tetzner.«

Erfahrene Prozeßbeobachter sehen in der Dauer der Bera-

tung ein Indiz für die Schwere des Urteils. Nehmen sich die Richter lange Zeit, dann haben sie Zweifel – das ist günstig für die Angeklagten. Beraten sie nur kurz, dann steht ihre Meinung einhellig fest – das kann hier, wo es um Leben und Tod geht, für Kurt Tetzner nur den Tod bedeuten.
Das Gericht berät nur kurz: eine knappe Stunde.
Um 18 Uhr 45 betreten Richter und Geschworene wieder den Sitzungssaal. Einige Sekunden herrscht eine nahezu unerträgliche Spannung. Dann verkündet Landgerichtsdirektor Engert das Urteil:
»Tod für Kurt Tetzner, vier Jahre Zuchthaus für Emma Tetzner ...«
Im Raunen der Zuschauer gehen die letzten Worte des Richters beinahe unter: »Die Kosten haben die beiden Verurteilten zu tragen. Das verbrannte Auto steht der Staatsanwaltschaft zur Verfügung.«
Tetzner hat das Todesurteil ohne jede Gemütsbewegung aufgenommen. Kurz darauf flüstert er einem der Polizeibeamten, die ihn abführen, ins Ohr: »Beweisen haben sie mir doch nichts können!«
Emma Tetzner ist bei der Verkündung des Todesurteils für ihren Mann in sich zusammengesunken. Nach ihrem eigenen Urteilsspruch blickt sie etwas erleichtert. Sie kann nicht verbergen, daß sie Schlimmeres erwartet hat.
Ihr Verteidiger nimmt in ihrem Namen das Urteil sofort an. Tetzners Anwalt legt beim Reichsgericht Revision ein. Er stützt sich dabei auf einen angeblichen Verstoß des Schwurgerichts gegen die Strafprozeßordnung. Die Revision wird jedoch abgewiesen. Damit bleibt nur noch der Gnadenweg, um Tetzner vor dem Henker zu bewahren. Über ein entspre-

chendes Gesuch von Rechtsanwalt Dr. Sauter hat der Bayerische Ministerrat zu befinden.
Noch ehe er zusammentritt, legt Tetzner ein neues – sein drittes – Geständnis ab. Am 25. März 1931 gibt die Justizpressestelle Regensburg bekannt:
»Der wegen Mordes verurteilte Kurt Tetzner hat heute zuerst dem Wachtmeister des Gerichtsgefängnisses und dann dem Richter ein Geständnis abgelegt. Er gibt an, einen Wanderburschen in der Nähe von Reichenbach i. V. in sein Auto aufgenommen zu haben. Etwa 20 Kilometer vor Hohenschambach (Opf.) habe er angehalten. Beide seien dann ausgestiegen. Da sei ihm die Gelegenheit zur Ausführung des Mordes günstig erschienen, da der Wanderbursche über Kälte geklagt habe. Tetzner habe seine große Reisedecke ausgepackt und den Wanderburschen so in die Decke gepackt, daß auch dessen Arme eingewickelt waren.
Dann habe er eine starke Schnur aus der Tasche genommen, diese dem Wanderburschen um den Hals gelegt und ihn erwürgt. Bei Mariaort (bei Regensburg) habe er die Leiche verbrannt, nachdem er sie vorher auf den Führersitz gesetzt habe. Den Namen des Ermordeten will Tetzner nicht wissen.
Die Angaben über die Person werden nachgeprüft, so daß Aussicht auf Ermittlung desselben besteht.«
In der Todeszelle liefert Tetzner einem Reporter des »Bayerischen Kurier« dazu den Kommentar. Er erklärt: »Dieses letzte Geständnis entspricht restlos der Wahrheit. Ich habe es abgelegt, um rein von dieser Welt zu scheiden und um mein Gewissen zu erleichtern.«
»Rein« scheidet er damit natürlich nicht aus der Welt. Und ob er nun, angesichts des Todes, tatsächlich die Wahrheit

spricht, ist zu bezweifeln. Denn selbst mit dieser neuen – und letzten – Version Tetzners ist das Rätsel um den Tod des unbekannten Wanderburschen nicht gelöst. Selbst jetzt noch bleibt einiges offen.

So weiß man nach wie vor nicht, wie ein Teil des Gehirns eineinhalb Meter vom Fahrersitz entfernt auf die Böschung gelangen konnte und wo die fehlenden Körperteile geblieben sind, die nicht im Feuer verbrannt sein konnten.

Der Wahrheit scheint Professor Kockel wohl am nächsten gekommen zu sein, als er in seinem Gutachten schrieb: »Wahrscheinlich ist dieser Mensch unter Umständen gestorben, die Tetzner viel grauenvoller dünkten als das Verbrennen bei lebendigem Leibe, bei dem er keine Hand an sein Opfer hätte legen müssen. Vielleicht hat er deshalb so lange an seinem ersten Geständis festgehalten – bis er sich auf die Möglichkeit besann, einen Verkehrsunfall vorzugeben.«

Weshalb dann nun Tetzners drittes Geständnis, wenn auch das nicht die volle Wahrheit ist? Vielleicht ist es ein letzter, verzweifelter Versuch, die Mitglieder des Bayerischen Ministerrates milder zu stimmen. Die Herren lassen sich aber nicht beirren, und sie lehnen Tetzners Gnadengesuch ab.

Die Hinrichtung wird auf den 2. Mai 1931 festgesetzt.

Erst jetzt, als er keine Möglichkeit mehr sieht, seinen Kopf zu retten, bekennt Kurt Tetzner einem Wärter: »Der Professor Kockel hat recht!«

Am Vorabend der Hinrichtung, einem Freitag, trifft Scharfrichter Johann Reichhart mit seinen Gehilfen im Gefängnis des Landgerichts Regensburg ein.

Reichhart, der aus München stammt, ist aus Holland ge-

kommen, wo er, der gelernte Metzger und Koch, ein Bestrahlungsinstitut aufgebaut hat. Ein Telegramm hat ihn nach München beordert. Bevor er nach Regensburg weiterfuhr, hat er der Staatsanwaltschaft seine Kündigung eingereicht. 150 Mark pro Kopf plus 10 Mark Tagesspesen und Bahnfahrt sind ihm zuwenig. Er möchte ein jährliches Einkommen von 500 Mark garantiert haben. (Er hält die Kündigung später nicht aufrecht. Bis 1945 – zum Schluß noch unter den Alliierten in Landsberg – richtet er insgesamt 3163 Menschen hin.)
Eine Speditionsfirma bringt die drei Kisten, die Reichhart aus einem Schuppen des Gefängnisses München-Stadelheim per Bahn nach Regensburg hat schaffen lassen, in den Gefängnishof. Eine von ihnen ist die Blockkiste, sie enthält den Hinrichtungsblock. Die zweite enthält die vier Zentner schwere Fallschwertmaschine. In der dritten Kiste, die etwa die Höhe eines Nachttischs hat, befinden sich die Messer.
Während Kurt Tetzner in der Todeszelle die letzten Briefe schreibt, baut Reichhart mit seinen Henkersknechten im Gefängnishof die Guillotine auf. Bei einer »Probehinrichtung« überzeugt sich der Staatsanwalt davon, daß die Maschine funktioniert.
Die Justizbehörde ist beinahe ängstlich darauf bedacht, daß die Hinrichtung am nächsten Morgen reibungslos klappt. Denn das Land Bayern rückt damit in den Mittelpunkt eines erbitterten Kampfes um die Todesstrafe, der die Beratung des neuen Strafgesetzbuches im Berliner Reichstag begleitet. Anhänger und Gegner der Todesstrafe, die diese Beratung für sich entscheiden wollen, liefern sich leidenschaftliche Diskussionen. In Bayern ist im Januar 1928 das letzte Todesurteil vollstreckt worden, an dem Doppelmörder Ullmayr in

Kempen. Danach hat Reichsjustizminister Koch-Weser die Länderregierungen aufgefordert, vor Abschluß der Strafrechtsreform den Henker nicht mehr zu beschäftigen. Als sein Nachfolger, Justizminister Guérard, ein halbes Jahr später die Todesstrafe als »vorerst unentbehrlich« bezeichnete, ließ das Land Württemberg den Vatermörder Zell köpfen. Mit der Hinrichtung Tetzners setzt Bayern sich ebenso wie Württemberg über das Stillhalteabkommen der Länder hinweg.

Den letzten Brief schreibt Kurt Tetzner an seine Frau Emma. Die Eheleute haben sich wieder versöhnt. Frau Tetzner hat ihm noch einen liebevollen Brief geschrieben. Er antwortet ihr: »Puppchen, im Jenseits werden wir uns wiedersehen!«

In der Nacht vor der Hinrichtung ist der Mörder nicht alleine. Der protestantische Geistliche Stadtvikar Daum verbringt die letzten Stunden mit ihm. Am Morgen des 2. Mai, um 6 Uhr 30, reicht er ihm nochmals das Abendmahl.

Punkt 7 Uhr betreten die Gesellen des Scharfrichters Reichhart die Todeszelle. Die Glocke der Gefängniskirche beginnt zu läuten. Kurt Tetzner werden die Hände auf den Rücken gefesselt. Dann wird er über den Korridor zum Fallbeil im Hof geführt.

Er steht seinem Henker gegenüber.

»Seinen Gesichtszügen war kurz vor der Hinrichtung keine Gemütsbewegung anzusehen«, berichtet am nächsten Tag der »Bayerische Kurier«, »abgesehen natürlich von großer Blässe. Der Delinquent ging ohne ein Wort zu sprechen und widerstandslos zum Schafott. Die Hinrichtung erfolgte in Gegenwart der zwölf Zeugen und Vertretern der Presse ohne jeden Zwischenfall.«

Der Fall Martha Marek

Im Tragstuhl zum Schafott

Vom Stephansdom hallen sechs Glockenschläge. Wien beginnt zu erwachen. Während an diesem kalten Dezembermorgen in der Stadt an der Donau die ersten Lichter aufflammen, kommt es im düsteren Gebäude des Wiener Hauptgefängnisses, dem »Grauen Haus«, zu einer Szene, die einem Gruselfilm von Hitchcock entstammen könnte: In der Todeszelle heben zwei kräftige Gefängniswärter eine Frau in einen Tragstuhl, um sie zur Hinrichtung zu bringen.

»Ich will nicht!« ruft sie verzweifelt. »Ich bin doch krank, gelähmt . . .!«

Die Beamten achten nicht auf ihre Worte. Sie wuchten das Holzgestell hoch. Eine gespenstische Prozession, die sich dann durch die winkligen Korridore zum Schafott bewegt. Voran geht der Pfarrer, hinter ihm gehen die Wärter mit dem Tragstuhl und der Frau, dahinter die Henkersknechte und der Gefängnisdirektor.

Man sieht der Todeskandidatin an, daß sie einmal schön war. Jetzt aber, da man sie zum Sterben trägt, ist das Leuchtende, das Strahlende, das sie umgab und unwiderstehlich machte, einer fahlen Blässe gewichen. Abwechselnd preßt sie ihre schmalen Lippen hart aufeinander oder murmelt unverständliche Worte. Sie kann sich kaum bewegen, ihre Hände sind auf dem Rücken gefesselt.

Schließlich erreicht der seltsame Zug einen Raum, dessen Wände mit schwarzen Tüchern verhängt sind. In der Mitte ist er mit einem Vorhang aus demselben schwarzen Stoff unterteilt. Auf einem Tisch flackert eine Kerze.
In ihrem Licht erkennt man einige Männer, die feierlich schwarze Anzüge tragen. Einer von ihnen ist Oberlandesgerichtsrat Dr. Mittendorfer. Er hat den aufregenden Prozeß gegen die Einundvierzigjährige geleitet. Ein großer, ernst blickender Mann mit grauen Schläfen.
Er wartet, bis die Uniformierten den Tragstuhl auf den Boden gestellt haben. Dann tritt er einen halben Schritt auf die Frau zu, der man das lange tizianrot gefärbte Haar zu kurzen Stoppeln geschnitten hat. Für die Hinrichtung muß der Nakken frei sein. Mit dem fast kahlen Kopf erinnert sie an einen gerupften Vogel.
Dr. Mittendorfer hebt ein Stück Papier, das in seiner Hand raschelt. Er muß sich angesichts der Frau, die ihn aus ihren großen saphirblauen Augen haßerfüllt anstarrt, zur Ruhe zwingen. Er liest vom Blatt: »Nachdem Sie, Martha Marek, wegen vierfachen Meuchelmordes vom Landgericht Wien zum Tode verurteilt worden sind –«
»Nicht das Gericht hat mich zum Tode verurteilt«, unterbricht ihn die Frau, »sondern Sie! Obwohl Sie wissen, daß ich unschuldig bin!«
» – zum Tode verurteilt worden sind«, wiederholt nervös der Oberlandesgerichtsrat, »und Ihrer Gnadenbitte keine Folge gegeben ist, muß das Urteil jetzt vollstreckt werden.« Er macht eine kurze Pause, ehe er fortfährt: »Sie dürfen, wenn Sie dies wünschen, mit dem Seelsorger noch ein kurzes Gebet sprechen.«

Langsam und bitter schüttelt Martha Marek den kahlgeschorenen Kopf.
»Danke, nein.«
Schon halb auf dem Absatz kehrtmachend, als wolle er vor dem Grauen dieses Augenblicks, den er mit seinen Richterkollegen durch das Urteil mit heraufbeschworen hat, flüchten, ruft Dr. Mittendorfer: »Herr Scharfrichter, walten Sie Ihres Amtes!«
Der schwarze Stoffvorhang wird aufgerissen, der Henker – es ist wie im Fall Tetzner der kleinwüchsige Johann Reichhart aus München – und seine Helfer eilen herbei, heben die Frau, die sich verzweifelt wehrt, aus dem Tragstuhl und bringen sie zum Fallbeil, das wie ein drohendes Ungetüm aus dem hinteren Teil des Raumes aufragt.
Martha Marek, die vierfache Mörderin, hat sich so sehr davor gefürchtet, daß sie sich in eine angebliche Lähmung flüchtete. Eine Gelähmte, so hat sie wohl gedacht, kann man nicht hinrichten. Doch die Gerichtsärzte durchschauten ihr Spiel. Da sie nicht gehen wollte, wurde sie getragen.
»O nein!« ruft Martha Marek, während die Henkersknechte mit ihr kämpfen. »Ich bin unschuldig ... Ich bin – «
Die Todesangst nimmt ihr den Atem. Sie sieht nicht mehr den Sarg, der neben dem Schafott schon bereitsteht, erkennt nicht mehr, was mit ihr geschieht.
Der Tod, den sie jetzt, im letzten Augenblick ihres Lebens, als Feind empfindet, hat sie eine lange Strecke ihres Lebens begleitet. Er kam wie ein Freund, wenn sie ihn rief – und sie rief ihn oft ... Für andere ...

Am 25. Mai 1925 erscheint ein sehr auffälliges Paar im Wiener Büro der Versicherungsgesellschaft Anglo-Danubian-Lloyd am Aspernplatz Nr. 1.
Die Frau ist erregend schön: schlank, großgewachsen, mit goldblondem Haar, das straff nach hinten gekämmt und auf dem Kopf zu einem Knoten zusammengenommen ist – eine Frisur, die dem breitflächigen Gesicht ein gespanntes Aussehen gibt. Ihre blauen Augen erscheinen fast zu groß unter den sorgfältig gezupften Brauen. Das Kleid, das sie trägt, verrät die Handschrift der teuersten Wiener Modesalons. Elegant angezogen ist auch der Mann, der sie begleitet. Er ist ebenfalls schlank und groß, mit einem Christuskopf. Sein schwarzer Vollbart, eckig geschnitten, wirkt überaus gepflegt. Dahinter verstecken sich weichliche Züge. Der schmale Mund der Frau dagegen verrät Härte.
Es handelt sich um die Eheleute Emil und Martha Marek. Während des Gesprächs mit dem Versicherungsagenten Lazanski spricht vor allem die Frau, während ihr Mann sich bescheiden zurückhält. Sie erklärt, daß sie für Emil Marek eine Unfallversicherung abschließen möchten, und zwar über 100 000 Dollar für den Todesfall und über 400 000 Dollar für den Fall dauernder Invalidität.
Diese Summen verschlagen dem Agenten fast die Sprache. 400 000 Dollar sind damals 28 Milliarden Kronen. Zum Vergleich: Eine Versicherung über 100 bis 200 Millionen gilt schon als beachtlich, eine über 500 Millionen als groß, und eine über eine Milliarde als so hoch, das sie nur selten abgeschlossen wird. Was die Mareks fordern, so erklärt später ein Sachverständiger, »ist bestenfalls einem Industriemagnaten von amerikanischem Format angemessen«.

Die Prämien sind entsprechend hoch: 60 Millionen Kronen pro Jahr. Der Agent will deshalb wissen, ob die Mareks sich das leisten können.
Er fragt: »Welchen Beruf üben Sie aus, Herr Marek?«
»Mein Mann ist akademischer Ingenieur«, antwortet an Mareks Stelle kühl seine Frau. »Er ist außerdem Besitzer einer Braunkohlengrube und Leiter eines Elektrizitätswerkes, das gerade gebaut wird.«
»Darf ich noch nach Ihrem Alter fragen, Herr Marek?«
»41 Jahre«, erwidert abermals die rothaarige Frau. »Falls Ihnen das noch nicht genügt: Wir verfügen über eine Referenz, die wohl über allen Zweifel erhaben ist.« Ihr schmaler Mund kräuselt sich leicht. »Ihr Generaldirektor, Herr Korn, war bei uns schon einige Male zu Gast.«
»Ich bitte um Entschuldigung, gnädige Frau«, sagt der Agent sichtlich verlegen. »Das wußte ich nicht.«
In der Tat kennen die Mareks den Generaldirektor persönlich. Sie haben mit ihm über einen Kredit verhandelt, den sie benötigen, um ein Projekt zur Elektrifizierung des Burgenlandes weiterzutreiben. Der Generaldirektor weiß also, wie feudal sie in ihrer Villenwohnung in Mödling leben. Er kennt die kostbaren Antiquitäten, mit denen sie sich umgeben. Wer und was sie sind, weiß er allerdings nur vom Hörensagen. Obwohl sie als reich gelten, erscheint auch ihm die Versicherungssumme als viel zu hoch. Er trägt seinem Agenten auf, die Mareks dazu zu bewegen, statt der Unfall- lediglich eine Lebensversicherung abzuschließen.
Als Lazanski das vorschlägt, schüttelt Martha Marek entschieden den Kopf.
»Nein, kommt nicht in Frage. Wir sind nur an einer Unfall-

versicherung interessiert. Wollen Sie das Geschäft nun machen oder nicht?«
Der Chef der Unfallabteilung, Adolf Möller, wird hinzugezogen. In seiner achtzehnjährigen Praxis hat er noch nie einem auch nur annähernd so hohen Betrag zugestimmt. Doch diesesmal läßt er, nicht zuletzt wegen des »Winks von oben«, das übliche Mißtrauen außer acht. Später wird man fragen, ob die Aussicht auf den hohen Abschluß die Sinne der Versicherungsmänner vernebelt hat, oder aber der »beunruhigende Glanz«, der von Martha Mareks Augen ausging und mit dem sie ihre Umwelt förmlich verhexte.
So oder so – die Spezialisten der Versicherung, darauf gedrillt, jeden Antragsteller mit Röntgenblick zu durchleuchten, um erkennbare Risiken auszuschalten, sind von allen guten Geistern verlassen. Sie beachten die einfachsten Vorsichtsmaßregeln nicht. Ein einziger Telefonanruf beim Bezirksgericht in Mödling zum Beispiel könnte sie darüber informieren, daß keine der Angaben der Mareks stimmt.
Emil Marek ist weder »akademischer« Ingenieur, noch besitzt er eine Grube, noch gibt es das Elektrizitätswerk, das er angeblich leitet. Und statt 41 Jahre ist der verkrachte Erfinder, der sich mit allerlei Hirngespinsten beschäftigt, erst 31 Jahre alt. Um älter und seriöser zu wirken, trägt er den Vollbart. Das einzige, was die Mareks reichlich haben, sind Schulden. In ihrer Luxuswohnung ist der Gerichtsvollzieher seit einiger Zeit häufiger und ungern gesehener Gast.
Die Versicherung ist angesichts der schönen Martha aber nicht nur ungewohnt nachlässig, sie ist auch ungewohnt großzügig. Normalerweise müßten die Mareks die erste Prämie von 60 Millionen Kronen sofort beim Abschluß be-

zahlen. Statt dessen räumt man ihnen ein, diesen Betrag in zweimonatlichen Raten von 10 Millionen Kronen abzustottern. Am 10. Juni überweisen sie die erste Rate. Am 11. Juni erhält das Ehepaar die Police mit der Nummer 600.050 per Post zugestellt. Der Vertrag ist damit in Kraft getreten.

Bereits einen Tag später, am 12. Juni, kommt es – in mehrfacher Hinsicht – zur Katastrophe.

In einem kurzen Telegramm teilt Martha Marek der Anglo-Danubian-Lloyd mit: »mein mann schwer verletzt – stop – sofort kommen mödlinger spital – stop.«

Jetzt erst wird man bei der Versicherung wach – jetzt, wo eine gigantische Zahlungsverpflichtung droht. Man setzt alle Hebel in Bewegung, um herauszufinden, was und wie es geschehen ist und wie man womöglich aus einer Haftung herauskommt.

Die Nachforschungen ergeben folgenden Sachverhalt: Emil Marek hat sich am Vormittag des 12. Juni im Garten der Villa, in der er wohnt, das linke Bein so schwer verletzt, daß es wahrscheinlich amputiert werden muß. Es geschah, während er mit einem Beil einen schweren Block aus Eschenholz bearbeitete. Der junge Erfinder wollte daraus ein Modell seiner Lieblingskonstruktion formen – eine »autodynamische« Gliederpuppe, die sich bewegen und selbst anziehen kann.

»Dabei muß das Beil vom harten Holz abgeglitten sein«, erklärt der schwerverletzte Marek dem Vertreter der Versicherung, der ihn am Krankenbett besucht. »Plötzlich spürte ich einen wahnsinnigen Schmerz am Bein. Ich schrie und wurde ohnmächtig ...«

Seine Frau, die neben ihm sitzt und seine Hand hält, schildert, was weiter geschah: Sie und ihre Schwester eilten zu ihm in den Garten und sahen ihn in seinem Blut liegen. Sie alarmierten die Rettungsabteilung der Freiwilligen Feuerwehr Mödling, die den Bewußtlosen ins Rudolfsspital brachten. Die Ärzte stellten fest, daß sein linker Fuß nur noch an ein paar Sehnen und Hautfetzen hing. Wegen der drohenden Infektionsgefahr amputierten sie den linken Unterschenkel Mareks unterhalb des Knies.

Emil Marek richtet sich ein wenig in den Kissen auf. »Nicht wahr, die Auszahlung wird doch bald erledigt?« fragt er den Mann von der Versicherung. Es ist Adolf Möller, Chef der Unfallabteilung.

Als Möller erklärt, seine Gesellschaft würde erst nach genauer Überprüfung zahlen, stellt Marek eine neue Frage: »Wenigstens einen Beitrag für die Heilungskosten geben Sie bald?«

Seiner Frau scheint das peinlich zu sein. Sie sagt: »Das Geld ist nicht so dringend, wir haben ja noch welches. Wichtig ist jetzt, daß mein Mann nicht weiter mit Fragen belästigt wird.«

Ein so schwerer Unfall mit Amputation, genau einen Tag nach Inkrafttreten der Super-Versicherung – das sorgt bei der Anglo-Danubian-Lloyd für immer größere Unruhe. Eine Krisensitzung wird einberufen. An ihr nehmen außer den leitenden Herren auch die Verwaltungsräte teil.

»Der Mann hat sich vermutlich das Bein absichtlich abgehackt!« formuliert Direktor Möller mit einem Satz, was alle Anwesenden denken.

Für die Anglo-Danubian-Lloyd auf jeden Fall eine kritische Situation. Nach den Geschäftsbedingungen der Gesellschaft gilt der Versicherte als »vollkommen arbeitsunfähig (Voll-

invalide)«, wenn er etwa beide Füße, beide Hände oder beide Augen verliert. Verletzungen kleinerer Art, die immer noch sehr bedeutend sind, werden nach einem bestimmten Schlüssel berechnet. So gilt der Verlust des linken Fußes als »fünfzigprozentige Arbeitsunfähigkeit«. Kann man Emil Marek keinen Betrug nachweisen, so heißt das: Auszahlung der halben Versicherungssumme – also 14 Milliarden Kronen.
Das Aktienkapital der Gesellschaft ist zu dieser Zeit aber bei weitem nicht so hoch. Sollte sie zur Zahlung verpflichtet sein, müßte sie dennoch keinen Konkurs anmelden, denn ein Rückversicherungskartell mit finanzstarken Partnern ist an solch hohen Risiken beteiligt. Aber diese Partner verlangen den Nachweis darüber, daß die Verträge hieb- und stichfest geschlossen werden. Und das hat man im Fall Marek versäumt.
Die Krisensitzung endet mit dem Beschluß, den Polizei- und Justizbehörden den Verdacht gegen Marek unverzüglich mitzuteilen.
Die Advokaten der Versicherung tragen ihre Argumente bei der Gendarmerie so nachdrücklich vor, daß die Beamten das Bezirksgericht anrufen. Was weiter geschieht, gleicht einer Kriminalposse, wie sie nur im damaligen Wien möglich ist. Der Wiener »Montag« schildert sie so:
»Es wurde nun, wenn auch etwas verspätet, aber immerhin doch, eine gemischte Kommission in Bewegung gesetzt, die sich im Haus Brühlerstraße 110 einfand und dort die Hausgenossen des verunglückten Marek einvernahm. Die Untersuchung führte der Landesgerichtsrat des Mödlinger Bezirksgerichtes Dr. Bonbiero. Die Untersuchung ging in etwas gemütlich ländlicher Weise vor sich.

Der Richter Bonbiero erschien mit seiner Braut, Fräulein Löffler, einer früheren Kontoristin der Mödlinger Firma Fleischmann, und mehreren Gendarmen am Tatort. Während die Gendarmen die Aussagen der Hausgenossen zu Protokoll brachten, war Fräulein Löffler nach Anordnung ihres richterlichen Bräutigams damit beschäftigt, photographische Aufnahmen herzustellen, die vermutlich zur Unterstützung der Sache dienen sollten.
Das Erscheinen dieser in Mödling natürlich gut bekannten jungen Dame bei einer ernsten Amtshandlung ihres Bräutigams erregte den Unwillen der Bevölkerung um so mehr, als sich Fräulein Löffler in ihrer frischgebackenen und von Herrn Dr. Bonbiero verliehenen Amtswürde sehr wichtig vorkam, die anwesenden Personen, welche sonst zu ihrem Bekanntenkreis gehörten, erhaben ›schnitt‹, kurz ein Benehmen an den Tag legte, in dem sich sonst nur die wirklichen Mödlinger Amtspersonen gefallen.«
Diese sehr familiäre Art der Untersuchung bleibt, was kaum verwundert, ohne Ergebnis. Zumal die Beamten den Ausführungen Martha Mareks, die wortreich den Unfall ihres »armen Emil« schildert, skeptisch gegenüberstehen. Die übrigen Hausbewohner und Nachbarn können nur erzählen, wie Marek plötzlich aufschrie und in welchem Zustand sie ihn antrafen. Einen Augenzeugen des Geschehens gibt es nicht.
Mehr Erfolg verspricht sich das Gericht von der Untersuchung des amputierten Beins. Am 15. Juni wird es von einem Boten vom Rudolfsspital zum gerichtsmedizinischen Institut gebracht, wo Professor Dr. Anton Haberda, einer der berühmtesten Gerichtsmediziner seiner Zeit, in Aktion tritt.

Der Professor stellt am Unterschenkel Mareks drei schwere Wunden fest. Das Schienbein ist an zwei Stellen, das Wadenbein oberhalb des Sprunggelenks an einer Stelle durchtrennt worden. Ebenso wie an den Knochen findet Professor Haberda auch an den Muskeln und Sehnen des Unterschenkels mehr oder weniger scharfe Durchtrennungen.

In seinem Gutachten vom 17. Juni kommt er zu einem aufsehenerregendem Ergebnis:

»Aus der Beschaffenheit der Verletzungen an dem amputierten Unterschenkel des Herrn Ing. Emil Marek ist mit voller Bestimmtheit zu erkennen, daß diese Verletzungen durch *mehrere* Hiebe mit einem schneidenden Werkzeug (z. B. einer Hacke) entstanden sind. Zwei von diesen Hieben müssen mit großer Kraft geführt worden sein, während eine kleinere Verletzung, die etwas höher am Unterschenkel gelegen war, nur wenig tief in das Schienbein eingedrungen ist. Dieser Hieb ist offenbar nicht mit besonderer Kraft geführt worden. Es ist vollkommen ausgeschlossen, daß die Verletzungen durch das Auffallen eines Holzblocks auf den Unterschenkel oder durch einen *einzigen zufälligen* Hieb mit einer Hacke entstanden sind.«

Das bedeutet: Mareks Bein ist nicht mit einem Schlag – es ist mit drei Schlägen abgetrennt worden! Es geschah nicht aus Zufall, sondern mit Absicht – Selbstverstümmelung, um die Milliarden von der Versicherung zu bekommen.

»Aber«, so fragt ein Direktor der Versicherung einen Justizbeamten, »haben Sie schon mal von einem Menschen gehört, der sich dreimal hintereinander in den Unterschenkel hackt?«

»Nein. Sie meinen –«

»Natürlich. Der Mann hat das nicht allein gemacht! Da hat jemand geholfen – ich vermute, seine Frau.«
Ein böser Verdacht. Sollte die schöne, madonnenhaft wirkende Martha bei dem gräßlichen Vorfall tatsächlich ihre Hand im Spiel gehabt haben? Ist es denkbar, daß sie ihm das Beil reichte, daß sie gar selber zugeschlagen hat?
Reportern, die sie in ihrer feudalen Villenwohnung besuchen, erklärt sie mit Tränen in den Augen: »Mein Mann war ja so lebensfroh, so stark und gesund, so verliebt in seine schöne Gestalt. Was sind das nur für Menschen, die glauben, daß er Hand an sich selbst gelegt hat, oder schlimmer noch: daß ich ihn –« Sie bricht schluchzend ab.
Die Versicherungsgesellschaft ist anderer Meinung. Sie erstattet gegen Emil und Martha Marek Anzeige wegen Versicherungsbetruges, und der Staatsanwalt bereitet die Anklage vor.
Ihr Fall bewegt die Gemüter nicht nur in Wien. Überall in Europa wird er heiß diskutiert. Daß sich ein Mann für Geld zum Krüppel machte, will vielen nicht einleuchten. In den Untersuchungen der Polizei und der Staatsanwaltschaft, die jetzt beginnen, aber wird immer deutlicher, unter welchem Zwang er handelte – unter dem Zwang seiner dämonischen Frau.

Martha Marek wurde am 10. Oktober 1897 als erstes Kind des Bahnbeamten Rudolf Löwenstein und seiner Frau Anna in Wien geboren. Kurz nach der Geburt seiner zweiten Tochter verließ Löwenstein Wien und wanderte nach Amerika aus. Seine Frau verdiente danach den Unterhalt für sich und die Kinder als Hausbesorgerin in Grinzing.

Martha war zwölf Jahre alt, als während einer Straßenbahnfahrt ein vornehmer, weißhaariger Herr auf sie aufmerksam wurde. Das ärmlich gekleidete Mädchen mit den großen Augen und den schon ausgeprägten weiblichen Formen zog ihn magisch an. Er fragte nach ihrem Namen und ihrer Adresse. Schon am nächsten Tag suchte er ihre Mutter auf und bot ihr an, die Kleine zunächst für sechs Wochen in seinem Haus aufzunehmen. Sie sollte neu eingekleidet werden und sich richtig satt essen. Marthas Mutter sagte nicht nein, denn der Mann war der begüterte Kaufmann Moritz Fritsch, der in der Margarethenstraße ein großes Manufakturwarengeschäft betrieb.

Als die kleine Martha kurz darauf in die Hietzinger Villa ihres Pflegevaters übersiedelte, wußte noch niemand, daß aus den vorgesehenen sechs Wochen dreizehn Jahre werden sollten. Fritsch engagierte eine Gouvernante und eine Gesellschaftsdame für sie und ließ ihr und ihrer Schwester Unterricht im Klavierspiel und in Fremdsprachen geben.

Von Anfang an hatte das Mädchen auf den 63jährigen Mann einen geradezu dämonischen Einfluß. Ein Beobachter: »Durch alle möglichen Kunststückchen wußte sie ihn so an sich zu ketten, daß Fritsch den bis dahin noch engen Kontakt mit seiner geschiedenen Frau abbrach. Ja, es ging sogar so weit, daß Martha Löwenstein nicht einmal den Besuch der leiblichen Kinder bei ihrem Vater duldete.«

Allem Anschein nach war die hübsche Blonde eine »Lolita«, eines jener frühreifen Mädchen, die mit ihrer Mischung aus kindlicher Naivität und Verworfenheit besonders alternde Männer um den Verstand bringen können. Martha hatte bei Fritsch jedenfalls nicht nur väterliche Gefühle ge-

weckt. Sie war noch keine vierzehn, als sie seine Geliebte wurde.
Von nunan beherrschte sie ihren Gönner total: mit Liebesbeteuerungen, mit der Drohung, ihn zu verlassen oder ihn bei der Staatsanwaltschaft wegen sittlicher Verfehlungen an ihr anzuzeigen.
Seinen Verwandten klagte Fritsch, daß in seinem Haus immer wieder auf ungeklärte Weise Geld und Schmuckstücke verschwanden. Er verdächtigte Martha, wagte aber nicht, sie zu bezichtigen. Denn schon bei den nichtigsten Anlässen fiel sie vor Aufregung in Ohnmacht. Dazu genügte manchmal schon, daß man ihr die Hand nicht so respektvoll reichte, wie sie sich das wünschte. Als sie nach einem solchen Vorfall einmal laut schreiend zusammengebrochen war, rief Fritsch ihr ängstlich zu: »Stirb nicht, mein Kind, sonst muß ich mich erschießen!«
Eine Szene, die zeigt, wie sehr er seiner jungen Geliebten hörig war, und zu welchen Mitteln von Verstellung und Komödie sie griff, um ihren Willen durchzusetzen. Proben dieses Schauspieltalents und ihrer willkürlichen Zusammenbrüche sollten später Richter und Geschworene und zum Schluß selbst der Henker erleben.
Als Martha achtzehn Jahre alt war, veranlaßte sie Moritz Fritsch, seine Villa zu verkaufen und in eine luxuriöse Stadtwohnung in der Alleegasse 8 zu ziehen. Er nahm nun auch Marthas Mutter und ihre Schwester Paula bei sich auf.
Im April 1923 starb Moritz Fritsch im Alter von 73 Jahren. Sein plötzlicher Tod überraschte seine Verwandten. Sie wußten, daß ihm Martha häufig Pillen und Schlafmittel gab, von denen er selbst erzählte, daß starke Dosen »sehr gefähr-

lich« wären. Einige seiner Angehörigen wollten ihn obduzieren lassen, andere waren dagegen. So unterblieb es, sein jähes Ende zu untersuchen.
Um seinen Tod inszenierte Martha ein makabres Schauspiel. »Als die Kinder und die Frau des Herrn Fritsch vor der Beerdigung in das Sterbehaus kamen«, berichtet ein Reporter, »fanden sie ihn geradezu fürstlich aufgebahrt. Die Leiche lag auf einem Katafalk, zu beiden Seiten brannten Kerzen. Aus der Tür hüpfte eine elfenähnliche Gestalt in einem rosa Kleidchen mit weißen Schuhen und Blumen im Haar in das Sterbegemach und tänzelte vor der Bahre. Die Elfe war Martha Löwenstein. Beim Eingang stand unbeweglich und still ein Mann mit einem langen wallenden Bart und verschränkten Armen. Er sah aus wie ein russischer Emigrant auf einem Marmorsockel.«
Die Verwandten waren von dieser komödienhaften »Inszenierung« Marthas so angewidert, daß sie nicht mit zur Beerdigung gingen. Sie selbst gebärdete sich am Grab wie eine Verzweifelte. Wenn sie sich beobachtet fühlte, weinte sie, und für einen Moment sah es so aus, als wolle sie dem Sarg nachspringen.
In Wirklichkeit hatte sie sich längst getröstet – mit dem »Emigranten« mit dem wallenden Bart. Es war der zwanzigjährige Emil Marek, den sie durch Fritsch kennengelernt hatte. Noch auf dem Totenbett hatte er der Verlobung der beiden zugestimmt. Der Jüngling hielt sich für einen genialen Erfinder, und die sechs Jahre ältere Frau beging ihren großen Fehler: Sie glaubte ihm. Sie sah ihn schon als reichen Mann, und sich selbst sah sie an seiner Seite im Luxus schwelgen.
Emil Marek nannte sich Ingenieur, hatte aber nur einige Se-

mester die technische Hochschule besucht. Sein Kopf steckte voller Pläne und Ideen, die aber zumeist nicht realisierbar waren. Vor allem mangelte es ihm an Geld. Auch Martha brachte nicht viel mit. Das Bargeld, das Fritsch ihr hinterlassen hatte, betrug nur 600 Dollar. Martha, auf ihre Art auch eine »Erfinderin«, fand rasch einen Weg, zu mehr Geld zu kommen: Sie schloß für die kostbare Einrichtung der Wohnung, die Fritsch eigentlich seinen Kindern vermacht hatte, eine Brandversicherung ab.

Um kassieren zu können, mußte es aber natürlich auch brennen. Es sollte nicht lange auf sich warten lassen. Zunächst einmal heiratete Martha ihren Emil. Dann, am 9. November 1923, erhielt sie die Police mit der Nummer 1133132 von der Versicherung. Vier Wochen später, am 8. Dezember, brach im Salon ein Brand aus.

Ins Erhebungsprotokoll, das sie selbst ausfüllen mußte, schrieb sie: »Der Brand entstand durch Ofenexplosion. Als wir gegen 23 Uhr in die Wohnung kamen, fanden wir die Zimmer von Rauch erfüllt. Beschädigt wurden die Einrichtung des Salons und des Speisezimmers. Bei den Rettungsarbeiten verschwanden zwei wertvolle Sockel und ein Tischchen (Majolika).« Den Schaden schätze sie auf 700 Millionen Kronen. Die Versicherung zahlte den Betrag anstandslos aus, obwohl bei der Überprüfung des Brandortes einige Fragen offen blieben. Warum nicht der ganze Ofen, sondern nur die Ofentür explodierte, wurde nie geklärt.

Von nun an lebten die Mareks auf großem Fuß. Martha fuhr einen großen Wagen, trug teure Modellkleider und wertvollen Schmuck. So ausstaffiert, suchte sie Geldgeber für die Projekte ihres Mannes, handelte mit Stahl, Waffen, Elektrizität und mit Häusern, die ihr entweder nicht gehörten oder gar nicht existierten. Immer wieder verstand sie es, die Geprellten zu vertrösten, selbst ein ahnungsloser Fürsterzbischof mußte als ihr angeblicher »Partner« herhalten. Er fiel aus allen Wolken, als er von Betrogenen für Transaktionen Marthas verantwortlich gemacht werden sollte, von denen er gar nichts wußte. Schließlich kam der Tag der Wahrheit: Die langfristigen Wechsel, mit denen Martha ihr Luxusleben finanziert hatte, platzten. Ihre Gläubiger ließen sich nicht länger hinhalten und zeigten sie bei der Wirtschaftspolizei an. Im Frühjahr konnten die Mareks die Miete für ihr Haus in der Brühlerstraße 110 in Mödling, das sie inzwischen bezogen hatten, nicht mehr bezahlen. Ihr wervolles Inventar, zum Teil noch aus der Zeit Louis' XV., wurde Stück für Stück gepfändet.

Einer Bekannten vertraute Martha Marek damals an: »Emil und mir bleibt nichts anderes übrig, als eine Lebensversicherung abzuschließen und uns dann zu vergiften. Dann haben wenigstens die Verwandten etwas ...«

Statt der Lebensversicherung schlossen die Mareks dann allerdings die Unfallversicherung ab. Und nur einen Tag nach Aushändigung der Police fielen die Beilschläge, die Emil Marek zum Krüppel machten. War auch hierbei, so fragt man sich, wie bei allen Geschäften ihres Mannes, seine Frau die treibende Kraft? Hatte sie auf ihn den gleichen geheimnisvollen Einfluß wie einst auf ihren Gönner Moritz Fritsch? Ist auch er ihr hörig – bis zur Selbstverstümmelung?

Plötzlich stehen die Schatten der Vergangenheit auf. Man erinnert sich an den mysteriösen Brandschaden in ihrer Wohnung kurz nach dem Versicherungsabschluß. Und die Verwandten ihres verstorbenen Gönners erinnern sich an die seltsamen Umstände, unter denen er starb. Sie vermuten, daß Martha Marek den alten Mann vergiftet hat.

In der Wiener Öffentlichkeit geschieht nach dem Beilunfall des jungen Ingenieurs etwas Merkwürdiges: Die Meinung der Masse, die sich zuerst gegen die Versicherung gewandt hat, die sich »aus der Haftung stehlen« und nicht zahlen will, richtet sich auf einmal gegen Martha Marek – eine Art »Hexenjagd auf die schöne Frau« beginnt, wie wir sie aus der Geschichte kennen.

»Männermoral und die Eifersucht der Häßlichkeit sind hinter ihr her«, beschrieb der Wiener Karl Kraus dieses Phänomen, das attraktiven Frauen schon häufig zum Verhängnis wurde. Allzu leicht werden sie zu Sünderinnen gestempelt und vom Vorurteil gerichtet, längst bevor das Urteil gesprochen ist. Wie zur Zeit der Hexenprozesse des Mittelalters vermutet man hinter der schönen Frau, besonders wenn sie blond oder rothaarig ist, noch immer die Verführerin, die Hetäre, die Gefährtin des Teufels und die Gifthexe.

Emil Marek, ihrem beinamputierten Mann, gelten jedoch alle Sympathien. Man sieht in ihm einen »Täter aus Liebe«. Schlug er sich aus Liebe zum Krüppel, um seine Frau, die unter ihrem gemeinsamen finanziellen Fiasko litt, damit reich zu machen? Hatte sie diesen entsetzlichen »Liebesbeweis« gar von ihm verlangt?

Fragen, die lange diskutiert werden, bis zwei Jahre nach dem blutigen Vorfall im Garten der Mareks am 28. März 1927 vor einem Schöffensenat des Wiener Landesgericht II endlich der Prozeß beginnt.

Ein denkwürdiger Prozeß.

Auf dem Gerichtstisch liegen die wichtigsten Beweisstücke: die Axt, der Holzklotz und das präparierte Bein. Samt Fuß ist es 36 Zentimeter lang.

Emil Marek wird von zwei stämmigen Strafgefangenen auf einer Tragbahre in den Saal gebracht. Man wundert sich, daß er es in den zwei Jahren noch nicht gelernt hat, mit einer Prothese zu gehen. Aber vielleicht will er es auch nicht, um hier Mitleid zu wecken.

Sein Christuskopf liegt in einem weißen Kissen. Ein Beobachter notiert: »Man ist überrascht von der edlen griechischen Schönheit des jungen Mannes, die durch seine Blässe und elegante Kleidung noch gehoben wird. Über dem Schoß liegt eine feine Decke gebreitet und verdeckt die Beine, das verstümmelte und das gesunde. Emil Marek könnte so auf die Bühne des Burgtheaters gebracht werden und würde dort auch wirken.«

Seine Frau will auf ihn zulaufen, doch zwei Justizbeamte halten sie fest, drücken sie auf die Holzbank zurück.

»Sie grüßt mit ihren Augen, mit ihren gefährlich leuchtenden Augen zu dem Krüppel im Lehnstuhl hinüber«, schreibt ein Berichterstatter. »Mit ihrer strahlenden Erscheinung beherrscht sie den Saal.« Ihr Haar ist erst kronenartig um den Kopf geschlungen und fällt dann in zwei starken Zöpfen zum Nacken hin ab.

Neben Martha Marek auf der Anklagebank sitzen ihre Schwester Paula Löwenstein, die sich wegen Verleumdung zu verantworten hat, und der ehemalige Spitaldiener Karl Mraz. Er soll auf Geheiß der Marek fälschlich zwei Spitalärzte beschuldigt haben, am amputierten Bein Mareks herumgeschnitten und dadurch erst die vielen Verletzungen verursacht haben. Er hat das schon in der Voruntersuchung zurückgenommen.

Hofrat Ganzwohl, der Vorsitzende, fragt nach Verlesung der Anklageschrift die Mareks, ob sie sich schuldig bekennen. Beide sagen: »Nicht schuldig!«

Auf seine Erfindungen angesprochen, die nur Geld gekostet, aber keines eingebracht haben, erklärt Marek: »Wäre ich nicht verhaftet worden, Herr Vorsitzender, hätte ich die Welt schon mit der Geheimtelephonie beschenken können. Der Plan war fast schon fertig.«

Nüchtern erwidert der Hofrat: »Fast ...«

Das Gericht geht davon aus, das die Mareks zur Zeit des Unfalls am Ende ihrer Geldmittel waren. Darin sieht auch die Anklage das Motiv der Tat, des versuchten Versicherungsbetruges durch Selbstverstümmelung.

Nachdem Marek sein bisheriges Leben geschildert hat, kommt die Sprache auf die Beziehungen zu seiner Frau. Einer der fünf Verteidiger, Rechtsanwalt Dr. Teirich, erhebt sich.

VERTEIDIGER: »Wie war denn Ihre Ehe?«

MAREK: »Sie war eine der glücklichsten, die ich mir vorstellen kann. Es war die schönste Stunde meines Lebens, als ich meine Frau kennenlernte. Ich wurde zu Hause von meiner Mutter verhätschelt, aber das alles war nichts gegen die himmelstürmende Liebe, mit der meine Frau mich umgab.«

VERTEIDIGER: »Es wird viel gesprochen von dem überwältigenden Einfluß, den Ihre Frau auf Sie ausübt. Sie soll ein Dämon sein.«

Marek: »Das sind Unterstellungen. Sie hat mich nicht beherrscht. Ich habe nur das getan, was ich für richtig hielt.«

Staatsanwalt Dr. Baumann, der Vertreter der Anklage, ergreift nun das Wort.

Staatsanwalt: »Es fällt mir auf, daß Sie einen Christusbart tragen. Seit wann haben Sie ihn?«

Marek: »Seit vier Jahren.«

Staatsanwalt: »Wie alt waren Sie damals?«

Marek: »Zwanzig Jahre.«

Staatsanwalt: »Und warum tragen Sie diesen Bart?«

Marek: »Ich wollte älter und männlicher wirken.«

Staatsanwalt: »Wollten Sie nicht auch älter als Ihre sechs Jahre ältere Frau aussehen?«

Marek: »Mir war meine Frau nie zu alt. Aber wegen des bekannten Vorurteils wollte ich älter aussehen als sie.«

Staatsanwalt: »Also doch ein Gefühl der Unterlegenheit . . .«

Während man über diesen Dialog noch schmunzeln kann, geht es am zweiten Prozeßtag um das blutig-ernste Thema dieser Verhandlung: das abgehackte Bein.

Der Vorsitzende läßt den Holzblock zum Angeklagten tragen. Emil Marek muß mit Hilfe eines Justizbeamten, der nach seinen Anweisungen eine bestimmte Stellung einnimmt, demonstrieren, wie er damals zugeschlagen hat. Der Beamte spreizt leicht die Beine, bückt sich etwas, schwingt dann die Axt.

Vorsitzender: »Und in dieser Stellung wollen Sie sich das Bein abgehackt haben? Das glaube ich Ihnen nicht. Und die anderen Hiebe? Sie müssen mindestens zweimal zugeschlagen haben.«

Marek seufzend: »Wenn Sie meinen ungeheuren Schmerz nachempfinden könnten, würden Sie wissen, daß man da nicht noch einmal zuschlagen kann. Ich hätte auch keine Zeit zu einem zweiten Hieb gehabt, weil auf mein Schreien hin meine Schwägerin auf mich zugestürzt kam.«

Vorsitzender: »Ich muß Ihnen entgegenhalten, daß schon die Spitalärzte und später auch die Gutachter immer wieder konstatierten, daß mehrere Hiebe geführt wurden. Das steht im vollen Gegensatz zu dem, was Sie hier sagen.«

Marek: »Ich kann nur schildern, wie es sich wirklich abgespielt hat.«

Vorsitzender: »Nun ja, Sie behaupten, aber wir denken uns unseren Teil.«

Nacheinander probieren Hofrat Ganzwohl, der dazu seinen Talar ablegt, und die Verteidiger die Hacke an dem Holzklotz aus. Auch dadurch kann allerdings nicht geklärt werden, was wirklich passiert ist. Rechtsanwalt Riehl stellt daraufhin einen Antrag zur Entlastung Mareks.

Verteidiger: »Man glaubt dem Angeklagten nicht, daß er sich mit einem Hieb das Bein abgehackt hat. Fleischer, die mit einem Hieb einen Ochsen zerteilen, lachen über solche Zweifel. Ich beantrage, einen Fleischer und einen Zimmermeister als Sachverständige über die Wirkung eines Beilhiebes zu befragen.«

Dem Antrag wird stattgegeben. Die Sachverständigen können sich jedoch an keinen einzigen Fall erinnern, wo sich ein Fleischer oder ein Zimmerer den Fuß mit einem Hieb abgehackt hat. Auch ähnlich schwere Beinverletzungen durch ein Beil sind ihnen nicht bekannt.

Mit der Vernehmung Martha Mareks erreicht der Prozeß einen ersten dramatischen Höhepunkt. Ihre Beziehungen zu ihrem verstorbenen Gönner Moritz Fritsch werden gestreift.

Vorsitzender: »Wie war Ihre erste Begegnung mit ihm?«

Martha Marek: »Er hat mich in der Straßenbahn gesehen, ist mir nachgegangen und hat mich angesprochen.«

Vorsitzender: »Sind Sie auch in intimen Verkehr mit ihm getreten?«

Martha Marek leise: »Schon kurze Zeit, nachdem wir uns kennenlernten.«

Vorsitzender: »Und damals waren Sie noch lange nicht vierzehn Jahre alt!«

Martha Marek: »Ja.«

Vorsitzender: »Sie sollen einen geradezu dämonischen Einfluß auf den alten Mann gehabt haben und ihm ständig mit einer Anzeige wegen Verführung gedroht haben.«

Martha Marek: »Das hat die geschiedene Frau von Herrn Fritsch behauptet, es stimmt aber nicht.«

Hofrat Ganzwohl erörtert mit der Angeklagten deren Geschäfte nach dem Tod von Fritsch. Sie beklagt sich, daß sie so ziemlich von allen Leuten, mit denen sie in Geschäftsbeziehung trat, betrogen wurde.

Vorsitzender: »Haben Sie nicht auch für Ihre Person zuviel gebraucht? War es zum Beispiel nötig, daß Sie soviel mit dem Auto fahren, obwohl die Elektrische vor Ihrem Haus hält?«

Martha Marek mit Augenaufschlag: »Herr Präsident, das Autofahren ist meine große Leidenschaft.«

Vorsitzender: »Sie haben auch das Bedürfnis, sich schön zu kleiden und Pelze zu tragen.«

MARTHA MAREK: »Aber heute kostet doch ein Pelz weniger als ein Tuchmantel.«

Als der Vertreter der Versicherungsgesellschaft, der als Nebenkläger auftritt, verschiedene Fragen über die Vorgeschichte der Versicherung an die Marek richtet, geschieht etwas Merkwürdiges, etwas, was sich im Lauf des Prozesses noch einige Male wiederholen soll, immer dann, wenn es für sie unangenehm, gefährlich wird: Ihre Füße beginnen plötzlich zu zittern. Die Erregung setzt sich über die Knie nach oben fort. Ihre Brust wogt, erschöpft greift sie nach einem Wasserglas. Aber ihre Hand zittert so sehr, daß sie das Glas nicht zum Mund bringt.

Die Sitzung wird unterbrochen. Danach geht es um den Unfall im Garten der Mareks. Die Angeklagte, wieder erholt, schildert, wie sie einen Schrei hörte und aus der Küche nach draußen lief. Ihr Mann habe schon in seinem Blut gelegen.

VORSITZENDER: »Sechs Ärzte sagen, daß an dem Bein drei Einschläge festgestellt worden sind.«

MARTHA MAREK: »Ich habe aber bloß eine Wunde gesehen.«

VORSITZENDER: »Nach Ansicht der Sachverständigen gibt es nur drei Möglichkeiten, wie das Unglück passiert sein kann. Erstens: Marek hat sich den Fuß absichtlich selbst abgeschlagen ...«

MARTHA MAREK: »Ausgeschlossen.«

VORSITZENDER: »Oder es hat ihm jemand mit seiner Zustimmung das Bein abgeschlagen ...«

MARTHA MAREK, noch lauter: »Auch ausgeschlossen, Herr Präsident!«

VORSITZENDER: »Oder drittens: Er war ohnmächtig, als eine

dritte Person ohne sein Wissen sein Bein abgehackt hat ...«

Martha Marek: »Ebenfalls ausgeschlossen, Herr Präsident! Ich bin sofort hinausgelaufen, als ich den Schrei hörte. Ich hätte sehen müssen, wenn jemand da gewesen wäre.«

Vorsitzender: »Ich komme nicht darüber hinweg: Es war nicht ein Hieb!«

Martha Marek in größter Erregung: »In der Anklageschrift werde ich selbst indirekt beschuldigt, daß ich es war, die meinem Mann den Fuß abgehackt hat. Um Christi willen, wie kann man mir so etwas zutrauen? Meine Schwester kommt als Täterin absolut nicht in Betracht, meine Mutter schon gar nicht. Fremde Leute waren nicht da. Und ich (schreiend): Ich schwöre, ich habe in meinem Leben noch nie eine Hacke in der Hand gehabt!«

Die schöne Angeklagte sagt es mit einer Überzeugungskraft, die alle Menschen im Saal, auch jene, die ihr bisher feindselig gegenüberstanden, tief berührt und beeindruckt. Sie ist ganz flammende Unschuld, und man glaubt es ihr. Die Stimmung schwenkt um, ist plötzlich auf ihrer Seite. Eine Zeitung schreibt: »Die wunderschöne Frau und der junge Krüppel scheinen sich vom Gerichtssaal aus die Zuneigung der Welt erobert zu haben. Das beweisen die vielen Zuschriften an das Gericht, und alle Briefeschreiber werden zu leidenschaftlichen Verteidigern der Angeklagten.«

In seinem Plädoyer erklärt Staatsanwalt Dr. Baumann, noch unter dem Eindruck des Auftritts von Martha Marek, er sei jetzt überzeugt, daß sie als Täterin mit der Axt nicht mehr in Betracht kommt. Seiner Meinung nach hat ihr Mann sich die fürchterliche Verletzung selbst beigebracht, um die mißliche

finanzielle Lage des Ehepaars zu beenden. Seine Frau sei damit einverstanden gewesen. Er fordert dafür für beide Angeklagten die Höchststrafe.
Das Urteil, bei dem sich Richter und Schöffen den Anträgen der Verteidiger anschließen, ist schließlich eine Sensation: Freispruch im Falle des Versicherungsbetruges für Emil und Martha Marek! Nur geringe Haftstrafen für sie und die Mitangeklagten Paula Löwenstein und Karl Mraz wegen Verleumdung.
In der Urteilsbegründung heißt es: »Der den beiden Hauptangeklagten zur Last gelegte Versicherungsbetrug konnte nicht nachgewiesen werden.«
Wien jubelt dem Ehepaar zu. Das Volk spottet gegen die Versicherungsgesellschaft: »Beschuldigen ist billiger als zahlen!«
Nach dem Urteilsspruch stürzt Martha Marek auf ihren verkrüppelten Mann zu. Sie umarmt ihn, drückt ihn an sich, bedeckt sein Gesicht mit Küssen.
Niemand ahnt in diesem Augenblick, daß dieser Prozeßausgang die Ouvertüre zu Schlimmerem ist, daß dieser Freispruch für vier Menschen das Todesurteil bedeutet – auch für Emil Marek.

Schon bald zeigt sich, daß das abgehackte Bein den Mareks nicht das einbringt, was sie sich davon erhofft haben: ein Leben im ewigen Wohlstand.
Zwar: Die Versicherung ist unterlegen, sie könnte aber die Zahlung durch eine Reihe von Zivilprozessen hinauszögern. Die Mareks brauchen jedoch dringend Geld. Als sie aus dem Gefängnis zurückkehren, ist ihre Villa von den Gläubigern

leergeräumt. Selbst das letzte Bett, auf dem Marthas alte Mutter schlief, wurde weggeholt. Das Ehepaar besitzt nur noch das, was es auf dem Leib trägt. Unter diesen Umständen nimmt es den Vergleich an, den die »Anglo-Danubian-Lloyd« anbietet. Statt der an sich fälligen 14 Milliarden Kronen oder 200 000 Dollar geben sich die Mareks mit rund 28 500 Dollar zufrieden.

Das ist zwar auch keine geringe Summe, aber ein großer Teil davon muß für Prozeßkosten, für Ärztehonorare und das Tilgen der dringendsten Schulden aufgewendet werden. Einen weiteren Teil des Geldes verliert Marek bei dem Versuch, ein Taxiunternehmen aufzuziehen.

Am 13. Juli 1928 bringt Martha Marek einen Jungen zur Welt: Alfons. Marek hängt sehr an ihm, für seine Frau ist er nur Ballast. Auch die Liebe zu ihrem Mann, auf den sie so große Hoffnungen gesetzt hatte, kühlt merklich ab. Im Streit nennt sie ihn einen »widerwärtigen Krüppel«. Er kann sich ihrer Beleidigungen kaum erwehren.

Noch einmal versucht Emil Marek, alles zum Guten zu wenden. Er nimmt ein Angebot an, in eine Radiohandlung in Algier als Teilhaber und Direktor einzutreten. Anfang November 1930 reist er mit Frau und Kind nach Nordafrika. Einige Kisten des Umzugsgutes will Martha Marek für 60 000 Schilling versichern lassen. Die Spedition lehnt ab, und tut gut daran. Denn später ergibt eine gerichtliche Schätzung, daß Marthas angebliche »Kostbarkeiten« nur 377 Schilling wert sind. Ein neuer Versicherungsbetrug ist damit fehlgeschlagen.

In Algier stellt sich heraus, daß Marek Betrügern aufgesessen ist. Er verliert seine Geschäftseinlage und kehrt – völlig verarmt – nach Wien zurück. Er, der »geniale Erfinder«, ist froh, daß er als Radiotechniker eine bescheidene Stelle erhält. Der Sturz ist tief: von der Villa in Mödling in eine ärmliche Wohnlaube in der Schrebergarten-Kolonie »Am Ameisbach«. Sie wird schon bald zum Schauplatz recht denkwürdiger Geschehnisse.

Während der hinkende Mann mit dem Christuskopf sein Los mit Fassung trägt, kann sich seine Frau, deren Schönheit nicht gelitten hat, mit der neuen Situation nicht abfinden. Ihr Ehrgeiz wird durch das armselige Leben nur noch angestachelt. Einer Bekannten sagt sie: »Bald werden wir wieder in eine Villa ziehen!« Auf dieses Ziel arbeitet sie hin – mit fanatischer Entschlossenheit, mit allen Mitteln.

Die Nachbarn werden Zeugen häßlicher Szenen. Martha beschimpft ihren Mann immer häufiger als Krüppel. Einmal stößt sie ihn brutal um. Ein anderes Mal ruft sie: »Du Verbrecher, hast du vielleicht wieder Lust, das Beil zu schwingen, um Geld zu verdienen?« Einer Fabrikantin vertraut sie an, daß sie ihren Mann haßt. Sie wäre froh, wenn sie ihn »los« würde.

Im Frühjahr 1932 sagt sie zu einem zehnjährigen Mädchen: »Mir ist im Traum die Mutter Gottes erschienen. Sie hat die Hand auf meine Schulter gelegt und mir gesagt, daß in unserer Siedlung bald jemand sterben wird ...« Eine prophetische Voraussage, die sich bald erfüllt.

Emil Marek, bis dahin kerngesund, fängt plötzlich an zu kränkeln. Er klagt über Beschwerden im Fuß, Kribbeln in den Fingern, Magenschmerzen. Er muß oft brechen, ist bald halb gelähmt. Das Haar fällt ihm aus, er kann nur noch liegen, ißt nichts mehr und magert zusehends ab. Seine Frau

kümmert sich plötzlich, so hat es jedenfalls den Anschein, liebevoll um ihn. Sie füttert ihn mit Essen, auch wenn er gar nicht will. Denn danach hat er jedesmal rasende Kopfschmerzen.
»Du mußt doch bei mir bleiben!« sagt Martha und führt dem Widerstrebenden einen neuen Löffel in den Mund.
Einen Arzt holt sie nicht. Als eine Bekannte ihr das dringend rät, zuckt sie die Schultern. Dafür fehle ihr das Geld. Ihr Mann leide lediglich an Gelenkrheumatismus.
Erst als er hinüberzudämmern scheint, ruft sie das Josefsspital an und bittet, ihren Mann, der an einer »Blinddarmentzündung« leide, aufzunehmen. Nachdem die Ärzte die Unrichtigkeit dieser Diagnose herausgefunden haben, ist es zu spät.
Am 31. Juli stirbt Emil Marek.
Der Tote wird seziert. Als unmittelbare Todesursache stellt man eine beidseitige Lungenentzündung fest. Über die mittelbare Ursache sagt der Befund nichts.
An Mareks Grab bricht seine Witwe schluchzend zusammen. Sie ruft: »Emil, Emil, komm bald wieder! Ohne dich bin ich ganz verlassen!«
Als Zweifel am natürlichen Tod Mareks laut werden, deutet Martha gegenüber einer Blumenhändlerin geheimnisvoll an, ihr Mann sei nach dem Genuß von Fleischklößchen erkrankt, die er bei seinen Eltern gegessen habe.
Kaum ist Emil Marek unter der Erde, da zeigen sich die Symptome, unter denen er gelitten hat, auch bei Marthas sieben Monate alter Tochter Ingeborg. Das Kind kann keine Nahrung bei sich behalten. Es schreit vor Schmerzen. Die Mutter holt auch dieses Mal keinen Arzt. Eine Nachbarin

benutzt ihre Abwesenheit, um die Kleine ins Krankenhaus zu bringen.
Zu spät – auch Ingeborg stirbt.
Die Leichenöffnung ergibt krankhafte Veränderungen in Darmsystem, Leber und Nieren. Nach Meinung der Spitalärzte ist daran eine »Vergiftung durch die Aufnahme ungeeigneter Nahrung« schuld. Wie beim Vater unterbleibt auch hier eine chemische Untersuchung der Leiche.
Wieder einmal steht Martha Marek klagend auf dem Friedhof. »Mein liebes, liebes Kind«, ruft sie. »Warum hast auch du mich verlassen?«
Als auch über den plötzlichen Tod des Mädchens gemunkelt wird, erzählt die Marek in der Nachbarschaft, Ingeborg habe vom Zinkblech der Dachrinne oder vom grünen Anstrich der Wohnlaube Gift in ihren Körper aufgenommen.
Kurz nach der letzten Beerdigung wird auch der kleine Alfons schwer krank. Bei ihm zeigen sich die gleichen krankhaften Veränderungen wie beim Vater und bei der Schwester. Das Haar fällt aus, er hat Schmerzen, magert zusehends ab. Bald kann er nicht mehr laufen. Einer Frau aus der Nachbarschaft sagt der sterbenskranke Junge: »Ich komme zu Inge und Papa in den Himmel, ich werde auch ein Engel. Das hat mir meine Mama versprochen.«
Die Frau, die der Mutter von Alfons nicht mehr traut, sorgt dafür, daß Marthas »Versprechen« nicht Wirklichkeit wird. Sie veranlaßt, daß der Junge ins Krankenhaus kommt. Dort stellt man Lähmungserscheinungen fest und die Diagnose: Hirnhautentzündung. Ihr Ursprung wird nicht erkannt. Immerhin: Alfons wird gerettet.
Martha Marek, jetzt im Mittelpunkt vieler Spekulationen

und Gerüchte, zeigt plötzlich selbst Krankheitssymptome. Sie bricht zusammen und wird in eine psychiatrische Klinik gebracht. »Tragisches Nachspiel des Falles Marek«, schreiben am 20. September 1932 die Zeitungen. Die Klinikärzte können an ihr aber keine »geistige Verwirrung als Folge ihrer schweren Schicksalsschläge« (so der einweisende Arzt) erkennen. Sie halten ihren Zustand für Schauspielerei.
Danach bleibt es lange still um Martha Marek. Sie arbeitet als Wäscherin und Angestellte in einem Kinderheim. aufmerksam auf sie wird man wieder, als der dritte Mensch aus ihrer engsten Umgebung, ihre Tante Susanne Löwenstein, überraschend stirbt.
Die Tante ist 67 Jahre alt, Witwe eines Militärarztes. Sie erfreut sich bester Gesundheit, als ihre Nichte beginnt, sich um sie zu kümmern. Sie tut es sehr intensiv und – scheinbar – liebevoll. Die Tante hat einmal gesagt: »Nur der wird mich beerben, der mich bis zuletzt pflegt.« Darauf spekuliert Martha, und sie erreicht, daß Susanne Löwenstein sie am 6. Juni 1934 als Universalerbin einsetzt. Zwei Tage später klagt die Tante über Schmerzen in den Füßen. Die bekannten Symptome kommen hinzu: Haarausfall, Lähmungen, Ausschlag am ganzen Körper. Sie kann bald kaum noch sitzen, wird schwächer und schwächer.
Martha sitzt fast ununterbrochen an ihrem Bett. Sie füttert die Tante und hält andere Verwandte von der Kranken fern. Einmal, als die Marek beim Einkaufen ist, sagt Susanne Löwenstein zu einer Freundin: »Die Martha scheint nicht kochen zu können – jedesmal, wenn ich gegessen habe, wird mir schlecht!«
Fünf Tage später ist die Tante tot.

Krebs, so vermuten irrtümlich die behandelnden Ärzte. Der seltsame Haarausfall hat sie nicht stutzig gemacht.
Ein drittes Mal sieht man Martha Marek über einem Grab zusammenbrechen. »Laßt uns für das arme, arme Tantchen beten«, sagt sie aufgelöst.
Den letzten Willen der Toten, neben ihrem Mann in Mödling beerdigt zu werden, erfüllt sie nicht. Das ist ihr, der Universalerbin, zu teuer. Sie bringt sie auf dem nächstbesten Friedhof unter die Erde und verkauft das Doppelgrab in Mödling für 1200 Schilling an die Gemeinde zurück.
Anschließend handelt sie schnell. Sie schafft die Wertsachen der Verstorbenen zur Seite und sagt den Verwandten, sie hätte nichts Nennenswertes hinterlassen. In Wirklichkeit aber ist das Erbe, das sie heimlich zu Geld macht, für sie überaus einträglich.
Mit dem Tod der alten Dame hat Martha Marek endlich ihr sehnlichstes Ziel erreicht: Sie kann wieder eine Villenwohnung beziehen. Sie ist wieder wer, eine Frau mit Geld.
Doch wie früher gibt sie es mit vollen Händen aus. Für Möbel, Kleider, für ihre Schönheit. Ihr Haar ist jetzt nicht mehr blond, sondern tizianrot gefärbt. Das macht sie noch attraktiver, noch unwiderstehlicher. Die Zahl ihrer Verehrer wächst. Unter ihnen ist auch ein für sie besonders interessanter Mann: Jenö Neumann, Vertreter der Versicherungsgesellschaft »Der Anker«. Er zieht als Untermieter zu ihr in ihre neue 10-Zimmer-Wohnung in der Villa Kuppelwiesergasse 27 im XIII. Bezirk. Bald schon wird er ihr Geliebter.
Die Marek und der Mann von der Versicherung – eine gefährliche Kombination.

Ende Dezember 1935 gibt Martha Marek in einer Wiener Zeitung eine Annonce auf: »Biete elegantes möbliertes Zimmer. Schneiderin mit Gewerbeschein bevorzugt.«
Es meldet sich die 54jährige Felicitas Kittenberger. Ihre Vermieterin verspricht ihr, ihr aus ihrem großen Bekanntenkreis Kundschaft zuzuführen. Daraus wird aber nichts. Die Marek läßt die Frau für sich selbst nähen und setzt sie für Botengänge ein. Meist für unangenehme: zum Pfandhaus, zum Geldleihen bei Bekannten.
Mitte Mai 1936 wird Felicitas Kittenberger krank. Fußschmerzen, Magenbeschwerden, Schwindelanfälle, Erbrechen, Lähmungserscheinungen – der Marek längst vertraute Symptome. Auch ihre Untermieterin pflegt sie scheinbar »aufopfernd«. Das Hinzuziehen eines Arztes lehnt sie ab. Der Sohn der schon vom Tode Gezeichneten besteht schließlich auf einer Überführung ins Kaiserin-Elisabeth-Hospital, und nur widerstrebend stimmt die Marek zu.
Bevor das Krankenauto abfährt, gibt sie Frau Kittenberger aus einem Fläschchen noch ein »paar von den guten Tropfen«, die der Kranken angeblich »immer so gut getan haben«. Dem Sanitäter sagt sie: »Sie wird die Fahrt damit besser überstehen!« Doch der Zustand der Kranken verschlimmert sich rapide. »Ich kann nichts mehr sehen!« ruft unterwegs die Frau. Als sie im Krankenhaus ankommt, ist sie blind und liegt im Sterben.
Am 2. Juni ist auch sie tot.
Die Obduktion ergibt als Todesursache Hirnhautentzündung. Wie es zu dieser Krankheit gekommen ist, bleibt offen. Und abermals steht Martha Marek am Grab eines Menschen aus ihrer engsten Umgebung. In der Todesanzeige, die sie

für ihre Untermieterin aufgibt, heißt es: »Sie starb nach langem, mit großer Geduld ertragenem Leiden, jedoch unerwartet ...«
Am Sarg der Mutter fallen ihrem Sohn die drei letzten Worte ein, die ihm die Sterbende zugeflüstert hat: »Fünfhundert Schilling ... Versicherung ... Marek ...« Er kann sich keinen Vers daraus machen, vergißt sie vorerst.
Fünf Monate später soll er sich daran erinnern. Und dann werden die drei Worte zur Spur, die zu einer grausamen Mörderin führt.

Martha Marek und die Versicherungen – diese Kombination elektrisiert den Kriminalkommissar, der am 30. Oktober 1936 einen rätselhaften Vorfall in der Kuppelwiesergasse 27 untersucht.
An diesem Tag liegt die Marek im Bett, sterbenskrank, so hat es den Anschein. Sie läßt den Arzt kommen, dann den Pfarrer. Nach der Letzten Ölung wird sie ohnmächtig. Doch noch einmal kommt sie zu sich, sieht Menschen mit besorgten Mienen an ihrem Bett stehen. Es sind ihr Onkel Alois, ihr Sohn Alfons und Jenö Neumann, ihr Geliebter.
»Ich sterbe ...«, flüstert sie.
Trotz ihrer Schwäche verteilt sie verschiedene Aufträge. Jenö Neumann bittet sie: »Geh mit Alfons zum Grab seines Vaters und seiner Schwester!« Und zu ihrem Onkel sagt sie: »Geh, ruf die Kronen-Zeitung an. Ein Reporter soll kommen, wenn es nicht schon zu spät ist. Aber ruf nicht von meinem Apparat an, geh in eine Telefonzelle!«
Alle verlassen das Zimmer. Als der Onkel nach acht Minuten zurückkommt, ist Martha keineswegs tot. Aufrecht sitzt die

eben noch Sterbenskranke im Bett. Sie zittert am ganzen Körper, deutet durch die offene Tür nach nebenan.
»Einbrecher, Einbrecher!« schreit sie.
Im angrenzenden Zimmer stehen die Flügeltüren eines Kastens, in dem angeblich acht wertvolle Teppiche verwahrt wurden, weit offen.
Kommissar Rudolf Peternell, der den Fall untersucht, sieht ein abgerissenes Vorhängeschloß an der Gartentür und eingeschlagenes Glas in der Wohnzimmertür, in der von innen der Schlüssel steckt. Ein Bild, wie es bei Einbrüchen üblich ist.
Merkwürdig aber erscheinen ihm vier Dinge. Erstens: Im Garten, durch den die Einbrecher gekommen sein müssen, finden sich trotz des vom Regen aufgeweichten Bodens keine Spuren. Zweitens: Wieso schafften die Eindringlinge gerade innerhalb der acht Minuten die Teppiche weg, als der Onkel telefonierte? Drittens: Warum hatte Martha Marek ihn zum Telefonieren aus der Wohnung geschickt? Und viertens wundert es ihn, daß die Marek noch nicht gefragt hat, was denn nun gestohlen worden ist. Als es ihr sagt »die Teppiche«, bricht sie laut aufschreiend zusammen.
Nachdem sie sich wieder beruhigt hat, fragt er sie: »Ist Ihre Einrichtung versichert?«
An ihrer Stelle erwidert Jenö Neumann, der inzwischen mit Alfons zurückgekehrt ist: »Nein.«
Der kleine Alfons verbessert ihn: »Doch. Mama ist versichert!«
Wie festgestellt wird, ist Martha Marek mit 60 000 Schilling versichert. Ausgestellt worden ist die Police – von Jenö Neumann, der sich plötzlich nicht mehr erinnern kann.

Spielt er vielleicht mit der Marek ein Spiel, das gar nicht so neu ist? Das abgehackte Bein fällt Kommissar Peternell ein, der merkwürdige Zimmerbrand. Beide Male hatte die Marek groß kassiert, beide Male konnte ihr ein Betrug nicht nachgewiesen werden. Auch jetzt liegt ein Schwindel nahe. Schnell findet Peternell heraus, daß die angeblich gestohlenen Teppiche in Pfandhäusern liegen. Bekannte der Marek haben die Pfandscheine unterschrieben. Der Einbruch ist also fingiert. Vorgetäuscht ist auch die Krankheit der Marek. Von Nachbarn erfährt der Kommissar, daß die angeblich »Gelähmte« munter im Haus herumläuft, wenn sie alleine ist und glaubt, daß niemand sie sieht. Die Rolle der Sterbenskranken soll ihr vermutlich helfen, lästigen Fragen der Polizei auszuweichen.

Peternell läßt sie von einem Polizeiarzt untersuchen. Ergebnis: Sie ist weder gelähmt noch blind, wie sie behauptet. Sie liegt immer noch im Bett, als der Kriminalkommissar auf sie zutritt und sagt: »Martha Marek, Sie haben Komödie gespielt. Was Sie gemacht haben, ist Versicherungsbetrug!« Prompt fällt sie in Ohnmacht.

Am 18. November wird Martha Marek verhaftet.

Einen Tag darauf erscheint ein junger Mann beim Untersuchungsrichter. Er hat in der Zeitung von der Festnahme der Marek gelesen. Zögernd sagt er: »Mein Name ist Herbert Kittenberger. Meine Mutter war Untermieterin bei der Frau Marek. Seit ihrem Tod läßt mich der Gedanke nicht los, das sie ermordet worden ist.«

»Ermordet? Von wem?« fragt der Untersuchungsrichter.

»Von der Frau Marek.«

»Und wie kommen Sie darauf?«

»Frau Marek kochte für sie. Nach dem Essen wurde Mutter immer so schlecht, sie hatte Magenschmerzen, mußte sich erbrechen.«
»Besaß Ihre Mutter Vermögen?«
»Nein. Sie war bettelarm. Sie hatte nur Schulden.«
»Und welches Motiv sollte Frau Marek gehabt haben, Ihre Mutter umzubringen?«
Der junge Mann zuckt die Achseln. »Wenn ich das nur wüßte. Allerdings –« In diesem Augenblick fallen ihm die drei letzten Worte seiner Mutter ein. Eines davon heißt »Versicherung«. Er berichtet davon, und plötzlich wird sein Gegenüber hellhörig.
Eine Anfrage bei den großen Versicherungen bringt es an den Tag: Felicitas Kittenberger hat sich kurz vor ihrem Tod versichern lassen, bei der Gesellschaft »Der Anker«, die der Geliebte der Marek, Jenö Neumann, vertritt. Versicherungssumme: 6400 Schilling. Begünstigte: Martha Marek.
Im Verhör erklärt die Marek, ihre Untermieterin habe 500 Schilling Schulden bei ihr gehabt. Diese Summe sollte durch die Versicherung abgedeckt werden. Da die Marek aber die Police in der Hand hatte, ist anzunehmen, daß Felicitas Kittenberger sie nie zu Gesicht bekommen hat und daß die endgültige Versicherungssumme hinter ihrem Rücken von Neumann eingetragen wurde. Ihr Tod hat sich für Martha Marek also gelohnt. »Der Anker« zahlte ihr inzwischen à conto 4381 Schilling aus.
Bei diesem Stand der Ermittlungen erinnert sich der junge Kittenberger an eine Szene, die einen furchtbaren Verdacht heraufbeschwört. Seine Mutter hat zu ihm einmal über einen gemeinsamen Selbstmordplan mit der Marek gesprochen.

Sie sagte: »Frau Marek hat ein sehr starkes Gift. Eine Paste, die man nur auf Brot streichen muß, und alles ist vorbei ...«
»Gift« – zum erstenmal ist dieses Wort gefallen. Die Leiche der Felicitas Kittenberger wird exhumiert. Die Chemiker finden in den Organen große Mengen Thallium – ein tödliches, metallisches Gift.
Die Frau ist also keines natürlichen Todes gestorben, sondern, da nichts auf Selbstmord hindeutet, ermordet worden – von der Marek?
Die Erhebungen der Justiz ergeben eine vielleicht bedeutsame Tatsache: Im Juli 1927, nach dem Prozeß mit dem abgehackten Bein, war Martha Marek Zellengenossin der Leopoldine Lichtenstein, einer Giftmörderin, die ihren Mann mit Zeliopaste umgebracht hatte und die deshalb zum Tode verurteilt wurde. Zeliopaste ist ein Rattengift, das Thallium enthält – wie es reichlich in der Leiche von Frau Kittenberger gefunden wurde.
Martha Marek – eine Schülerin der Giftmörderin?
Nun holt man auch die Leichen von Susanne Löwenstein, von Emil Marek und der kleinen Ingeborg aus der Erde. Das Ergebnis der Exhumierung ist in allen Fällen das gleiche: Tod durch Thallium ... Mord durch Vergiftung ... Sämtliche Todesdiagnosen der Ärzte waren falsch.
In der Leiche der Susanne Löwenstein finden sich 81,4 Milligramm Thallium auf 1,8 Kilogramm Körpergewicht – eine Menge, mit der man mehrere Menschen töten kann. Bei Emil Marek findet man 9 Milligramm auf hundert Gramm Körpergewicht und bei der kleinen Ingeborg 7,9 Milligramm. Auch in diesen Fällen ein vielfaches der tödlichen Dosis.
Am 15. Juli 1937 wird Martha Marek im Rollstuhl zur Ver-

nehmung gebracht. Sie ist wütend, will sich beim Untersuchungsrichter über die lange Haftdauer beschweren.
Der aber läßt sie nicht zu Wort kommen. Er erhebt sich hinter seinem Schreibtisch. Mit ernster Stimme sagt er: »Frau Marek, ich beschuldige Sie des vierfachen Mordes und des versuchten Mordes an Ihrem Sohn!«
Wie so oft in kritischen Situationen schreit die Rothaarige auf, bricht zusammen. Ihr ganzer Körper zittert, sie ist einer Ohnmacht nahe. Doch allmählich erholt sie sich wieder. Ihre saphirblauen Augen blitzen, als sie entgegnet: »Ihre Anschuldigungen sind ungeheuerlich! Ich fasse sie als schwerste Beleidigung auf. Erst im Prozeß werde ich darauf antworten.«

Während der Staatsanwalt die Anklage vorbereitet, jubeln auf den Straßen die Menschen. Österreich kehrt am 18. März 1938 »heim ins Reich«. Die Marek hört die Ovationen für die einmarschierenden Truppen bis in ihre Zelle. Sie weiß nicht, was diese neue umwälzende politische Entwicklung für sie bedeutet. Seit Jahren ist in Österreich kein Todesurteil an einer Frau mehr vollstreckt worden. Die Nationalsozialisten aber schlagen eine härtere Gangart im Justizwesen ein. Sie verlangen, mit Verbrechern künftig »kurzen Prozeß« zu machen und rufen wieder den Henker ins Land.
Am 2. Mai beginnt der Mordprozeß gegen Martha Marek in demselben Saal des Wiener Straflandesgerichts, in dem sie sich mit ihrem Mann wegen seines abgehackten Beins verantworten mußte. Emil Marek ist tot – eines ihrer Mordopfer, wie der Staatsanwalt behauptet.
Wie einst ihr verkrüppelter Mann läßt sich auch die vierzig-

jährige Angeklagte auf einem Tragsessel in den Saal bringen. Angeblich ist sie immer noch gelähmt. Die Gerichtsärzte halten sie für eine Hysterikerin, die sich in ihre Rolle als »Kranke« hineinsteigert.

Das Gesicht unter ihrem üppigen tizianroten Haar ist blaß. Seit Tagen hat sie sich geweigert zu essen. Dahinter, so vermutet man, steckt die Absicht, das Bild einer schwachen, bemitleidenswerten Frau zu bieten.

Mit ihr angeklagt ist ihr Geliebter Jenö Neumann. Er wird der Mithilfe beim Versicherungsbetrug beschuldigt. Er, ein rumänischer Jude, sitzt zwischen zwei Uniformierten mit Hakenkreuzbinde.

Die von Staatsanwalt Dr. Wotawa vertretene Anklage wirft Martha Marek vor, ihren Mann und ihre Tochter vergiftet zu haben, weil sie ihr lästig waren, ihre Tante und ihre Untermieterin aus Geldgier. Auch ihr Sohn, den sie zu töten versuchte, sei ihr im Weg gewesen. Im Fall der Tante und der Untermieterin habe sie auch Versicherungsbetrug begangen.

Der Vorsitzende des Schwurgerichtshofs, Oberlandesgerichtsrat Dr. Mittendorfer, fragt die Marek, ob sie sich schuldig bekenne. Antwort: »In keinem Punkt der Anklage!«

Schon am ersten Tag kommt es zu einem scharfen Wortwechsel zwischen Staatsanwalt Dr. Wotawa und der Angeklagten.

STAATSANWALT: »Frau Marek, sind Sie blind?«

MARTHA MAREK: »Ich bin nicht blind, sondern ich leide an Sehstörungen. Ich sehe alles nur in Umrissen.«

STAATSANWALT: »Seit wann?«

MARTHA MAREK: »Seit einigen Monaten.«

STAATSANWALT: »Sie wissen, daß die Ärzte Ihre Angaben über die Sehstörungen als Schwindel bezeichnen. Sind Sie gelähmt?«

MARTHA MAREK: »Nein, ich habe nur an Lähmungserscheinungen gelitten. Es sind Gefühlsstörungen.«

STAATSANWALT: »Was ist das wieder für ein Unsinn? Können Sie Hände und Füße bewegen?«

MARTHA MAREK: »Zeitweise nicht.«

STAATSANWALT: »Ist es notwendig, daß man Sie hier im Krankenstuhl herumträgt?«

MARTHA MAREK spitz: »Fragen Sie den Arzt!«

STAATSANWALT: »Wie kam es damals zu dem merkwürdigen Unfall Ihres Mannes?«

MARTHA MAREK: »Das müssen Sie in den Akten nachlesen.«

STAATSANWALT zornig: »Sie wirken weniger durch Ihre Dämonie als durch Ihre Dreistigkeit! Haben Sie damals nicht selber Ihrem armen Mann den Fuß abgehackt?«

MARTHA MAREK: »Herr Staatsanwalt, ich habe mich schon verantwortet. Wie können Sie mir so etwas zumuten?«

STAATSANWALT: »Ich mute Ihnen viel mehr zu: viereinhalb Giftmorde! Antworten Sie klipp und klar!«

MARTHA MAREK: »Ich habe schon gesagt: nein!«

STAATSANWALT: »Warum haben Sie in der Voruntersuchung jede Aussage über die Ihnen vorgeworfenen Giftmorde abgelehnt?«

MARTHA MAREK: »Weil ich mich zu erhaben fühle, um auf solche Anschuldigungen zu antworten.«

Unwillensrufe im Zuhörerraum. Der Staatsanwalt schüttelt den Kopf. Schon jetzt zeigt sich, wie hartnäckig die Angeklagte kämpfen wird. Sie stützt ihre Hoffnung darauf, daß man ihr nicht nachweisen kann, daß sie jemals Gift gekauft hat. Und darauf, daß man bei der Durchsuchung ihrer Wohnung und der Villa, in der sie wohnt, nirgendwo eine Spur der tödlichen Zeliopaste gefunden hat, mir der sie ihre Verbrechen begangen haben soll. Ohne diese Beweise, so meint sie, kann man sie nicht als Mörderin überführen.

Der Vorsitzende kommt auf ihre Ehe und die geheimnisvolle Krankheit ihres Mannes zu sprechen.

VORSITZENDER: »Haben Sie Äußerungen gemacht, daß Sie von Ihrem Mann nichts mehr wissen wollten? Das könnte ein Motiv gewesen sein, um ihn mit Gift aus der Welt zu schaffen.«

MARTHA MAREK: »Nein.«

VORSITZENDER: »Sie sollen gesagt haben, es grause Ihnen vor einem Krüppel.«

MARTHA MAREK: »Das habe ich niemals gesagt. Ich habe meinen Mann geliebt, bis über seinen Tod hinaus.«

VORSITZENDER: »Emil Marek hat längere Zeit bei seinen Eltern gespeist, da hat er sich der besten Gesundheit erfreut. Er erkrankte, als er dann bei Ihnen aß.«

MARTHA MAREK: »Nein, er kam schon krank zurück.«

STAATSANWALT erregt aufspringend: »Was Sie da andeuten, grenzt an Verleumdung! Sie haben ja das Gerücht mit den angeblich giftigen Fleischklößchen verbreitet, die er bei seinen Eltern gegessen haben soll. Das ist infam!«

Martha Marek beugt sich in ihrem Krankensessel nach vorn, gestikuliert heftig und wirft dem Staatsanwalt wütende Blicke zu. Der empfiehlt ihr ein ihrem angeblichen Krankheitszustand entsprechendes Verhalten. Sein Ton wird schärfer.

STAATSANWALT: »In den Eingeweiden der Leiche Ihres Mannes wurde Thallium gefunden.«

MARTHA MAREK kühl: »Jede Leiche entwickelt Gifte.«

STAATSANWALT: »Ich weiß, wer das Gift da hineingetan hat.«

MARTHA MAREK: »Das wissen Sie nicht!« Sie schleudert dem Ankläger einen vernichtenden Blick zu.

STAATSANWALT: »Fressen Sie mich nicht mit den Augen!«

Am nächsten Tag dreht sich die Verhandlung um den Tod der Tochter Martha Mareks. Es ist beklemmend still im Saal, als Oberlandesgerichtsrat Dr. Mittendorfer die erste Frage stellt.

VORSITZENDER: »Kurze Zeit nach dem Tod Ihres Mannes ist die kleine Ingeborg erkrankt und gestorben. Auch in ihren Eingeweiden wurde Thallium gefunden. Was sagen Sie dazu?«

MARTHA MAREK: »Die Todesursache hieß Ernährungsstörungen.«

VORSITZENDER: »Ich muß auch hier anführen, was das Motiv der Tat gewesen sein könnte. Es war immerhin ihr eigenes Kind, und Sie haben es einen ganzen Tag und eine ganze Nacht mit seinen Schmerzen schreien lassen. Es scheint so, daß Ihnen Ihre Kinder als Hindernis für Ihr weiteres Fortkommen erschienen sind.«

MARTHA MAREK: »Nachdem das Kindchen erkrankt war, habe ich sofort den Arzt kommen lassen.« Weinend fährt sie fort: »Ich habe das Kind sehr, sehr geliebt!«

VORSITZENDER: »Wie erklären Sie sich, daß die kleine Inge ebenso wie Emil Marek Thallium im Magen hatte?«

MARTHA MAREK: »Das kann ich mir nicht erklären. Damals ist nichts gefunden worden.«

VORSITZENDER: »Aber jetzt! Auch Ihr Bub hat solche Erscheinungen gezeigt. Er hat in der Nacht eine grünschaumige Flüssigkeit erbrochen. Er hat auch Äußerungen gemacht: ›Ich komme in den Himmel, und die Mama wird bald nachkommen!‹ Das habe ihm die Mutter gesagt, Sie!«

MARTHA MAREK: »Mein Kind hat nicht erbrochen.«

Der Anklagevertreter hält ihr Zeugenaussagen vor, die den Verdacht der Vergiftungen der beiden Kinder bestätigen. Martha Marek erklärt, daß die Zeugen lügen. Sie bezweifelt auch die Richtigkeit des Sachverständigengutachtens.

STAATSANWALT: »Kennen Sie eine Mutter, die einem Kind den Tod als Trost vor Augen führt?«

MARTHA MAREK: »Das Kind hat geweint, und da habe ich es getröstet mit den Worten –«

STAATSANWALT sie unterbrechend: »– du mußt sterben! Sagt das eine Mutter Ihrem Kind?«

Der Prozeß wendet sich dem Anklagepunkt »Giftmord an Susanne Löwenstein« zu. Die Angeklagte schildert ihre Beziehung zu ihrer Tante, der Oberstabsarztwitwe. Nach ihren Worten haben sie sich immer gut vertragen. Ihre Tante sei auch nicht reich gewesen, sie habe einen Teil ihres Vermögens durch Spekulation eingebüßt. Sie habe sie auch nicht beerbt, alles, was sie von ihr besitze, sei ihr von Susanne Löwenstein schon zu deren Lebzeiten für einen bestimmten Betrag überlassen worden.

VORSITZENDER: »Knapp vor dem Hinscheiden der Tante sollen Sie geäußert haben: ›Wenn nur alles vorüber wäre ... das war eine Bestie!‹«

Wieder Bewegung und Raunen unter den Zuhörern. Pfui-Rufe ertönen. Der Vorsitzende muß um Ruhe bitten.

MARTHA MAREK: »Das ist alles unwahr!«

VORSITZENDER: »In der Leiche der Löwenstein wurde Thalliumgift gefunden. Wenn das ein Einzelfall wäre, könnte man alle Möglichkeiten in Betracht ziehen. Aber wenn gleich mehrere Personen darunter zu leiden hatten und gestorben sind, die in Ihrer Obhut, Pflege und nächsten Umgebung waren, wird sich irgendwie der Verdacht an Ihre Person heften, daß Sie in Beziehungen zu diesen Vergiftungen stehen könnten. Das ist sicher ein schweres Indiz!« Er hebt die Stimme: »Deshalb frage ich Sie wieder: Haben Sie etwas damit zu tun gehabt?«

MARTHA MAREK: »Nein.«

STAATSANWALT: »Zeugen sagen aus, Frau Löwenstein sei immer übel geworden, wenn Sie das Essen bereitet haben.«

MARTHA MAREK: »Die Tante hat immer nur Geflügel bekommen.«

STAATSANWALT: »Kann man das nicht auch vergiften?«

MARTHA MAREK: »Das weiß ich nicht.«

STAATSANWALT: »Glauben Sie, daß sich Ihre Tante selbst mit Thallium vergiftet hat?«

MARTHA MAREK: »Nein, dann hätte sie Gas genommen.«

STAATSANWALT: »Sehen Sie, man macht keinen Selbstmord auf Raten. Es ist doch auffallend: Emil Marek, die kleine Inge, Susanne Löwenstein, später auch Felicitas Kittenberger – alle sterben unter gleichen Umständen und bei allen wird Thallium gefunden. In allen Fällen haben *Sie* die Kranken gepflegt. Erklären Sie mir dieses seltsame Zusammentreffen!«

MARTHA MAREK. »Das kann ich nicht. Wenn ich es mir erklären könnte – «

STAATSANWALT ihr ins Wort fallend: »– müßten Sie ein Geständnis ablegen!«

MARTHA MAREK. »Alle diese Personen sind doch seziert worden und man hat nichts gefunden.«

STAATSANWALT: »Weil man beim bloßen Sezieren kein Gift finden kann. Man hat damals nicht nach Gift geforscht, weil man an ein so furchtbares, scheußliches Verbrechen nicht dachte. Oder wollen Sie vielleicht behaupten, daß die Ärzte und Chemiker das Gift hineingetan haben?«

MARTHA MAREK: »Das weiß ich nicht.«

STAATSANWALT: »Diese Antwort ist eine Frechheit!«

Ankläger Dr. Wotawa setzt sich. Man sieht ihm an, wie sehr er die Rothaarige im Tragstuhl verachtet. Zwischen ihm und ihr scheint sich über die grimmigen Fakten des Prozesses hinaus eine persönliche Feindschaft zu entwickeln. Marthas Wirkung als Frau, der so viele Männer erlagen, zwei sogar bis zur Selbstaufgabe, bei diesem strengen Juristen geht sie ins Leere.

Nächster Verhandlungspunkt am folgenden Tag: der Fall Felicitas Kittenberger, nach der Anklage Martha Mareks viertes Todesopfer. Sie wird von den Zeugen als kreuzbrave, aber sehr arme Frau geschildert.

VORSITZENDER: »Sie erkrankte plötzlich, als sie bei Ihnen aß.«

MARTHA MAREK: »Ja.«

Die Angeklagte versucht sofort den Eindruck dieser Bestätigung abzuschwächen, indem sie langatmig die Geschichte der Erkrankung ihrer Untermieterin schildert. Dabei versucht sie, indirekt andere Personen zu verdächtigen.

VORSITZENDER: »Wer hatte einen Nutzen von ihrem Ableben?«

Martha Marek: »Niemand.«
Vorsitzender: »Doch, Sie! Sie hatten doch eine Forderung an Frau Kittenberger, und Sie konnten, wenn sie starb, 5000 Schilling aus der Versicherung für sich beanspruchen.«
Martha Marek: »Ja, ich hatte die Police.«
Vorsitzender: »Es wurde auch in ihrem Leichnam Thallium in tödlicher Menge gefunden.«
Martha Marek: »Ich habe dazu nichts beigetragen.«
Die Hartnäckigkeit, mit der die Angeklagte alle Vorhaltungen zurückweist, bringt selbst Oberlandesgerichtsrat Dr. Mittendorfer, einen Mann, der die Verhandlung umsichtig und beherrscht leitet, aus der Ruhe. Er versucht, die längst in die Enge getriebene Frau zur Einsicht zu bewegen.
Vorsitzender: »Ich richte nun an Sie, Frau Marek, den Appell: Wenn Sie schwere Last auf sich geladen haben sollten, so wird Ihnen ein Geständnis eine Entlastung Ihres Gewissens bringen.«
Martha Marek hysterisch: »Ich bin unschuldig!«
Der Staatsanwalt steht wieder auf. Er nimmt die angeblich Schwerkranke, der jetzt weder die Blindheit noch die Lähmung – sie ballt hin und wieder sogar die »gelähmte« Hand – anzusehen ist, abermals in ein scharfes Kreuzverhör.
Staatsanwalt: »Wie erklären Sie sich, daß eine ganz gesunde Frau in dem Augenblick, als der Versicherungsvertrag von ihr unterschrieben ist und Sie als Bezugsperson angegeben worden sind, krank wird?«
Martha Marek: »Sie hat Fußschmerzen bekommen.«
Staatsanwalt: »Fußschmerzen wie Emil Marek, die kleine Inge, Frau Löwenstein! So fängt es bei Thalliumvergiftung

an. Die Frau ist gestorben und vorher erblindet, aber nicht so wie Sie! Man hat Thallium im Körper gefunden.«

MARTHA MAREK: »Ich kenne Thallium nicht. Das Wissen um Thallium scheint noch in den Kinderschuhen zu stekken ...«

STAATSANWALT: »Damit haben Sie wohl gerechnet.«

MARTHA MAREK: »Ich glaube nicht, daß Frau Kittenberger vergiftet wurde.«

STAATSANWALT: »Aus den Gesetzen der Logik ziehe ich den Schluß, daß Sie einen vierfachen Giftmord begangen haben. Wollen Sie uns vielleicht sagen, wessen Sie sich eigentlich schuldig bekennen?«

MARTHA MAREK: »Jetzt nicht.«

STAATSANWALT: »Später werden wir vielleicht nicht mehr neugierig sein.«

Die Angeklagte erwidert nichts. Erschöpft läßt sie sich in ihr Kissen zurückfallen.

Marthas Verteidiger Dr. von Granichstädten hat sich in den ersten Tagen der Verhandlung kaum zu Wort gemeldet. Der Vorsitzende und der Staatsanwalt beherrschten die Szene. Sie haben die Schlinge um Martha Marek immer enger gezogen, wie es scheint, unentrinnbar eng. Das Gift in den Leichen der vier Menschen, deren Schicksale hier noch einmal ausgeleuchtet werden, ist nicht wegzudiskutieren. Wie aber, wenn es auf ganz andere Weise als der Ankläger annimmt, hineingelangt ist?

Am vierten Verhandlungstag beantragt Rechtsanwalt Dr. von Granichstädten überraschend, drei »beliebige« Leichen aus der Erde zu holen.

VORSITZENDER: »Zu welchem Zweck?«

VERTEIDIGER: »Sie sollen darauf untersucht werden, ob sich Thallium nicht von selbst in den Leichen entwickelt oder ob das Gift aus der umliegenden Graberde oder den Metallsärgen in den Leichnam gelangen kann.«

Dr. von Granichstädten beantragt weiter, Alfons, den Sohn der Marek, als Zeuge über das Verhalten der Mutter bei der Erkrankung sowie beim Tod Emil Mareks und Ingeborgs zu vernehmen.

Der Staatsanwalt fordert, beide Anträge abzulehnen. Mit Alfons wolle Martha Marek, die Komödiantin, nur die rührende Szene »Mutter und Sohn« vorspielen. Das Ausgraben der Leichen sei überflüssig, da bei den Gräbern der Toten auch das Erdreich und die Särge auf Thallium untersucht worden seien. Es sei jedoch keine Spur des Giftes gefunden worden. Demnach könne es nicht von außen in die Leichen gelangt sein.

Das Gericht lehnt die Anträge des Verteidigers ab.

Dann beginnt der Aufmarsch der Zeugen. Aus ihren Aussagen geht hervor, daß Martha Marek den Einbruch in ihre Wohnung, der schließlich zu ihrer Festnahme und Entlarvung führte, fingiert hatte und daß sie im wesentlichen von Betrügereien, Unterschlagungen und Diebstählen lebte. Außerdem bestätigen Zeugen, daß sie ihre Krankheit nur spielt. Wenn sie sich nicht beobachtet fühlte, las die »Blinde« Illustrierte und Zeitungen.

Weitere Erkenntnisse der Zeugenvernehmungen: Martha Marek benahm sich gegenüber ihrem Mann, der sich für sie – daran zweifelt nun niemand mehr – zum Krüppel machte, geradezu schändlich. Sie schlug und beschimpfte ihn. Ihre beiden Kinder ließ sie verkommen und hungern. Typisch dafür folgende Aussage einer Hausfrau, die sich der verwahrlosten Kinder der Marek annahm und sie gelegentlich wusch und fütterte.

ZEUGIN: »Als ich Frau Marek zur Rede stellte, warum sie ihrem Buben nicht mehr zu essen gab, sagte sie: ›Er muß zart bleiben. Eine plumpe Gestalt gefällt mir nicht.‹«

STAATSANWALT: »Diese Frau hat Ihre Kinder lieber gehabt als Sie – Sie ›Mutter‹!«

MARTHA MAREK: »Herr Staatsanwalt, ich wünsche, daß Sie ein so guter Vater sind, wie ich eine gute Mutter gewesen bin!«

Entrüstung unter den Zuhörern. Der Staatsanwalt fühlt nicht sich, aber seine Amtsrobe beleidigt und beantragt, Martha Marek für diese Bemerkung zu bestrafen. Das Gericht verhängt nach kurzer Beratung gegen sie »einsame Absperrung für zwölf Stunden in dunkler Zelle«.

Andere Zeugen, die in den folgenden Tagen vernommen werden, sagen aus, daß die Marek sich verächtlich über ihre Opfer ausgelassen hat. Zu einer Nachbarin sagte sie über ihre Tante: »Als ich sie in den Sarg legte, sah sie aus wie eine alte Hexe!« Und über ihren Mann, den sie kurz vorher auf dem Friedhof laut beweint hatte, sagte sie: »Er war ein Gauner!«

So belastend diese Aussagen auch sein mögen – zu beweisen ist damit die Mordanklage nicht. Hat die Marek überhaupt Gift besessen? Wie ist sie zu Zeliopaste gekommen, mit der sie gemordet haben soll? Solange es keine Antwort auf diese Fragen gibt, bleibt alles offen, kann sie hoffen, dem Henker zu entkommen. Ein Zeuge, der dem Staatsanwalt in diesem alles entscheidenden Punkt aus der Beweisnot helfen kann, war zu Beginn des Prozesses nicht in Sicht. Für juristische Experten steht seine Anklage deshalb auf schwachen Füßen. Um so überraschender für die Prozeßbeobachter und die Angeklagte ist deshalb der Schlag, zu dem Ankläger Wotawa am sechsten Verhandlungstag ausholt.

Staatsanwalt: »Frau Marek, haben Sie jemals Zeliopaste gekauft? Etwa zur Vertilgung von Ungeziefer?«

Martha Marek: »Ich kann nur wieder antworten und schwören: Nein – niemals!«

Staatsanwalt: »Sie wagen zu schwören?«

Martha Marek: »Ja und wieder ja. Beim Leben meines Kindes schwöre ich!«

Staatsanwalt sichtlich fassungslos: »Nur das nicht! Ich flehe Sie an, Angeklagte, schwören Sie nicht beim Leben Ihres Kindes Alfons! Wie wir wissen, ist er einem Giftanschlag durch Sie nur knapp entgangen.«

Martha Marek unbeeindruckt: »Ich schwöre bei Gott und dem Leben meines Kindes Alfons, daß ich nie und nimmer auch nur eine Tube Giftpaste gekauft habe!«

Der Anklagevertreter schüttelt den Kopf, kann sich kaum beruhigen. Er begreift diese Frau nicht, der nichts heilig zu sein scheint. Dann richtet er sich auf. Seine Augen zeigen einen unverhohlenen Triumph, als er seine sensationellen Anträge stellt.

Staatsanwalt: »Ich beantrage die Einvernahme des Drogisten Hans Wagner darüber, daß Martha Marek im Frühjahr 1936 telefonisch Zeliopaste bestellt, daß ihr dieses Gift geliefert wurde und daß sie von ihm weiterhin, Woche für Woche, Zeliopaste bezogen hat.

Ich beantrage ferner die Vernehmung seiner Frau, die der Angeklagten selbst einmal eine Tube der Giftpaste übergeben hat. Außerdem stelle ich den Antrag, den Lehrling des Drogisten-Ehepaares zu vernehmen, der Martha Marek auf deren Bestellung hin ebenfalls Gift ins Haus gebracht hat.«

Die Angeklagte ist von den Worten des Staatsanwalts, die wie Hammerschläge in die Stille des Gerichtssaals fallen, sichtlich betroffen. Sie scheint sich darunter zusammenzuducken. Alle Farbe ist aus ihrem Gesicht gewichen.

Glaubt der Ankläger, daß sie jetzt aufgibt, daß sie angesichts der Überraschungszeugen, die er präsentieren will, kapituliert? Langsam wendet er sich ihr zu, fixiert sie. Die Frage, die er ihr mit drohendem Unterton stellt, ist wie ein Fangschuß.

Staatsanwalt: »Martha Marek, leugnen Sie jetzt immer noch den Giftbezug?«

Die Augen der Anwesenden hängen an den Lippen der Angeklagten. Wie wird sie reagieren? Sie richtet sich auf, findet zu ihrer aggressiven Haltung zurück.

Martha Marek: »Sie werden mich doch nicht für so dumm halten, daß ich Gift telefonisch bestelle?«

Staatsanwalt: »Wir werden die Zeugen hören!«

Der Auftritt des Drogisten-Ehepaares und ihres Lehrlings am 9. Mai wird zum Höhepunkt des Prozesses. Die Zuhörer und Prozeßbeteiligten wissen: Von ihrer Aussage hängt das Schicksal der Angeklagten ab. Bestätigen die Zeugen die Angaben des Anklägers, ist die Marek nicht mehr zu retten, gehört ihr Kopf dem Henker ...

Die Spannung wächst fast ins Unerträgliche, als zuerst der

Drogist Hans Wagner in den Zeugenstand tritt, ein schlanker, blasser Mann Anfang der Fünfzig, der ruhig und beherrscht wirkt.

Er berichtet, daß die Angeklagte zwischen dem 20. Mai und 3. Juni 1936 telefonisch mehrere Tuben Rattengift bei ihm bestellt hat. Sie wurden entweder von seiner Frau oder von seinem Lehrling an sie geliefert, und zwar immer zusammen mit anderen Artikeln, etwa für die Körperpflege.

ZEUGE: »Ich habe damals nichts Auffälliges an diesen Bestellungen gefunden. Erst jetzt, beim Lesen der Zeitungsberichte über diesen Prozeß, habe ich erfahren, daß Frau Marek den Bezug von Zeliopaste abstreitet. Ich hielt es für meine Pflicht, dem Gericht bekanntzugeben, daß die Angeklagte bei mir Zeliopaste gekauft hat.«

STAATSANWALT: »Wieviel Tuben Zeliopaste lieferten Sie Frau Marek?«

ZEUGE: »Vier bis fünf Tuben.«

Leise Aufschreie im Publikum. Von den medizinischen Sachverständigen, die in diesem Prozeß ihre Gutachten über die Thalliumfunde in den Leichen abgegeben haben, weiß man, welche Menge Zeliopaste genügt, um einen Menschen zu töten: eineinhalb bis zwei Tuben. (Die vier bis fünf Tuben wurden zu der Zeit von der Marek gekauft, als ihre Untermieterin Felicitas Kittenberger an Vergiftungserscheinungen litt.)

STAATSANWALT: »Sind Sie sich sicher in der Zahl der Tuben?«

ZEUGE: »Ja. Ich mußte schließlich Zeliopaste nachbestellen. Das fiel mir auf. Allerdings bezogen damals auch einige Schrebergärtner von mir das Gift.«

STAATSANWALT: »Herr Zeuge, wieviel Ratten können mit einer Tube Zeliopaste vernichtet werden?«

ZEUGE: »Sechzig bis achtzig Ratten.«

STAATSANWALT: »Ist ein Irrtum in der Person der Marek möglich?«

ZEUGE: »Persönlich kenne ich sie nicht. Aber bei der telefonischen Bestellung wurden stets ihr Name und ihre Adresse angegeben.«

Der Blick des Anklägers richtet sich auf die Frau im Krankensessel, die den Dialog beinahe atemlos verfolgt hat.

STAATSANWALT: »Angeklagte, was sagen Sie dazu? Haben Sie bei dem Zeugen Zeliopaste gekauft oder nicht?«

MARTHA MAREK: »Ich niemals!«

VORSITZENDER: »Wer denn?«

MARTHA MAREK: »Das weiß ich eben nicht. Ich habe nie persönlich Zeliopaste übernommen.«

Die Frau des Drogisten wird aufgerufen. Langsam kommt sie nach vorn, blickt nervös in die Runde. Sie antwortet auf die Fragen des Anklägers überlegt, und was sie sagt, ist vernichtend für Martha Marek.

STAATSANWALT: »Kennen Sie die Angeklagte?«

ZEUGIN: »Ja.«

STAATSANWALT: »Woher?«

ZEUGIN: »Ich habe ihr einmal, im Juni 1936 glaube ich, eine Tube Zeliopaste in ihre Wohnung in der Kuppelwiesergasse Nr. 27 getragen. Sie hat sie selbst in Empfang genommen.«

Erregtes Murmeln unter den Zuschauern. Unruhe auch auf der Verteidigerbank. Ein Anwalt schüttelt seufzend den Kopf. Bedeutet dieser letzte Satz das »Aus« für die Marek?

STAATSANWALT: »Hat sie Ihnen gesagt, wofür sie das Gift braucht?«

ZEUGIN: »Ja, für die Ratten in ihrem Garten. Sie kämen schon ins Haus. Sie zeigte mir auch ein Kleid, mit den Worten: ›Sehen Sie, da haben die Ratten ein Loch reingefressen!‹ Ich meinte, das Loch stamme von Mäusen, und bot ihr an, beim nächsten Besuch Zeliokörner mitzubringen. Sie erwiderte, daß sie trotzdem Zeliopaste brauche.«

Die Angeklagte hört es kopfschüttelnd an. Sie beugt sich in ihrem Sessel etwas nach vorn und ruft der Drogistenfrau zu: »Frau Zeugin, treten Sie her zu mir und schauen Sie mich an! Habe *ich* von Ihnen jemals Zeliopaste gekauft?«

ZEUGIN: »Ja, natürlich. Ich habe Ihnen die eine Tube persönlich übergeben. Wir haben doch damals im Vorzimmer Ihrer Wohnung zusammen gesprochen!«

Auch der nächste Zeuge, der siebzehnjährige Lehrling aus der Drogerie der Wagners in der Veithgasse, bestätigt, daß Martha Marek telefonisch Zeliopaste bestellt hat.

ZEUGE: »Ich habe ihr mehrmals Zeliopaste gebracht und sie ihr jedesmal selbst übergeben. Beim erstenmal hatte sie nicht genug Geld, da sagte sie zu einer Frau, die auch in der Wohnung war: ›Frau Kittenberger, ich habe nicht soviel Kleingeld, können Sie mir etwas geben?«

Wieder werden entrüstete Rufe unter den Zuschauern laut. Die Marek hat also ihr Opfer das Gift, mit dem sie – laut Anklage – die Frau dann umbrachte, auch noch bezahlen lassen!

STAATSANWALT triumphierend: »Angeklagte, das ist der dritte Zeuge!«

MARTHA MAREK: »Ich habe Pakete übernommen, aber Zeliopaste habe ich nie bestellt oder besessen.«

Vorsitzender ungehalten: »Frau Marek, das geht nicht, daß sie die Ehrlichkeit aufrechter Volksgenossen anzweifeln!«

Martha Marek: »Ratten haben wir überhaupt nicht gehabt. Ich habe nie etwas bestellt.«

Staatsanwalt: »Also muß es ein Dritter in Ihrem Namen getan haben, ein unbekannter Dritter!«

Martha Marek: »Es haben oft Leute auf meinen Namen bestellt.«

Vorsitzender: »Das mag sein. Aber wenn diese Frau Marek, in deren Namen bestellt wurde, dann die Sachen – in diesem Fall das Gift – selbst übernimmt, muß man sagen: Der Unbekannte hat Ihre Gestalt angenommen, Frau Marek!«

Jedermann im Saal weiß: Damit sind die Würfel gefallen. Das Schicksal der Frau mit dem tizianrot gefärbten Haar, die verzweifelt den Kopf schüttelt, ist damit so gut wie besiegelt.

Als letzte Sachverständige haben die Psychiater das Wort. Im Gegensatz zum ersten Marek-Prozeß, in dem die Seelenärzte an der Angeklagten nichts Böses fanden, zeichnen die medizinischen Sachverständigen dieses Prozesses ein finsteres Bild von ihr. Nach ihren Worten ist Martha Marek eine Psychopatin von hysterischem Charakter, eine maßlos eitle, selbstsüchtige, herz- und gefühllose Hochstaplerin, die mit den Mitteln der Lüge, Verstellung und Verleumdung ihre ganz und gar egoistischen Ziele um jeden Preis verfolge.

Psychiater Dr. Stelzer: »Sie ist rachsüchtig und haßerfüllt – Eigenschaften, die man bei Giftmischern stets beobachten kann.«

Das Plädoyer von Staatsanwalt Dr. Wotawa wird zu einer leidenschaftlichen Abrechnung mit der Angeklagten, wie man sie in solcher Schärfe in diesem Gerichtssaal noch nie gehört hat.

»Der reißende Wolf, die scheußliche Kobra, der blutgierige Tiger«, so sagt er, »sie töten, weil sie nach den Gesetzen der Natur töten müssen. Dieses Wesen hier aber lebte, um zu töten! Um die Gesetze der Natur über die Menschen mit Füßen zu treten, um den Gefährten ihres Lebens zu ermorden, um das eigene Fleisch und Blut in grausamster Weise zu vernichten... Hier sitzt die Verkörperung des Bösen, die absolute Verneinung des Menschlichen. Ich habe gehofft, die Seelenärzte würden uns sagen, wir haben eine Erklärung für dieses Verbrechen, für diese Untaten: Hinter dieser Stirn hockt der Wahnsinn! Aber die Ärzte erklären, Martha Marek sei moralisch minderwertig, hysterisch, jedoch im übrigen geistig gesund und voll verantwortlich.«

Martha Marek hält krampfhaft die Augen geschlossen. Sie muß die flammenden Worte des Anklägers hören, aber sie will ihn nicht sehen. Vergeblich hat sie beantragt, während seiner Schlußrede nicht anwesend sein zu müssen. Bei besonders harten Formulierungen zuckt sie zusammen, zittert sie.

Dr. Wotawa kommt zum Ende. Er macht einen Schritt auf die Richter und Geschworenen zu. Mit erhobenen Armen ruft er aus:

»Sollten Sie noch zögern, das letzte Wort zu sprechen, so lassen Sie mich zum Schluß noch vor Ihr geistiges Auge die Bilder des grauenhaften Sterbens eines Emil Marek stellen, lassen Sie in Ihr Ohr klingen das Schreien des Säuglings

Ingeborg, das Todesröcheln der Susanne Löwenstein, schauen Sie die verlöschenden Augen der Felicitas Kittenberger. Dann werden Sie die Kraft haben, Ihr Urteil zu sprechen, den starken Arm haben, den Stab zu brechen über diese höllische Verworfenheit, dann werden Sie sie dorthin weisen, wo sie hingehört – an den Galgen!«

Lange herrscht danach Schweigen. Kaum einer der Zuhörer, die noch im Bann dieser Rede stehen, wagt sich zu rühren. Dann ein Scharren: Verteidiger Dr. von Granichstädten erhebt sich. Er plädiert auf Freispruch. Gegen seine Mandantin gäbe es nur Verdachtsmomente und Vermutungen, aber keine schlüssigen Beweise.

Gespannt blicken die Anwesenden auf Martha Marek, als der Vorsitzende ihr das Schlußwort erteilt. Hat sie noch etwas zu sagen, das ihre Taten in einem milderen Licht erscheinen läßt, etwas, das zeigt, daß sie trotz allem ein Mensch ist, Reue vielleicht?

Enttäuschung, als sie nur den Antrag vorbringt, sie unter Hypnose zu stellen, »damit man daraus ersieht, ob ich zu einer derartigen Tat überhaupt fähig wäre, geschweige denn, sie getan habe«. Der Antrag wird abgewiesen.

Am Donnerstag, dem 19. Mai, ergeht um 12 Uhr das Urteil: »Martha Marek wird wegen vierfachen Meuchelmordes und Versicherungsbetruges zum Tode verurteilt, Jenö Neumann wegen Betruges zu drei Jahren schwerem Kerker.«

Der Vorsitzende schließt seine ausführliche Begründung des Urteils mit den Worten: »Die teuflische Fahrt der Martha Marek ist zu Ende.«

Auf seine Frage, ob sie das Urteil annehme, erklärt die Verurteilte: »Ich fühle mich vollkommen unschuldig und sehe daher dem Tod ruhig ins Auge. Ich kann das schöne Bewußtsein mit mir nehmen, daß ich nichts dazu beigetragen habe, das Leben eines Menschen zu verkürzen. Aber ich werde hier gemordet ...«

VORSITZENDER verächtlich: »Also Theater bis zum letzten Augenblick!«

Am 6. Dezember 1938 wird die vierfache Mörderin, die immer noch Komödie, immer noch die Kranke spielt und angeblich nicht gehen kann, im »Grauen Haus« in Wien von zwei kräftigen Gefängniswärtern zum Schafott getragen. Oberlandesgerichtsrat Dr. Mittendorfer weist im Hinrichtungsraum den Henker an, das Urteil zu vollstrecken.

Die letzten Sekunden Martha Mareks schildert Scharfrichter Johann Reichhart später so:

»Wir haben sie aus ihrem Tragstuhl gehoben, ich habe die linke Seite der Brust, mein Gehilfe 1 hat die rechte genommen. Da sie sich wehrte, haben meine Gehilfen 2 und 3 hinten die Füße festhalten müssen. Wir haben sie an das Fallbrett gestellt und es umgekippt. An den Schultern haben wir sie auf der Guillotine blitzschnell nach vorne geschoben. Ihr Kinn lag schließlich in einer Mulde, und mein Gehilfe 1 hat das obere Halsbrett heruntergelassen. Sie lag jetzt richtig. Anschließend zog ich den Hebel, und das Messer fiel ... In fünf Sekunden war alles vorbei.«

Der Fall Jack Graham
Das Weihnachts-Päckchen

Der Mann am Abflugschalter der Fluggesellschaft runzelt leicht die Stirn, als er das Gepäck der alten Dame auf die Waage gestellt hat. Er sieht den Zeiger weit nach rechts ausschlagen. Brummend sagt er: »Übergewicht! 37 Pfund.«

»Übergewicht?«

»Ja. Macht 37 Dollar extra, einen Dollar je Pfund.«

Daysie King steht einen Moment unschlüssig da. Mit einem Blick auf die Skala der Waage überzeugt sie sich davon, daß ihr Koffer, die große Reisetasche und die Aktentasche tatsächlich mehr wiegen, als zugelassen ist.

»Sie können aber auch ein paar Sachen auspacken und mit der Post nachschicken, Ma'am«, schlägt jetzt etwas freundlicher der Bodensteward vor. »Das ist billiger.«

Mrs. King, mittelgroß, etwas rundlich, mit onduliertem Haar und herbem Gesicht, wendet sich an ihren baumlangen Sohn, der das Gepäck vom Parkplatz hereingetragen hat. Ärgerlich hebt sie die Brauen.

»Was meinst du, Jack?«

Der junge 1,90-Meter-Mann ist ein wenig außer Atem. Er fährt sich mit einem Taschentuch über die feuchte Stirn und das graue, schwammige Gesicht.

»Besser ist vielleicht doch, wenn du alles mitnimmst, Mutter«, erwidert er. »Auch wenn es etwas mehr kostet. Dann hast du alles beisammen, wenn du ankommst.«

Während Daysie King seufzend einige Dollarnoten aus ihrer Handtasche nimmt und über die Schaltertheke schiebt, schlendert der lange Jack mit dem »Crew Cut«, dem beliebten, kommißartigen Bürstenhaarschnitt vieler Amerikaner, zu den Automaten mit den Versicherungspolicen und steckt einige Münzen hinein. Er zieht vier Formulare, füllt sie aus und bringt sie der Mutter, die drei davon routinemäßig unterschreibt. Die vierte Police findet er in der Eile nicht. Vielleicht hat er sie auf dem kurzen Weg verloren. Er dreht sich um, sieht aber auf dem Boden nichts.
Als jetzt der letzte Aufruf ertönt, geht Daysie King zusammen mit Jack und ihrer schlanken, brünetten Schwiegertochter Gloria, die ihr zweijähriges Kind auf dem Arm trägt, zum Ausgang, der zu den Flugsteigen führt. Sie gibt allen einen Kuß.
»Macht's gut, Kinder«, verabschiedet sie sich. »Ich rufe an, sobald ich in Alaska bin.«
»Wiedersehn, Mutter. Guten Flug!« ruft Jack ihr nach, ehe sie in ihrem dunklen, pelzbesetzten Wollmantel im Gewühl der Passagiere untertaucht.
Mit seiner hübschen Frau und dem Kind betritt er wenig später das Flughafenrestaurant. Sie setzen sich an ein Fenster, durch das man die in der Abenddämmerung liegende Rollbahn mit den zu dieser Stunde beinahe pausenlos startenden und landenden Maschinen sehen kann.
Jack reicht Gloria die Karte. »Such bitte etwas aus.«
»Auf was hast du denn Appetit?«
Er lauscht wie abwesend dem Lärm der Motoren, der von draußen hereindringt. Als sie ihre Frage wiederholt, sagt er ungewollt barsch: »Ist egal. Irgend etwas.«

Achselzuckend wählt sie gebratenes Hähnchen mit Salat aus, und er gibt bei der Kellnerin die Bestellung auf. Er sagt: »Für mich vorweg bitte einen doppelten Whisky.«
Während sie auf das Essen warten, blickt er hin und wieder auf seine Armbanduhr.
Zu dieser Zeit rollt die viermotorige DC-6B, Flug Nummer 629 der »United Airlines«, langsam auf die von gelben Markierungslichtern gesäumte Startbahn des Stapleton-Airport in Denver im Osten der Vereinigten Staaten.
Walter Wright, der Flugkapitän, geht mit seinem Co-Piloten noch einmal die Checkliste durch. Die bunten Kontrollampen zeigen an, daß sämtliche Systeme einwandfrei funktionieren. Wright wartet nun auf das Zeichen vom Tower.
Hinter ihm in der Maschine sitzen 39 Passagiere. Unter ihnen zwei Stewardessen der Gesellschaft, die heute privat mitfliegen. Sie wollen in Portland im US-Staat Oregon – dem Ziel des Fluges – Urlaub machen. Die Vorfreude steht schon in ihren erwartungsvollen Gesichtern. Unter den Passagieren befindet sich auch ein frisch getrautes Ehepaar, das die Armlehne zwischen ihren Sitzen abgenommen hat und ganz eng zusammengerückt ist, und eine allein reisende elegante Blondine mit einer fünfjährigen Tochter. Die 54jährige Daysie King, die eine Tochter in Alaska besuchen will, sitzt im hinteren Teil der Maschine.
Es ist der 1. November 1955, ein ganz gewöhnlicher Tag.
Nach dreiminütiger Wartezeit erhält Flugkapitän Wright vom Kontrollturm die Starterlaubnis. Die Handgriffe, mit denen er die DC-6B anrollen läßt, beherrscht er fast im Schlaf. Er gibt Gas, die Motoren dröhnen. Punkt 18 Uhr 25 hebt die schwere Maschine mit den 39 Passagieren und fünf

Besatzungsmitgliedern an Bord von der Rollbahn ab. Flug Nummer 629 gewinnt langsam aber stetig an Höhe. Rechts und links außerhalb der Kabinenfenster sehen die Passagiere die Lichter der abendlichen Stadt aufblinken. Schließlich werden die Leuchtpunkte immer winziger, verliert sich die Stadt unter den 44 Menschen wie in einem dunklen Loch.
Bald erreicht die DC-6B eine Höhe von 3300 Meter. Die Signale »Fasten your seat belts« und »No smoking« verlöschen. Es darf wieder geraucht werden. Das bis dahin abgedunkelte Licht im Passagierraum wird voll aufgedreht. Leise Musik strömt aus den Lautsprechern.
In diesem Augenblick zerreißt eine gewaltige Feuerfaust die Maschine.

Zwei Männer stehen vor einem Farmhaus, das in der Nähe einer belebten Autostraße inmitten der Zuckerrübenfelder von Colorado liegt, und unterhalten sich.
Plötzlich ist da ein Knall, der das geschäftige Brausen auf dem Highway übertönt – genau über ihren Köpfen.
»Menschenskind, sieh mal da oben!« sagt der eine der beiden, der erschreckt zuerst hochgeblickt hat.
Vor ihren Augen breitet sich, urplötzlich aus der Schwärze der Nacht aufsteigend, ein ebenso faszinierendes wie furchtbares Schauspiel aus.
Einer der Männer schildert es später so: »Da war ein riesiger Feuerball am Himmel. Er drehte sich und drehte sich, in immer größeren Spiralen, und er kam immer näher. Wir wollten schon das Weite suchen, als er mit einemmal auseinanderplatzte – wie ein Feuerwerkskörper. Brennende Teile regneten rings um uns herab.«

Es dauert nur wenige Minuten, dann ist der Spuk plötzlich vorbei. Die Nacht liegt wieder schwarz und wie unberührt über den Feldern, durch die ein sanfter Wind streicht.
Die Männer rufen die nächste Polizeistation an. Sie berichten dem Sheriff, was sie gesehen haben. »Das kann nur ein Flugzeug gewesen sein«, sagen sie.
Der Tower von Denver hat um diese Zeit den Funkkontakt zum Flug Nummer 629 verloren. Die Rufe des Lotsen, der die Maschine in den Flugkorridor Richtung Oregon geleitet hat, gehen ins Leere. Flugkapitän Walter Wright antwortet nicht.
Der Flugleiter von Denver behält die Ruhe. Er sagt: »Weiter versuchen! Scheint eine Störung zu sein.«
Dann kommt der Anruf der Polizei, und die Männer im Turm wissen, daß die »Störung« ein Absturz ist.
Zwei Sachverständige der »United Airlines« rasen mit ihrem Wagen zu dem Farmhaus, aus dem die Unglücksnachricht gekommen ist. Im Licht der Scheinwerfer, die sie am Absturzort aufstellen, bietet sich ihnen ein grauenvolles Bild.
Die Trümmer der DC-6B liegen weit verstreut auf den Feldern. Die Motoren, der Bug mit der Pilotenkanzel und das Heck haben sich tief in den Boden gebohrt. Nirgendwo ist eine Spur menschlichen Lebens zu entdecken. Es herrscht die Stille des Todes, wie auf einem Friedhof.
Telefonisch geben die beiden Experten der Leitung des Stapleton-Airport einen ersten Bericht.
Als sich der Chef der Flugsicherung die furchtbaren Einzelheiten schildern läßt, erheben sich im Restaurant Jack Graham und seine Frau Gloria mit ihrem Baby. Sie haben in aller Ruhe zu Abend gegessen. Auf dem Weg zum Ausgang hö-

ren sie den Kassierer sagen: »Da ist ein Flugzeug abgestürzt! 70 Kilometer von hier ...«
Gloria bleibt erschrocken stehen. Ihr hübsches Gesicht verdüstert sich. »O Gott, hoffentlich ist das nicht die Maschine mit Mutter!« flüstert sie.
Auch Jack ist betroffen. Er wirft einen raschen Blick auf seine Uhr.
»Keine Sorge«, sagt er dann in beruhigendem Ton. »Mutter ist doch ein Glückspilz ...«

Der Absturz der DC-6B ist das zweite schwere Flugzeugunglück, das sich innerhalb kurzer Zeit in der Umgebung von Denver ereignet.
Schon drei Wochen vorher, am 6. Oktober, kam es zu einer ähnlich folgenschweren Katastrophe. Auf dem Weg von Denver nach Lake City flog – bei schlechten Sichtverhältnissen – ein viermotoriges Verkehrsflugzeug gegen den schneebedeckten Gipfel des 3600 Meter hohen Medicine Bow Peak und explodierte. Dabei fanden 66 Menschen den Tod.
An der Absturzstelle der Maschine der »United Airlines« aber gibt es keinen Berg. Und die Sicht während des Fluges war absolut klar.
Wie also ist es zu der Katastrophe gekommen?
Die DC-6B gilt als eines der sichersten Flugzeuge der Welt. Walter Wright war einer der fähigsten und zuverlässigsten Piloten der Gesellschaft. Wie also konnte es geschehen, daß die von ihm gesteuerte DC-6B innerhalb weniger Minuten mit 44 Menschen als Feuerball vom Himmel fiel?
Wie immer in solchen Fällen gibt es nur zwei Möglichkeiten: Unglück oder Verbrechen.

Ein Unglück kann auf technisches Versagen zurückzuführen sein. Eine solche Panne ist denkbar, weil gerade ein Teil des technischen Bodenpersonals der »United Airlines« streikt. Ist die Maschine also womöglich nicht gründlich genug gewartet, eine Panne übersehen worden? Nachforschungen auf den Zwischenlandeplätzen ergeben: Die Maschine hat alle Kontrollen durchlaufen. Sie ist überall in bester Ordnung befunden worden.
Die Untersuchungen konzentrieren sich nun auf ein mögliches Verbrechen.
Ein Experten-Team, bestehend aus vier Mannschaften, macht sich an die Arbeit. Techniker der Flugzeugwerke Douglas, der Herstellerfirma der DC-6B, werden aus Santa Monica bei Los Angeles eingeflogen. Aus New York kommen weitere Sachverständige der Fluglinie. Aus Washington treffen Experten der Flugbehörde CAB, »Civil Aeronautics Board«, ein. Und schließlich nehmen noch 200 Spezialagenten des FBI, der Bundespolizei der Vereinigten Staaten, meist Ex-Piloten oder früheres Flugpersonal, die Arbeit auf. Außerdem wird auch das von allen Verbrechern der Welt gefürchtete FBI-Laboratorium in Washington eingeschaltet: Fingerabdruck- und Laborexperten aus Washington kommen in Denver an.
Das vielköpfige Spezialisten-Team beginnt eine methodische, hochwissenschaftliche Generalstabsarbeit, wie sie die Geschichte der Verbrechensaufklärung bis dahin kaum kennt.
Als erstes werden die Leichen oder Leichenteile, die man bergen konnte, in ein provisorisches Leichenschauhaus im Waffendepot der Nationalgarde in Greely, Colorado, ge-

bracht. Neun Tote können sofort von Angehörigen oder Bekannten identifziert werden. Von den übrigen 35 Toten nehmen FBI-Laborleute Fingerabdrücke ab. 21 von ihnen werden bei einem Vergleich mit Fingerabdrücken in den Akten des FBI-Hauptquartiers in Washington identifiziert.
Dann werden die Überreste der Maschine zusammengetragen – nach einem ausgeklügelten System
Ein Fachmann für Landvermessung markiert eine Grundlinie durch das Absturzgebiet, und zwar annähernd in der Richtung des Fluges. Senkrechte Linien teilen die Grundlinie in 1000-Fuß-Zwischenräume ein. Durch entsprechende waagrechte Linien, parallel zur Flugrichtung, wird so das ganze Gebiet in ein Gitternetz aufgeteilt und Quadrat für Quadrat von Suchtrupps durchkämmt. Jedes Wrackteil wird eingesammelt, nachdem es vorher zur Identifizierung markiert worden ist, in bezug auf die Fundstelle im Gitternetz und auf die Lage im Verhältnis zu anderen Wrackteilen.
Die Flugzeugtrümmer liegen über einem Gebiet von mehr als zwei Quadratkilometern verstreut. Das Heck der Maschine ist nur geringfügig beschädigt. Es liegt rund 1,5 Meilen von der Stelle entfernt, auf die der Bug mit der Kanzel und die Motoren gestürzt sind. Es sieht so aus, als ob es sauber vom Rest der Maschine abgeschnitten worden wäre – wie mit einem Messer.
Die Wrackteile werden in eine Lagerhalle des Stapleton-Airport gebracht und streng bewacht. Sie haben eine wichtige Aufgabe zu erfüllen.
Während der Sucharbeiten in den Zuckerrübenfeldern hat sich ein Trupp Schreiner in einem abseitsliegenden Schuppen des Flughafens an eine Arbeit gemacht, deren Zweck

nur Eingeweihte kennen. Für die anderen ist es ein Geheimnis, was hinter dem fortwährenden Sägen, Hämmern und Klopfen steckt, das mehrere Tage unvermindert anhält.
Dann ist die mysteriöse Arbeit beendet: In der Mitte des Schuppens erhebt sich in voller imposanter Lebensgröße ein hölzernes Modell der abgestürzten Maschine. Statt auf Rädern steht es auf einem Holzbock.
Und nun beginnt ein zeitraubendes Puzzle-Spiel, das ebensoviel Geduld wie Geschick erfordert: Wrackteil um Wrackteil wird auf der Attrappe befestigt. Schließlich ist das Flugzeug bis auf einige leere Stellen aus den Trümmern originalgetreu zusammengesetzt.
Die Experten können jetzt deutlich erkennen: Ein großes Loch ist von innen her in die rechte Flugzeugseite gerissen worden – in Höhe des Laderaums 4. Die Rumpfbeplankung ist hier nach außen gedrückt, die vorher glatten Bleche sind wellenförmig verändert oder aufgebogen worden – wie nach einer Explosion. Materialteile aus diesem Bereich der Maschine findet man zum Teil in Schuhen, die man aus dem Gepäck holt. Die Messingbeschläge eines Koffers sind in einen Edelstahlbehälter getrieben worden, mit der Durchschlagskraft von Gewehrkugeln.
Die – wie sich später herausstellt – interessanteste Entdekkung: Einige Fragmente der Rumpfbeplankung dieses Teils des Flugzeugs weisen graue oder schwarze Ablagerungen auf.
FBI-Leute überprüfen die Kopien der Frachtbriefe von allen Luftfrachtverladungen der DC-6B. Ergebnis: Es ist keinerlei explosive oder brennbare Ladung an Bord gewesen. Außerdem, so stellt sich heraus, sind bei der Ankunft in Denver alle

Fracht- und Gepäckstücke der Maschine aus Laderaum 4 in den vorderen Laderaum 1 gebracht worden. Zum Zeitpunkt des Absturzes enthielt Laderaum 4 nur Gepäck und Fracht aus Denver.

Beim Zusammensetzen der Einzelteile der abgestürzten Maschine sind fünf Bruchstücke aus dünnem Metall übriggeblieben, die man nicht als Teile des Flugzeugs oder der Fracht identifizieren kann. Sie sind ziemlich verbrannt und rissig. An ihnen befinden sich ähnliche grauschwarze Ablagerungen wie an den Fragmenten der Rumpfbeplankung in der Nähe des vermutlichen Explosionslochs.

Die fünf Metallstücke werden vom FBI-Labor untersucht. Die Chemiker finden heraus, daß die dunklen Ablagerungen hauptsächlich aus Natriumkarbonat sowie aus Spuren von Nitraten und Sulfaten bestehen – die Restbestände von Dynamit, wie sie nach einer Dynamitexplosion übrigbleiben.

Damit steht fest: Der Absturz von Flug Nummer 629 war ein Sabotageakt.

Irgend jemand hatte eine Bombe an Bord geschmuggelt und einen Massenmord an 44 unschuldigen Menschen begangen – jemand, der glaubt, daß ein Mord am Himmel keine Spuren hinterläßt.

Spezialagent Roy Moore vom FBI-Büro Denver, der die Suche nach diesem Unbekannten koordiniert, haßt den Mörder, bevor er ihn kennt. Seine Heimtücke, sein Zynismus stempeln ihn in Moores Augen zu einem Teufel. Er schwört sich, ihn zu finden und in die Gaskammer zu bringen.

Moore, ein drahtiger Mann Mitte der Dreißig, gilt als zäher Arbeiter, der tagelang ohne Schlaf auskommen kann, wenn er eine Fährte verfolgt. Vor seiner Tätigkeit beim FBI war er Pilot.

Er konzentriert sich zunächst auf die Passagiere, die in Denver zugestiegen sind. Denn nur ihr Gepäck befand sich im Laderaum 4, wo es zu der Explosion kam. Der Täter muß nach Moores Meinung aus dem engeren oder weiteren Umkreis dieser Passagiere kommen. Bei den in Denver Zugestiegenen handelt es sich um die beiden Stewardessen auf Urlaubsreise, um einen Herrn aus Kansas und um Mrs. Daysie King aus Denver.

»Stellt fest, wer von ihnen versichert war«, beauftragt der Agent seine Mitarbeiter. »Und wie hoch.«

Die Versicherungsabschlüsse aller 39 Passagiere der DC-6B werden überprüft. Ergebnis: 18 Passagiere haben Versicherungen im Wert von 752 000 Dollar abgeschlossen. Das liegt im Rahmen des Üblichen. Von den Passagieren, die in Denver zugestiegen sind, ist nur eine versichert: Mrs. Daysie King. Durch ein Versehen sind die drei auf ihren Namen ausgestellten Policen nicht für den Flug Nummer 629 registriert worden. Der mit der Recherche beauftragte FBI-Detektiv stößt nur durch Zufall darauf, als er sämtliche am 1. November 1955 auf dem Flughafen von Denver per Automat abgeschlossenen Lebensversicherungen überprüft.

Zwei der Policen über jeweils 6250 Dollar nennen als Nutznießer eine Schwester der Frau in Missouri und eine Tochter in Alaska. Die dritte Police über 37 500 Dollar bezeichnet Daysie Kings Sohn aus erster Ehe, Jack Graham aus Denver, als Nutznießer.

Auf diesen Jack Graham gibt es noch einen anderen Hinweis. Unter den Überresten des Flugzeugs hat man auch Daysie

Kings Handtasche gefunden. Sie enthielt einige Privatbriefe, ein Adressenverzeichnis, 1000 Dollar in Reiseschecks und Zeitungsausschnitte. Für Roy Moore sind diese Ausschnitte äußerst informativ. Aus ihnen geht hervor, daß Jack Graham wegen Scheckbetruges vorbestraft ist und daß er 1951 auf der Fahndungsliste von Denver ausgeschrieben war.
Und noch etwas macht die FBI-Beamten im Zusammenhang mit Daysie King stutzig: Außer ihrer Handtasche wurde kein Gepäckstück von ihr gefunden. Vielleicht stammen einige winzige braune Lederbruchstücke, die man im Gelände gefunden hat, von ihren Koffern. Das würde bedeuten, daß ihre Koffer zerfetzt worden sind – von der Gewalt einer Explosion . . .
»Seht euch mal den Burschen an, der den größten Nutzen von ihrem Tod hat«, sagt Roy Moore zu zwei Detektiven, die man ihm zugeteilt hat.
Am 10. November machen sie sich auf den Weg. Ohne große Hoffnung. Sie haben bei ihrer Arbeit schon eine Menge erlebt, aber eines nicht: daß jemand ausgerechnet die eigene Mutter auswählt, um sie durch Mord zu Bargeld zu machen.
Jack Graham bewohnt ein Eigenheim in einem Außenbezirk der Stadt. Es ist ein flacher Holzbau in einem Grundstück mit gepflegtem Rasen. Die ersten Raten dafür hat seine Mutter bezahlt. Der Polizeiwagen fährt in die leicht ansteigende, halbrund gezogene Einfahrt, hält. Die beiden FBI-Beamten steigen aus, gehen zur Tür und schellen. Ein großer junger Mann mit breiten Schultern, glattem Gesicht, wulstigen Lippen und extrem kurzen Bürstenhaarschnitt öffnet.
Als er die Ausweise seiner Besucher sieht, zieht er etwas die Stirn kraus.

Er fragt: »Wollen Sie zu mir?«
»Sind Sie Jack Graham?«
»Ja.«
Die Detektive sagen, was sie zu ihm führt, und Graham läßt sie eintreten. Vor einem großen Holzkamin im Wohnzimmer nehmen sie Platz und stellen ihre Fragen. Der junge Mann, der sich unterdessen an der Hausbar einen Martini mixt, antwortet ruhig und freundlich. Er erzählt, daß er seine Mutter zusammen mit seiner Frau und seinem Baby zum Flughafen gefahren und das Gepäck zum Abfertigungsschalter gebracht hat.
»Was für Gepäck hatte sie bei sich?« fragt der jüngere der beiden Beamten.
»Eine Reisetasche, eine Aktentasche und einen Koffer.«
»Einen braunen Lederkoffer?«
»Ja.«
»Was war drin?«
Graham hebt bedauernd die Schultern. »Das kann ich leider nicht sagen. Mutter war sehr eigen in solchen Dingen. Sie packte ihre Sachen immer selbst, und sie ließ sich nie von jemandem helfen. Sie wollte zur Jagd. Ich nehme also an, daß sie Waffen bei sich hatte. Ihr Gewehr zum Beispiel.«
»Das paßt doch nicht in einen Koffer.«
Der junge Mann zeigt ein leichtes Lächeln. »Man kann ihr Gewehr zusammenklappen.«
»Hm.« Der ältere Beamte überlegt einen Augenblick, dann stellt er eine überraschende Frage: »Haben Sie Ihrer Mutter etwas in den Koffer oder in die Reisetasche getan?«
Jack Graham runzelt erstaunt die Brauen. »Nein – was denn?«

»War nur so eine Frage.«
Ehe die FBI-Detektive das Haus verlassen, dreht sich einer von ihnen um. Wie beiläufig fragt er: »Sagen Sie, Mister Graham, warum hat Ihre Mutter vor dem Flug drei Versicherungen abgeschlossen? Das ist doch ungewöhnlich.«
»Mag sein«, antwortet der Jüngling mit dem Bürstenhaarschnitt. »Sie hielt das immer so. Jeder ihrer engeren Angehörigen sollte bedacht werden, wenn ihr etwas zustößt.«
»Und warum sollen Sie das meiste Geld bekommen?«
Graham seufzt. »Vielleicht weil ich es besonders gut gebrauchen kann. Mutter hat mir ja auch einiges zu diesem Haus beigesteuert. Die Raten sind noch nicht bezahlt.«
»Danke. Auf Wiedersehen.«
Im Wagen tauschen die beiden Beamten ihre Meinung darüber aus, daß Jack Graham einen vertrauenerweckenden Eindruck macht und keineswegs wie der teuflische Massenmörder aussieht, den FBI-Agent Roy Moore verbissen sucht.
Moore ist mit dem Ergebnis der Befragung nicht zufrieden. Am nächsten Morgen schickt er die Detektive noch einmal in das Holzhaus am Rande von Denver. Dieses Mal verlangen sie Grahams junge Frau zu sprechen.
Gloria trägt eine kurzärmelige, am Hals geöffnete Bluse, verwaschene Blue jeans und weiße Tennisschuhe. Unbefangen steht sie den Besuchern Rede und Antwort. Sie bestätigt, was ihr Mann gesagt hat. Und sie fügt zum Schluß noch etwas hinzu: »Ach ja, das hätte ich fast vergessen: Mein Mann hat seiner Mutter noch ein Abschiedsgeschenk mit auf die Reise gegeben – einen Werkzeugkasten für das Herstellen von Modeschmuck aus Muscheln. Das war ihr Hobby.«

Die Beamten blicken plötzlich interessiert. Einer will wissen: »Hat er den Kasten in ihren Koffer gepackt?«
Die brünette junge Frau weiß es nicht. »Jack hat den Kasten in Papier eingewickelt und das Päckchen in den Keller gebracht, wo Mutter packte«, entgegnet sie. »Ein Weihnachts-Päckchen, wissen Sie. Sie sollte es erst Heiligabend öffnen.«
»Hat er ihr das gesagt – mit Weihnachten?«
»Ich glaube ja.«
»Wie groß war denn das Päckchen?«
Sie zeichnet die Umrisse mit den Fingern in die Luft. Danach war das Überraschungsgeschenk für Daysie King etwa 18 Zoll breit, 14 Zoll hoch und 3 Zoll tief.
Die beiden Beamten blicken sich an. Graham selbst hat ein solches Päckchen nicht mit einem Wort erwähnt. Und: Es hatte die Größe, die ausreicht, um eine Bombe darin zu verstecken.
Roy Moores Augen funkeln, als er von der Geschichte mit dem Weihnachts-Päckchen hört. Eine erste Spur, die sich da abzeichnet. Sofort läßt er alle Geschäfte in Denver suchen, die Werkzeugkästen führen, mit denen man Muscheln zu Schmuck verarbeiten kann. Es gibt nur zwei solcher Läden. Und in keinem der beiden ist in den letzten Wochen ein solcher Werkzeugkasten verkauft worden.
»Also muß Jack Graham etwas anderes für seine Mutter gekauft – oder selbst gebastelt haben«, meint FBI-Mann Roy Moore.
Er denkt dabei an etwas ganz Bestimmtes.
An eine Bombe.

Am 13. November werden Gloria und Jack Graham ins örtliche FBI-Büro gebeten. Sie sollen sich einige Fundstücke aus der abgestürzten Maschine ansehen. Darunter auch die zerfetzten braunen Lederstückchen. Sie glauben darin die Reste von Daysie Kings Koffer zu erkennen. Und ein Stückchen rot-schwarz karierter Stoff stammt ihrer Meinung nach von der Reisetasche, die Jacks Mutter mitgenommen hatte.
Gloria wird anschließend entlassen, Jack noch dabehalten. Man habe noch einige ergänzende Fragen zu seiner Aussage.
Moore hält ihm die Sache mit dem Werkzeugkasten vor. Und gespannt beobachtet er, wie sein Gegenüber reagiert.
Der junge Mann mit dem Stiftenkopf zeigt sich aber nicht die Spur verlegen. Er sagt: »Ich habe nach einem solchen Kasten für Mutter gesucht, ihn aber nicht gefunden. Da habe ich den Plan aufgegeben.«
Die Antwort befriedigt Moore nicht. Er stößt nach: »Aber Sie haben Ihrer Mutter doch etwas in den Keller gebracht, als sie packte – ein Überraschungs-Päckchen für Weihnachten!«
Graham schüttelt entschieden den Kopf. »Nein, bestimmt nicht. Ich weiß gar nicht, wie Sie darauf kommen.«
»Wir erfuhren es von Ihrer Frau.«
»Von Gloria? Das kann sie unmöglich erzählt haben. Es stimmt nicht.«
Moore steht hinter seinem Schreibtisch auf und verläßt den Raum. Im Nebenraum spricht er mit den Detektiven, die Gloria Graham vernommen haben, und erteilt ihnen bestimmte Anweisungen. Sie fahren los, und es dauert einige Zeit, bis sie sich telefonisch bei ihm melden. Er hört ihnen zu, ehe er fragt: »Habt ihr die Unterschrift?«
»Ja. Wir bringen sie mit.«

Der FBI-Mann geht anschließend in sein Zimmer zurück, in dem Graham noch immer in lässiger Haltung auf seinem Stuhl sitzt.
Ohne Umschweife sagt Moore: »Jack, Sie haben das Flugzeug in die Luft gesprengt, um Ihre Mutter zu töten und das Geld von der Versicherung zu kassieren. Geben Sie es zu.«
Grahams Gesicht wird rot. Er schluckt. Sein Adamsapfel steigt nervös auf und ab. Seine Stimme ist rauh, als er erwidert: »Nein, nein. Ich habe mit dem Absturz nichts zu tun!«
»Warum belügen Sie uns dann?«
»Ich lüge nicht.«
Moore konfrontiert ihn mit der Aussage seiner Frau, die sich seine Beamten vor wenigen Minuten schriftlich haben bestätigen lassen. Er sagt: »Ihre Frau hat soeben ihre Unterschrift unter das Protokoll gesetzt.«
»Das ist nicht wahr.«
»Doch, Jack. Von meinen Kollegen hörte ich, daß Sie Ihrer Frau verboten haben, über das Weihnachts-Päckchen zu sprechen? Warum, wenn Sie nichts zu verbergen haben?«
Nervös verschränkt Graham seine Finger, während er an Moore vorbei auf einen Punkt an der Wand starrt. »Okay«, erwidert er schließlich. »Ich kaufte wirklich ein Geschenk für Mutter. Einen Werkzeug-Jet für 10 Dollar. Und zwar von einem Burschen, der in die Hertz-Garage kam. Da habe ich früher gearbeitet.«
»Hm. Kann das jemand bezeugen?«
Graham nickt. »Ja, zwei frühere Kollegen von mir waren dabei.«
Die Kollegen werden von einem FBI-Mann befragt. Sie zeigen erstaunte Mienen. Nein, weder Graham noch sonst je-

mand habe in ihrer Gegenwart in der Garage Werkzeug gekauft.
Es ist schon spät am Abend, als Roy Moore den jungen Hünen mit dem Stiftenkopf fragt: »Wollen Sie nicht doch zugeben, Jack, daß Sie das Flugzeug in die Luft gesprengt haben?«
»Das Flugzeug mit meiner Mutter? Könnten Sie denn so etwas Ihrer Mutter antun?«
Jack Graham blickt dabei treuherzig, aber Moore traut ihm nicht. »Von Zeugen wissen wir, daß sie kein gutes Verhältnis zu Ihrer Mutter hatten. Sie stritten sich oft mit ihr.«
»Aber deshalb begeht man doch nicht ein solches Verbrechen.«
»Deshalb nicht. Aber Ihre Mutter war ja gut versichert.«
Graham zieht eine verächtliche Miene. »37 500 Dollar – was ist das schon?«
»Das kann für einen, der in der Klemme steckt, sehr viel sein«, erwidert der FBI-Mann. Er steht auf, tritt auf Graham zu. »Wollen Sie Ihren Anwalt anrufen?«
»Meinen Anwalt? Wozu denn?«
»Sie stehen unter Mordverdacht!«
»Heißt das, ich bin verhaftet?« Grahams Stimme klingt matt und kraftlos.
Roy Moore steht für einen Moment unschlüssig. Dann erwidert er: »Sie können nach Hause gehen – aber nicht mehr für lange.«
Noch in der Nacht erwirkt Moore vom zuständigen Richter einen Befehl zur Hausdurchsuchung bei Graham. Am nächsten Morgen stehen fünf FBI-Detektive, angeführt von Roy Moore, vor dem kleinen Holzhaus. Der junge Mann öffnet

auf ihr Schellen hin im Schlafanzug. Seine Frau, im geblümten Morgenmantel, steht verstört in der Diele, im Hintergrund schreit das Baby.
Moore sagt entschuldigend: »Tut uns leid, daß wir Sie so früh stören müssen. Wir tun nur unsere Pflicht.«
Sorgfältig untersuchen die Beamten Zimmer für Zimmer. Sie klopfen jede Wand nach Hohlstellen ab, lassen keinen, auch nicht den kleinsten Winkel aus.
Sie müssen sich aber nicht besonders anstrengen, um folgende Gegenstände zu finden: die Versicherungspolice, die Jack im Fall eines tödlichen Absturzes seiner Mutter als Nutznießer ausweist, die zusammenlegbare Schrotflinte und die Gewehrmunition, die nach Grahams Aussage im Gepäck seiner Mutter sein sollten, außerdem einige Geschenke, die Mrs. King ihrer Tochter in Alaska mitbringen wollte.
Für Moore ist damit der Fall klar. Er sagt: »Sie haben die Sachen aus dem Koffer Ihrer Mutter genommen, um Platz für die Bombe zu haben, nicht wahr?«
Jack Graham läßt sich nicht in die Enge treiben. In kühlem Ton erwidert er: »Das könnte Ihnen so gefallen! Die Erklärung ist viel einfacher: Mutter hat diese Gegenstände nicht mitgenommen, weil ich sie darauf aufmerksam machte, daß ihr Gepäck sonst Übergewicht hat.«
Moore: »Was die Geschenke betrifft – okay. Aber wer zur Jagd fliegt, nimmt doch seine Flinte mit!«
Graham: »An sich schon. Aber meine Schwester in Alaska hat Gewehre genug.«
Der FBI-Beamte muß sich wohl oder übel eingestehen, daß er noch keinen wirklichen Beweis für Grahams Schuld in der Hand hat. Möglich sogar, daß er bei ihm auf der falschen

Spur ist – daß er den Mörder ganz woanders suchen muß. Wie schon seine Kollegen, die er als erste zu Graham geschickt hat, findet auch er, daß der baumlange Bursche nicht wie ein Mörder aussieht. Aber welcher Mörder ist schon an seinem Äußeren zu erkennen oder trägt gar ein Etikett »Mörder« an einem Kettchen um den Hals?
Einer der letzten Gegenstände, die die Beamten untersuchen, ist der Korb mit der schmutzigen Wäsche, der im Schlafzimmer steht. Darin liegen einige Hemden, darunter ein gelbes. Einer der Männer faßt in die Brusttasche des gelben Hemdes und holt einen sperrigen Gegenstand heraus: eine kleine Rolle Kupferdraht mit gelber Isolierung.
Er zeigt die Rolle Moore, und der weiß sofort, daß das der entscheidende Fund ist: Mit diesem Draht kann man Zünder herstellen – Bombenzünder ...
Moore hält die Rolle hoch und blickt den jungen Mann an, ohne ein Wort zu sagen.
Es ist plötzlich still im Zimmer, und zum erstenmal zeigt Jack Graham eine Reaktion.
Seine Kinnmuskeln straffen sich für einen Moment, und er wird sichtlich blaß. So blaß hat ihn Moore noch nicht gesehen. Er öffnet den Mund, um etwas zu sagen, läßt es aber dann. Dann sinkt er in sich zusammen. Seine breiten Schultern unter dem karierten Jackett, das er trägt, werden schwer und schlaff. Alles Leben in seinen Augen scheint erloschen zu sein. Sie blicken ziellos irgendwohin.
»Gestehen Sie endlich, Jack!« sagt Roy Moore.
Der FBI-Agent bemüht sich um einen väterlichen Ton. Er muß sich dazu zwingen, denn er weiß jetzt, daß er dem Mann gegenübersteht, dem von Anfang an sein Haß gegolten hat:

dem Mörder von 44 unschuldigen Menschen – dem »Teufel von Denver«, wie ihn die Zeitungen nennen.
Jack Graham antwortet nicht.

Es ist zwölf Uhr 5 an diesem 14. November, dreizehn Tage nach dem Absturz von Flug Nummer 629, als Graham sich ein Glas Wasser geben läßt. Er trinkt es mit hastigen Zügen aus. Dann sagt er: »Ich habe es getan. Wo soll ich anfangen?«
»Wo immer Sie wollen«, erwidert Moore.
Ruhig, mit sachlicher, fast unbeteiligter Stimme, erzählt Jack Graham dann die Geschichte seines kaltblütig inszenierten Massenmordes.
Von Zeit zu Zeit müssen Moore und die anderen Detektive ihren Grimm auf den schlaksigen Mörder unterdrücken, der der Frau, die ihm das Leben geschenkt hatte, skrupellos das Leben nahm, um damit einen Profit zu machen.
Damit bei der Ausführung seines Planes nichts »schief«gehen sollte, so berichtet er, arbeitete er zehn Tage – für eineinhalb Dollar die Stunde – in einem Elektrogeschäft, um etwas über Elektrizität zu erfahren. Als er die nötigen Kenntnisse gesammelt hatte, machte er sich daran, eine Bombe zu basteln. Er konstruierte sie aus 25 Dynamitstangen, zwei elektrischen Zündern, einem Uhrwerk und einer 6-Volt-Batterie. Nachdem die Bombe fertig war, legte er als Todestag für seine Mutter den 1. November 1955 fest – jenen Tag, für den sie ihre Jagdreise nach Alaska gebucht hatte.
»An diesem Tag«, so gibt er zu Protokoll, »nahm ich heimlich einen Teil der Sachen aus dem Koffer, den Mutter schon fertig gepackt hatte, und tat statt dessen die Bombe hinein. Um ganz sicher zu gehen, fuhr ich sie hinaus zum Flugplatz.

Ich setzte sie, meine Frau und meinen kleinen Sohn vor dem Flughafengebäude ab. Dann fuhr ich zum Parkplatz. Bevor ich den Koffer aus dem Kofferraum nahm, öffnete ich den Deckel und befestigte den Zeitzünder an der Bombe. Dann stellte ich die Zeit bis zur Explosion auf dem Uhrwerk ein – genau 90 Minuten.
Am Schalter gab es Schwierigkeiten. Durch die Bombe war das Gepäck zu schwer geworden. Für einen Moment fürchtete ich, Mutter würde den Koffer aufmachen und nachsehen. Ich redete ihr gut zu, das Übergepäck zu zahlen, und wirklich – sie tat es!«
Graham ging zu dem Automaten für Lebensversicherngen und zog vier Policen. Auf zwei davon, über je 37 500 Dollar, trug er sich selbst als Nutznießer ein. Auf die beiden anderen, über jeweils 6250 Dollar, schrieb er den Namen seiner Halbschwester und einer Tante in Missouri.
Er brachte die Policen seiner Mutter und ließ sie von ihr unterschreiben, damit sie gültig wurden. Eine der beiden auf ihn selber ausgestellten Policen aber konnte er in seiner Hast in seinen Taschen nicht finden. Er ärgerte sich darüber – denn der Tod seiner Mutter würde für ihn durch diesen Umstand nur die Hälfte wert sein. Er hatte aber nicht den Mut, rasch noch eine neue Police zu ziehen, um nicht ihr Mißtrauen zu wecken.
Nervös steckte er die unterschriebenen Formulare in den vorgedruckten Umschlag mit der Adresse der Versicherung und warf sie in den nächsten Briefkasten.
Graham: »Dann brachten wir Mutter zum Ausgang, sagten ihr Lebwohl und warteten, bis sie auf dem Weg zum Flugzeug war. Danach ging ich mit meiner Frau und unserem

Kind ins Flughafenrestaurant. Wir aßen dort zu Abend. Als wir gingen, hörte ich den Kassierer sagen, daß 70 Kilometer von Denver entfernt ein Flugzeug abgestürzt sei. Später am Abend erfuhren wir zu Hause aus dem Radio, daß es die Maschine von Mutter war. Und daß alle Passagiere tot seien . . .«

Zwanzig Minuten dauert das grausige Geständnis. Als Graham fertig ist und er das Protokoll unterschrieben hat, fragt einer der FBI-Beamten: »Haben Sie denn keine Gewissensbisse gehabt, daß außer Ihrer Mutter noch 43 weitere unschuldige Menschen sterben mußten?«

Der junge Mann mit dem Bürstenhaarschnitt und den aufgeworfenen Lippen zuckt mit den Achseln. Er gibt keine Antwort.

»Und warum, Menschenskind«, will Roy Moore wissen, »warum haben Sie es getan? Wegen der lausigen Dollar?«

Jack Graham überlegt eine Weile. Erst jetzt scheint ihm zu dämmern, was für ein durch und durch verworfener Mensch er ist. In dem verzweifelten Versuch, seinen Charakter nicht in einem ganz so düsteren Licht erscheinen zu lassen, nennt er ein Motiv, das ihm allerdings keiner der Männer im Raum abnimmt.

Er sagt: »Nein, es waren nicht die Dollar. Ich wollte mit dem Leben Schluß machen, hatte aber nicht den Mut, es selbst zu tun. Ich führte die Explosion in dem Bewußtsein herbei, daß man mich überführen würde und daß ich dann durch den Henker sterben müßte.«

»Und wenn man Sie nicht überführt hätte?« fragt Moore mit zweifelndem Unterton.

»Dann hätte ich irgend jemandem erzählt, daß ich dieses Flugzeug zum Absturz gebracht habe.«

FBI-Agent Roy Moore schüttelt nach diesen Worten Grahams den Kopf.
»Das, Jack«, sagt er, »glauben Sie doch selber nicht!«

Drei Tage später wird Jack Graham vom Staat Colorado wegen Mordes an seiner 54jährigen Mutter angeklagt und in Haft genommen.
Trotz seines Geständnisses setzt das FBI die Untersuchung des Falles fort. Die Detektive sammeln Beweise für den Fall, daß Graham seine Aussage widerrufen sollte. Und wie bei den meisten »großen« Verbrechern kommt dieser Augenblick auch bei ihm.
Getrieben von der Angst vor der Todesstrafe, dem schrecklichen Ende in der Gaskammer, erklärt er in einem Gespräch mit Ärzten, die ihn auf seinen Geisteszustand untersuchen: »Ich bin kein Mörder. Ich habe meine Mutter und alle diese Menschen nicht umgebracht. Ich habe die Bombenlegergeschichte nur erfunden. Im FBI-Büro sah ich ein Bild an der Wand, das die Festnahme einiger Nazi-Saboteure während des Krieges zeigte. Da kam mir der Gedanke zu gestehen, daß ich Dynamit benutzt hätte, um das Flugzeug in die Luft zu sprengen, in dem meine Mutter saß. Ich wollte mich damit nur interessant machen. Das war verrückt, ich weiß – aber vielleicht bin ich verrückt.«
Doch alle vier Psychiater, die ihn untersuchen, kommen übereinstimmend zu dem Ergebnis, daß er geistig völlig normal und in juristischem Sinn voll verantwortlich ist.
Die Beweise, die inzwischen von den FBI-Detektiven gesammelt werden, sind erdrückend, als Moores Leute in Denver die Geschäftsleute finden, bei denen Graham am 26. Ok-

tober das Material für seine Höllenmaschine gekauft hat: einen 90-Minuten-Zeitwecker, 25 Stangen Dynamit und zwei elektrische Zünder.
Außerdem treiben sie einen Zeugen auf, dem Graham beim Abschluß einer Autoversicherung dargelegt hatte, wie leicht es sein würde, ein Flugzeug in die Luft zu sprengen. Man würde dazu nur etwa zwei Gallonen Nitroglyzerin benötigen. Er habe hinzugefügt, er beobachte seit einiger Zeit, wie das Gepäck auf dem Stapleton-Airport transportiert werde, und er wisse nun, wie einfach es sei, eine Bombe in ein Flugzeug zu schaffen.
Als Graham mit diesen für ihn vernichtenden Zeugenaussagen konfrontiert wird, reagiert er mit einer Verzweiflungstat: Er knotet seine Socken zu einem Strick und versucht damit, sich in seiner Zelle zu erhängen. Doch sein schwerer Atem macht einen Wärter aufmerksam. Graham wird im letzten Augenblick gerettet. Wie er weiß und wie er fürchtet – für den Henker.
Danach spricht er offen und apathisch mit den Psychiatern. Er gibt abermals seine Tat zu, zeigt aber kein Bedauern darüber, daß er durch sein Handeln so viele Unschuldige in den Tod geschickt hat.
»Ich wußte, daß eine DC-6B ungefähr 50 bis 60 Leute faßt«, sagt er. »Aber die Anzahl der Menschen, die getötet wurden, bedeutet mir nichts. Es hätten auch tausend sein können. Wenn ihre Zeit abläuft, kann man nichts dagegen tun ...«
Am 16. April 1956 wird er wegen Mordes vor Gericht gestellt. Seine Verteidiger bezweifeln die Rechtmäßigkeit seines Geständnisses, das er inzwischen zum zweiten Mal widerrufen hat. Doch ihr Antrag, die Beweise des FBI als »illegal« zu-

rückzuweisen, weil Graham nicht über seine Rechte aufgeklärt wurde, bevor er das Geständnis unterschrieb, wird vom Richter zurückgewiesen.
Während des Prozesses zeichnen die Menschen seiner engsten Umwelt ein trübes Bild vom Charakter und Leben des Angeklagten. Mit seiner Mutter, die zwei Ehen einging und zweimal Witwe geworden war, hatte er sich nie gut verstanden. Schon als Kind wurde er von ihr wegen seiner Aufsässigkeit häufig zu Verwandten gegeben. Als Sechzehnjähriger lief er von zu Hause fort. Man vermutete auch, daß er seine Hand im Spiel hatte, als das Drive-In-Restaurant seiner Mutter in Denver, das er einige Zeit geführt hatte, durch eine rätselhafte Explosion zerstört wurde. 1951 wurde Graham beschuldigt, in der Firma, in der er als Lohnlisten-Buchhalter arbeitete, Schecks gestohlen und damit 4200 Dollar kassiert zu haben. Er floh aus Denver, wurde aber kurze Zeit später in Texas wegen Alkoholschmuggels verhaftet und mußte zwei Monate im Gefängnis absitzen. Nach seiner Rückkehr hatte er sich in Denver wegen Scheckbetruges zu verantworten. Man räumte ihm fünf Jahre Bewährung ein, als er einwilligte, das Geld zurückzuzahlen.
Hier sehen Richter und Anklagevertreter das Motiv seines Verbrechens: Als er die Bombe in den Koffer seiner Mutter schmuggelte, wollte er mit einem Schlag alle Geldsorgen los sein. Er wollte die Versicherungssumme kassieren und außerdem das Erbe seiner wenig geliebten Mutter antreten, die ihm in ihrem Testament 25 Prozent ihres Vermögens – zu dem zwei Drive-In-Restaurants gehörten – vermacht hatte. Er hatte das perfekte Verbrechen geplant, und fast wäre es ihm auch geglückt: Hätte er den Zeitzünder seiner Bombe

statt auf 90 Minuten auf nur 45 Minuten eingestellt, dann wäre die Maschine über dem Hochgebirge der Rocky Mountains explodiert. Das Wrack wäre nur schwer – wenn überhaupt – zugänglich gewesen. Und als Ursache des Absturzes wäre vermutlich angenommen worden, daß der Pilot – ähnlich wie bei dem Flugzeugabsturz im Oktober in der Nähe von Denver – einen Felsen gerammt hat.

Am 5. Mai zieht sich die Jury zur Beratung zurück. Unter den zwölf Geschworenen, die über Grahams Schicksal zu befinden haben, sind fünf Frauen. Eine von ihnen ist eine ehemalige amerikanische Schönheitskönigin. Sie brauchen nur 69 Minuten, um zu einem einstimmigen Spruch zu gelangen.

Der Obmann der Jury verkündet den Spruch im Gerichtssaal mit klarer Stimme: »Jack Graham ist des Mordes schuldig!«

Der Richter wartet, bis der Obmann sich wieder gesetzt hat. Dann erklärt er mit Blick auf den Angeklagten: »Es ist das Urteil des Gerichts, daß Jack Graham die höchste im Gesetz zulässige Strafe erleidet – die Todesstrafe. Sie soll im Staatszuchthaus von Colorado vollstreckt werden, durch Anwendung von tödlichem Gas.«

Jack Graham sitzt stumm und wortlos auf der Anklagebank, als er sein Todesurteil gehört hat. Zwei Polizisten müssen ihn hochziehen, um ihn aus dem Saal zu bringen. Draußen erwarten ihn wütende Rufe einer aufgebrachten Menge.

Die Hinrichtung des »Flugzeug-Mörders« wird auf den Abend des 11. Januar 1957, einen Freitag, festgesetzt.

Kurz vor 20 Uhr an diesem Freitag, geht der hochaufgeschossene Mörder durch die »dead-row«, die Todesgasse, die letz-

ten Schritte seines Lebens. Sie führen von der Todeszelle in die Gaskammer.
Er trägt nur Shorts und Sandalen, der mächtige Oberkörper ist nackt. Ruhig, ohne jedes Zeichen von Erregung, zwängt er sich durch den schmalen Einstieg der achteckigen Stahlkammer und nimmt auf einem der beiden Todesstühle Platz.
Zwei Gefängniswärter binden seine Arme und Beine an dem Eisengestell fest und legen eine schwarze Maske über seine Augen.
Zuerst verabschiedet sich der Gefängnisdirektor Harry C. Tinsley von ihm. Dann gibt ihm Pater Justin McKernan, der katholische Gefängnisgeistliche, den letzten Segen.
»Gott wird dir deine Sünden vergeben«, sagt er. »Trage es wie ein Mann.«
Jack Grahams nackte Brust hebt und senkt sich in schnellen Stößen. Er kämpft um seine Beherrschung.
Die beiden Wärter verlassen die Kammer. Der letzte der beiden sagt: »Tief atmen – das ist das beste!«
Um 19 Uhr 56 schließt sich die schwere Stahltür der Gaskammer. Kurz darauf zieht der Henker einen Hebel – die Zyankalikugeln fallen in den Behälter mit der Schwefelsäure. Tödliche Dämpfe steigen auf, breiten sich aus, erreichen den Mann mit der schwarzen Maske.
Die Hinrichtungszeugen sehen durch die schmalen Glasfenster, wie Graham tief einatmet.
Sein Kopf fällt im Todeskampf erst nach vorn, dann nach hinten. Minuten später fällt er abermals nach vorn. In dieser Stellung verharrt er.
Jack Graham lebt nicht mehr.
Um 20 Uhr 8 wird er für tot erklärt.

Der Fall Giovanni Fenaroli

Todesfalle für Maria

Es ist neun Uhr an einem klaren Septembermorgen in Rom. Im hellen Licht der Sonne, das die Konturen der Kuppeln und Türme der Stadt aufzulösen scheint, stehen einige Passanten in der Via Monaci, einer Straße nahe der Piazza Bologna. Ihre Blicke folgen dem ausgestreckten Arm eines Mannes, der kopfschüttelnd sagt: »Seht euch das mal an! Der will sich wohl den Hals brechen?«

Das Bild, das sich ihnen bietet, ist ungewöhnlich. Auf einem Fensterbrett im zweiten Stock des Hauses Nr. 21 hockt ein dunkelhaariger junger Mann. Über ihm, am Fensterkreuz, ist eine Strickleiter festgebunden. Er prüft noch einmal ihren Sitz, schwingt sich dann nach draußen. Langsam, Sprosse um Sprosse, klettert er nach unten. Bis zu einem Fenster im ersten Stock. Es ist mit einem Rolladen verschlossen.

Die Menschen unter ihm sehen, daß er auf seinem frei baumelnden Seil Mühe hat, den Rolladen hochzustemmen.

»Wenn das nur gutgeht!« ruft ängstlich eine Frau und preßt ihre Einkaufstasche an sich.

Schließlich schafft es der verwegene Kletterer. Einer der Fensterflügel ist nur angelehnt, und der junge Mann, es ist der Student Marcello Chimenti, stößt ihn auf und verschwindet im Innern des Zimmers.

Er läuft durch die dunkle Diele und öffnet die Tür zum Treppenhaus. Draußen wartet nervös Luigi Martirano, der Bru-

der der Wohnungsinhaberin Maria Fenaroli. Das Dienstmädchen seiner Schwester hat ihn alarmiert, nachdem die Signora nicht wie üblich auf ihr Schellen um 7 Uhr 30 die Tür aufmachte. Irgendwie war der jungen Frau die Stille in der Wohnung unheimlich vorgekommen. Und Luigi wiederum hat den Studenten geholt, der in der Nachbarschaft wohnt, ein bekannter Höhlenforscher.
An ihm vorbei betritt Maria Fenarolis Bruder die Diele, knipst das Licht an. »Maria!« ruft er. »Hallo – Maria!«
Keine Antwort.
Er öffnet die Tür zum Schlafzimmer. Das Bett ist nicht benutzt, Kleider, Wäschestücke und Handtaschen liegen wahllos verstreut im Raum. Schranktüren und Schubladen sind aufgerissen. Im Wohnzimmer ein ähnliches Bild.
Seine Schwester findet Luigi Martirano in der Küche. Sie liegt neben dem Spülstein, mit dem Gesicht auf dem Boden. Das weite, geblümte Kleid ist fächerförmig um sie aufgebauscht. Ihre weißen, offenen Sandalen sind ihr von den Füßen gerutscht.
Ihr Bruder beugt sich zu ihr hinab, berührt ihre Schulter. Die Frau ist steif – tot ... Man sieht dunkle Stellen an ihrem Hals, die wie Würgemale aussehen.
Luigi ruft durch die offene Wohnungstür nach der Hausgehilfin, die ängstlich im Treppenhaus gewartet hat. Er bittet sie, die Polizei zu alarmieren. Das Telefon in der Diele will er nicht berühren. Der Telefonstecker ist herausgerissen.
Minuten später fahren mit heulenden Sirenen die Wagen der Mordkommission vor dem Haus Nr. 21 vor. An der Spitze seiner Mitarbeiter betritt Kommissar Dr. Guarino, ein kleiner untersetzter, aber sehr beweglicher Mann, die Räume der er-

sten Etage. Die routinemäßige Untersuchung des Tatortes beginnt. Wie immer, wenn ein Mensch eines unnatürlichen Todes gestorben ist, geht man von Mord aus.
»Ist sie erdrosselt worden?« fragt Kommissar Guarino den Polizeiarzt.
Der nickt nach kurzem Betrachten der Leiche. »Sieht so aus. Möglich ist aber auch, daß die Frau einem Erstickungsanfall erlegen ist, hervorgerufen durch ein Unwohlsein.«
»Dagegen sprechen die dunklen Flecke am Hals«, entgegnet der Kommissar. »Und dagegen spricht das Durcheinander im Schlafzimmer und im Wohnzimmer.«
Die Beamten finden in der Diele neben dem herausgerissenen Telefonstecker eine halbgerauchte Zigarette mit Spuren von Lippenstift im Aschenbecher. Maria Fenaroli, so läßt sich daraus schließen, könnte rauchend am Telefon gestanden haben, als der Mörder sie von hinten überfiel. Er erwürgte sie und schleifte sie in die Küche.
»Meine Schwester hat das geahnt!« sagt ihr Bruder im Verhör. »Sie fürchtete, daß man sie eines Tages umbringt. Das grenzte schon an Hysterie, und deshalb ließ sie niemanden in ihre Wohnung, den sie nicht kannte.«
»Und doch muß sie ihren Mörder eingelassen haben«, entgegnet Kommissar Dr. Guarino. »Denn es gibt keinen Hinweis auf ein gewaltsames Eindringen. Hatte Ihre Schwester Geld im Haus?«
»Ich weiß es nicht. Sie besitzt aber wertvollen Schmuck.«
Anna Martirano, die Schwester der Ermordeten, wird geholt. Sie kennt sich in der Wohnung Marias aus und stellt sofort fest, daß der ganze Schmuck fehlt. Es handelt sich um zwei schwere goldene Armbänder, eine goldene Armbanduhr,

eine Nadel mit Brillanten, ein Paar Ohrringe, einen Brillantring, ein goldenes Zigarettenetui und eine goldene Puderdose. Wert des Schmucks: mehrere Millionen Lire. Auch Bargeld fehlt: eine Million Lire in Banknoten, die Maria Fenaroli nach dem Wissen ihrer Schwester im Schlafzimmer aufbewahrte.
Das deutet auf Raubmord hin.
»Ich weiß nicht, wie ich es Giovanni beibringen soll«, sagt schließlich Marias Bruder.
»Wer ist Giovanni?« fragt der Kommissar.
»Marias Mann, mein Schwager.«
»Lassen Sie uns das nur machen. Das ist Aufgabe der Polizei. Wo können wir ihn erreichen?«
»In Mailand. Dort ist das Hauptbüro seiner Firma. Während der Woche ist er immer dort. Nur am Wochenende kommt er nach Rom. Noch vorgestern war er bei Maria.«

An diesem Morgen des 11. September 1958 sitzt Giovanni Fenaroli in seinem eleganten Büro in der Via del Gesù Nr. 17 in Mailand.
Der Ingenieur Fenaroli, wie seine Bekannten ihn nennen, ist fünfzig Jahre alt, von kleiner Statur, mager und sehnig. Er hat ein hageres und zerfurchtes Gesicht mit einem schmalen Schnurrbart, der die Konturen der Oberlippe säumt. Seine hohe, breite Stirn tritt durch die Kahlheit noch mehr in Erscheinung.
In seiner ganzen Art ist er der typische Geschäftsmann des »Nordens«. Für die Römer sind die Bewohner der Po-Ebene, und vor allem Mailands, besonders rührig, sachlich und ernst. Ihre Geschäftigkeit ist sprichwörtlich. Umgekehrt

schimpfen die Mailänder auf die »stinkfaulen« Römer, die mit ihrer Bürokratie ihre Firmen zugrunde richten. Giovanni Fenaroli hat vor dem Krieg in Italienisch-Ost-Afrika zusammen mit seinem Bruder große Bauten ausgeführt. Inzwischen hat er sich von seinem Bruder getrennt und zwei eigene große Firmen gegründet: die »Fenaroli Impresa«, ein Bauunternehmen mit Millionenumsätzen, und die O.C.I., Organisation für industrielle Beratungen. Die beiden Betriebe haben ihre Büros in Rom und Mailand. Fenaroli, immer aktiv und wach, verbringt einen großen Teil seiner Nächte in den Schlafwagenzügen zwischen Rom und Mailand. Abends beendet er seine Geschäfte in der Hauptstadt, und am nächsten Morgen sitzt er schon vor neun Uhr am Schreibtisch seiner Zentrale in Mailand. Aktiv ist er auch in seinen Beziehungen zu Frauen. In den zwanzig Jahren seiner Ehe sagte man ihm unzählige Eroberungen nach. Es macht ihm auch nichts aus, sich in Mailand, wo er überwiegend lebt, mit seinen häufig wechselnden Freundinnen öffentlich zu zeigen. Seine Frau wohnt ja weit genug weg in Rom.

Giovanni Fenaroli blickt erstaunt von seinen Papieren auf, als ihm der Besuch von zwei Kriminalbeamten gemeldet wird.

Ungläubig starrt er die Beamten an, als sie ihm berichten, was mit seiner Frau passiert ist.

»Maria – tot ...?«

Er verliert die Fassung, beginnt zu weinen.

Nur mühsam erhebt er sich, als die Beamten ihn bitten, ihnen zu einem Verhör im Mailänder Polizeipräsidium zu folgen. Ein Journalist sieht ihn, wie er das Firmengebäude verläßt. Er beschreibt diese Szene später so:

»Wir sahen Fenaroli, der die Treppe herunterkam und auf sein Auto zuging, das im Hof stand. Ein kleiner und schmächtiger Mensch im grauen Zweireiher. Er wurde von zwei Männern flankiert, die unter seine Arme faßten, als befürchteten sie, er würde jeden Augenblick vornüber stürzen. Fenaroli weinte, aber man sah keine Tränen. Seine Lider waren krampfhaft zusammengepreßt, und unterhalb seiner Backenknochen zuckten seine Wangenmuskeln. Seine Beine bewegten sich wie die eines halbgelähmten Greises. Das war keine Verstellung, das war ein echter Zusammenbruch!«

Im Polizeipräsidium gibt er zu Protokoll, daß er noch gestern, am 10. September, mit seiner Frau in Rom telefoniert hat. Am vermutlichen Tattag also.

»Um welche Zeit?« will der vernehmende Beamte wissen.

»Abends, kurz vor halb zwölf.«

»Aus welchem Grund?«

»Weil sie so entsetzliche Angst hatte«, erwidert Fenaroli. »Ich wollte hören, ob sie sich wieder beruhigt hatte. Am Sonntag hat nämlich jemand versucht, in ihre Wohnung einzudringen.«

Den merkwürdigen Vorfall am Sonntag, dem 7. September, schildern später auch in Rom die Hausmeisterin Marisa Goracci und Anna Martirano, die Schwester der Toten, der Polizei. Am nächsten Morgen hatte ihnen Maria Fenaroli aufgeregt darüber berichtet.

Sie erzählte den beiden Frauen, daß am Abend vorher ihr Mann in Rom gewesen war. Sie hatte zusammen mit ihm und mit ihrem Bruder Luigi in einem Restaurant gegessen. Kurz vor elf Uhr war Fenaroli aus der Wohnung, in die man inzwischen zurückgekehrt war, aufgebrochen, um den Zug nach Mailand zu erreichen. Entgegen ihrer sonstigen Gewohnheit hatte nicht sie, sondern ihr Bruder ihren Mann zum Bahnhof begleitet.

Wenige Minuten später hörte sie ein Geräusch an der Wohnungstür. Jemand schien einen Schlüssel in das Sicherheitsschloß zu schieben. Sie dachte, ihr Mann habe etwas vergessen und sei zurückgekommen. Sie rief seinen Namen, doch sie erhielt keine Antwort. Statt dessen wurde nach kurzer Pause der Schlüssel einige Male im Schloß herumgedreht. Schreckensbleich stand sie in der Diele. Sie wußte: Nach sieben Drehungen würde der Schlüssel die Tür öffnen. In ihrer Not rief sie: »Komm schnell, Giovanni, da will jemand einbrechen!« Sie wollte damit vortäuschen, daß sie nicht alleine sei. Der Eindringling ließ sich bluffen. Er riß den Schlüssel aus dem Schloß und lief durch das Treppenhaus davon.

Voller Furcht, daß der Unheimliche wiederkommen könnte, verbrachte Maria Fenaroli die restliche Nacht. Sie atmete erst auf, als am nächsten Morgen Teresa Vitta, ihre Hausgehilfin, erschien.

Um sich vor einem ähnlichen Vorfall zu schützen, mußte ihr Bruder einen Schlosser holen, der das siebenfach gesperrte Türschloß gegen ein anderes, noch raffinierteres auswechselte und zusätzlich eine Sicherheitskette anbrachte.

Nachmittags erfuhr Giovanni Fenaroli in seinem Mailänder Büro von dem mysteriösen Vorgang. Er nahm die nächste Maschine nach Rom und übernachtete bei seiner überängstlichen Frau. Er ließ sich von ihr den neuen Schlüssel geben und kehrte abends mit dem Schlafwagen nach Mailand zurück.

»Sie sehen, selbst das neue Schloß hat nichts genützt«, sagt der Unternehmer bei seiner Vernehmung tief bekümmert. Die Polizei schließt aus diesem Geschehnis zweierlei. Erstens: Der Raub war vorausgeplant, er sollte vermutlich schon in der Nacht zum Sonntag stattfinden. Maria Fenaroli konnte sich nur durch ihre Geistesgegenwart retten. Zweitens: Da alle Spuren eines Einbruchs fehlen, muß der Raubmörder ein Bekannter der Maria Fenaroli gewesen sein, jemand, dem sie absolut vertraute. Sonst hätte sie ihn keinesfalls in ihre Wohnung gelassen.

Wer aber ist dieser geheimnisvolle Unbekannte?

Ist es ein Mann aus ihrer Umgebung, der ihr den Schmuck stahl und sie tötete, um von ihr nicht verraten zu werden? Oder ist es jemand, der einen Raubmord nur vortäuschte, um so ein anderes Motiv zu verdecken, etwa einen Racheakt? Ist der Täter vielleicht gar ihr eigener Mann? Schließlich besaß er als einziger außer seiner Frau einen Schlüssel zum neuen Schloß an der Wohnungstür.

Fenarolis Alibi wird überprüft. Es stellt sich heraus, daß er am Tatabend mit seinem Bürovorsteher Egidio Sacchi, einem Bekannten und dessen kleiner Nichte in dem Mailänder Lokal »Berti« gegessen hat. Der Bürovorsteher war auch zugegen, als Fenaroli nach dem Essen von seinem Büro aus seine Frau in Rom anrief.

Das Mailänder Fernamt bestätigt, daß um die fragliche Zeit vom Anschluß Fenaroli, Mailand, mit dem Anschluß Fenaroli, Rom, gesprochen worden ist. Das Gespräch war um 23.24 Uhr zu Ende. Kurze Zeit später muß Maria Fenaroli ermordet worden sein.

Ihr Mann scheidet demnach als Mörder aus – er kann schließlich nicht zugleich in Mailand und in Rom gewesen sein.

Und schließlich: Warum hätte er Maria töten sollen?
Während die Polizei noch über diese Frage nachdenkt, führen die routinemäßigen Recherchen bei den Versicherungsgesellschaften zu einer interessanten Entdeckung: Das Leben Maria Fenarolis ist ungewöhnlich hoch versichert – mit 150 Millionen Lire (damals 1 Million Mark). Die Police ist erst ein halbes Jahr alt. Ihr ist ein Antrag beigefügt, als einzigen Begünstigten Giovanni Fenaroli einzutragen. Der Antrag ist mit »Maria Fenaroli« unterzeichnet. (Eine graphologische Untersuchung ergibt später: Diese Unterschrift ist gefälscht.)
Merkwürdig an der hohen Versicherung Maria Fenarolis ist ferner die Klausel: »Zahlbar auch bei Mord.«
Giovanni Fenaroli profitiert also vom Mord an seiner Frau. Aber: Hat ein Mann wie er, der sein Geld überwiegend mit lukrativen Staatsaufträgen macht und dabei Millionen scheffelt, den man zu den reichsten Männern von Mailand zählt, einen solchen blutigen Profit überhaupt nötig? Entfällt für ihn nicht das Motiv »Geld«?
Und: Kann ein Mensch sich so verstellen? Am Grab seiner Frau bricht der schmächtige Unternehmer zusammen. Seine Glieder zittern, sein Körper zuckt. Er scheint dem Wahnsinn nahe zu sein. Die Polizisten, die ihn auf dem Friedhof beobachten, halten es kaum für möglich, daß Fenaroli Theater spielt, daß er hier ein bühnenreifes Melodrama vorführt.
Nein, man muß den Mörder aus der Via Monaci Nr. 21 wohl woanders suchen.

Kommissar Dr. Guarino hält an seiner Theorie fest, daß es sich bei dem Täter um jemanden aus dem engsten Kreis der Toten handeln muß. Diese Theorie wird überraschend bestä-

tigt, als er am 30. September 1958, drei Wochen nach dem Mord, die Bewohner des Hauses Via Monaci Nr. 21 nach verdächtigen Wahrnehmungen in der Tatnacht befragen läßt.
Bei der Familie Fabianelli vernimmt ein Kriminalbeamter im Wohnzimmer eines der Mädchen, die hier zur Untermiete wohnen. Als er auf den Mord an Maria Fenaroli zu sprechen kommt, läßt eine junge Frau, die mit im Zimmer sitzt, die Zeitung sinken.
»Ich halt' es nicht mehr aus«, sagt sie. »Ich habe den Mörder gesehen! Aber ich kann nicht darüber sprechen – ich habe Angst!«
Die junge Frau ist die 33jährige Garderobiere Reana Trentini. Sie kann sich kaum beruhigen. Erst als der Vorgesetzte des Beamten kommt, ist sie nach langem Zureden zum Sprechen zu bewegen.
»Ich stand an jenem Abend mit meinem Freund neben dem Hauseingang«, schildert sie. »Wir befanden uns im Schatten, die Tür war hell erleuchtet. Gegen halb zwölf hörte ich Schritte näherkommen. Jemand blieb vor dem Eingang stehen. Ich drehte mich um und erkannte einen Mann, der an der Fassade hochsah. Dann trat er ins Licht und klingelte.«
»Wie sah er aus?«
»Groß und kräftig, gutes Profil. Dunkles, nach hinten gekämmtes Haar. Es glänzte ölig. Seine Augen fielen mir besonders auf. Sie wirkten kalt und machten mir Angst. Mein Freund mußte mich beruhigen.«
»Wie alt war der Mann?«
»Etwa Mitte dreißig.«
»Kleidung?«

»Er trug einen dunkelblauen Anzug.«
»Fiel Ihnen sonst noch etwas an ihm auf?«
»Er trug eine gelbe Aktentasche unter dem Arm.«
»Was geschah weiter?«
»Nachdem er geschellt hatte, vergingen einige Sekunden. Dann summte der automatische Türöffner. Der Mann im blauen Anzug betrat das Haus, und im Hintergrund sahen wir Signora Fenaroli die Treppe vom ersten Stock herunterkommen. Sie trug ein geblümtes Kleid und weiße Sandalen. Als er bei ihr ankam, machte der Mann eine höfliche Verbeugung. Signora Fenaroli sprach kurz mit ihm, dann ging sie ihm voran wieder nach oben.«
Am nächsten Tag steht die Aussage der Garderobiere Reana Trentini in den Zeitungen. Unter denen, die sie lesen, ist auch der Kraftfahrer Benito Sensoli. Er wartet zwei Wochen, ehe er zur nächsten Carabinieri-Station geht. Was er sagt, läßt die Beamten aufhorchen.
Auch er war zur Tatzeit in der Via Maonaci. Er saß in seinem Auto und wartete lange auf eine Bekannte. Von seinem Platz am Steuer aus hatte er das Haus Nr. 21 im Blickfeld. Er sah einen Fiat 1100 einige Male durch die Straße fahren. Jedesmal, wenn der Fahrer am Haus Nr. 21 vorbeikam, blickte er zum ersten Stock empor und ließ den Motor aufheulen. Später sah er den Fahrer des Fiat das Haus betreten. Seine Beschreibung des Mannes stimmt ziemlich genau mit der von Reana Trentini überein.
Kein Zweifel: Der »Mann im blauen Anzug« ist der Mörder Maria Fenarolis. Zwei Zeugen haben ihn gesehen, als er unmittelbar vor dem Verbrechen das Mordhaus betrat. Aber wo soll man ihn suchen?

Um auf seine Fährte zu kommen, nimmt die Mordkommission die Tote unter die Lupe. Die Beamten wissen, daß nicht selten eine geheimnisvolle Wechselbeziehung zwischen Mörder und Opfer besteht. Gelingt es, sie aufzuspüren, kann man auch die im Dunkeln stehende Gestalt des Täters aufhellen. Wer war also Maria Fenaroli? Wie lebte sie? Gab es außer ihrem Mann noch andere Männer in ihrem Leben? War der Täter etwa ein verschmähter Liebhaber, der aus Eifersucht handelte?
In den Untersuchungen der Polizei wird die Vergangenheit der Toten lebendig – sie ist abenteuerlich und wild bewegt.

Maria Fenaroli wurde am 22. April 1909 in Trepuzzi (Provinz Leccle) als drittjüngstes Kind eines Landadligen geboren. Ihr Vater, Baron Raffaele Martirano, galt als reicher Landbesitzer. Ihm gehörte auch eine Bank. Durch riskante Spekulationen mit Landaufkäufen verlor er sein Vermögen. Zum Schluß saß er auf 30 Millionen Lire Schulden.
Für seine Familie bedeutete das den Sturz in bittere Armut. Der Baron zog mit seiner Frau und seinen fünf Kindern nach Rom, um hier eine neue Existenz aufzubauen. Er schaffte es nicht. Als er starb, löste die Familie sich auf. Die Töchter Maria und Anna verschwanden von einem Tag zum anderen aus der Stadt. Bald schon schickten sie der Mutter und den übrigen drei Geschwistern Geld. Angeblich hatten sie Arbeit in der Provinz gefunden, in Wirklichkeit aber waren sie »passegriatricen« geworden – Frauen, die für Geld Straßenbekanntschaften machten. Mehrere Jahre zogen sie von Bordell zu Bordell.
Diese dunkle Vergangenheit der Maria Fenaroli ist in einem

Dossier der Sittenpolizei von Rom nachzulesen, bei der alle Mädchen und Frauen geführt werden, die in Italien als Prostituierte registriert sind.

Aus ihrem Lebenslauf geht hervor, daß sie sich ebenso wie ihre Schwester einen Hang zur Bürgerlichkeit bewahrt hatte, auch in der Zeit ihres tiefsten Abstiegs. Anna fand einen Mann, der sie heiratete. Maria kaufte sich mit erspartem Geld ein Weißwarengeschäft, mit dem sie bald pleite ging. Anschließend arbeitete sie als Krankenschwester und als Verkäuferin von feiner Damenunterwäsche. Nebenher hatte sie vermögende Freunde, von denen sie sich verwöhnen ließ.

Während einer Eisenbahnfahrt lernte sie den Bauunternehmer Giovanni Fenaroli kennen. Als er sie am 27. September 1937 in Mailand heiratete, war das für sie die lang ersehnte Rückkehr in die bürgerliche Gesellschaft. Sie erkaufte sie sich mit einer Lüge. Denn kurz vor der Hochzeit hatte ein Bruder Fenarolis Erkundigungen über sie eingezogen. Dabei war er auf ihre Vergangenheit als Freudenmädchen gestoßen. Fenaroli stellte sie daraufhin zur Rede. Unter Tränen erklärte Maria ihm, sie sei das Opfer einer schlimmen Verwechslung: nicht sie, sondern ihre Schwester Anna hätte in jungen Jahren als Prostituierte gearbeitet. Fenaroli glaubte ihren Beteuerungen, und die Trauung konnte stattfinden.

Bei diesem Punkt seiner Ermittlungen wird Kommissar Dr. Guarino klar, daß damit der Kreis derer, unter denen der »Mann im blauen Anzug« zu finden sein könnte, unübersehbar ist. Denn die Männerbekanntschaften Maria Fenarolis vor ihrer Ehe sind nicht zu zählen. Und auch nach ihrer Heirat soll sie sich ungeniert und wahllos mit Männern eingelassen haben.

Auf der Suche nach engeren Bekannten der Ermordeten stößt die Polizei auch auf den Gärtner Carlo Mauri. Er war in der Villa in Airuno, nicht weit von Mailand entfernt beschäftigt, in der die Fenarolis am Anfang ihrer Ehe wohnten. Während ihr Mann einen Mittagsschlaf hielt, verführte seine Frau den hübschen Jüngling eines Tages im Gewächshaus. Von nun an besuchte sie ihn nachts häufig in seinem Gärtnerzimmer. Mauri lebte in der ständigen Angst, von Fenaroli mit dessen Frau in flagranti ertappt zu werden. Doch schon bald quälte ihn eine neue Sorge: Seine Geliebte war ihm nicht treu. Sie ließ sich außer mit ihm gleichzeitig mit zwei anderen Bewohnern der Villa ein, die dort als Gäste wohnten: einem englischen Hauptmann und einem deutschen Kunststudenten. Schließlich verführte sie auch noch den siebzehnjährigen Neffen des Gärtners.

»Damit wollte sie sich nur an mir rächen«, erklärte Carlo Mauri den Polizisten bei seiner Vernehmung.

»Rächen – wofür?«

»Ich sollte mit ihr in die Schweiz fliehen. Sie bot mir dafür sogar eine Million Lire an. Aber ich machte nicht mit.«

»Warum wollte sie denn fliehen?«

»Sie wollte weg von ihrem Mann.«

»War sie nicht glücklich mit ihm?«

Der gutaussehende Gärtner zuckte mit den Schultern. »Sie konnte wohl nicht glücklich sein – mit einem einzigen . . .«

Das ist alles, was Mauri zu erzählen weiß. Nach dieser Episode hatte er eine andere Stellung angenommen und jeden Kontakt mit den Fenarolis verloren. Als »Mann im blauen Anzug« kommen er und viele andere, die ähnliche Erlebnisse mit Maria Fenaroli hatten, nicht in Frage.

Kommissar Dr. Guarino denkt lange über die Vernehmung Mauris nach. Wenn die Ehe so schlecht war, daß Frau Fenaroli ihren Mann sogar mit einem Angestellten verlassen wollte, warum trauert er dann so um sie? Hat er von ihren Eskapaden nichts gewußt – oder spielt er seiner Umgebung und der Polizei den untröstlichen Ehemann also doch nur vor?
Die Versicherung fällt dem Kriminalisten ein, die 150 Millionen Lire, die Fenaroli durch den Mord an seiner Frau zufallen. Konnte der Witwer das Geld vielleicht doch gebrauchen? Dr. Guarinos Recherchen erstrecken sich jetzt auf die wirtschaftlichen Verhältnisse der beiden Firmen Fenarolis. Und überrascht erfährt er, daß der Unternehmer doch nicht so glänzend dasteht, wie es den Anschein hat – gegen die »Fenaroli Impresa« läuft ein Konkursverfahren. Das heißt: Der Mann steht vor dem Ruin.
Damit rückt Fenaroli in den Mittelpunkt des Verdachts. Ist es ein Zufall, daß seine hochversicherte Frau gerade in dem Augenblick gewaltsam starb, als er geschäftlich am Ende war – oder ist es ein »Mord nach Maß«?
Kommissar Dr. Guarino bestellt Fenaroli zu einem neuen Verhör ins Polizeipräsidium in Rom. Der Unternehmer, wie immer elegant gekleidet, gibt nach einigem Zögern die drohende geschäftliche Pleite zu.
Aber er erklärt: »Als Maria starb, war das noch nicht abzusehen. Noch zwei Tage vor ihrer Ermordung habe ich eine Million Lire aus der Firmenkasse genommen. Wir waren also noch flüssig.«
Der Kommissar läßt dazu in Mailand Egidio Sacchi, Fenarolis Bürochef und Buchhalter, befragen. Der schmächtige,

schwarzhaarige Mann mit dem Spitzmausgesicht schüttelt den Kopf.
»Davon weiß ich nichts. Da muß der Chef sich irren. Nein, einen Betrag in dieser Höhe habe ich damals nicht ausbezahlt.«
Der Bauunternehmer aber bleibt bei seiner Behauptung. Er wiederholt: »Sacchi hat mir das Geld persönlich gegeben!«
Am nächsten Tag widerruft der Bürochef seine Aussage und erklärt: »Es stimmt – Herr Fenaroli hat die Million bekommen. Aber nicht vor dem Mord, sondern erst zwei Tage danach.«
»Warum steht das nicht in Ihren Büchern?« fragt der Beamte, der ihn vernimmt.
Sacchi: »Ich war damals so kopflos, daß ich vergessen habe, die Summe einzutragen. Herr Fenaroli brauchte das Geld sehr dringend. Ich kassierte deshalb bei einem Kunden einen Wechsel, der gerade fällig war.«
»Wie heißt der Kunde?«
Sacchi nennt zögernd einen Namen.
»Adresse?«
Sacchi gibt sie.
Seine Angaben werden überprüft. Ergebnis: Er hat gelogen. Er hat bei dem Kunden gar keinen Wechsel kassiert. Unter dem Verdacht der falschen Zeugenaussage wird er festgenommen und von Mailand nach Rom gebracht.
Am nächsten Tag läßt Dr. Guaroni den Buchhalter aus der Zelle vorführen. Ohne langes Zureden gibt Sacchi die Lüge zu. Wie er angibt, wollte er seinen Chef decken.
»Damit können Sie sich um Kopf und Kragen bringen!« fährt

sein Gegenüber ihn an. »Wir wissen, daß Sie wegen Scheckbetruges vorbestraft sind. Wollen Sie denn jetzt im Zuchthaus landen?«
Sacchi hat Angst. Man sieht es ihm an. Er zittert, kämpft einen Moment mit sich. Dann erwidert er: »Nein, nicht ins Zuchthaus, Herr Kommissar. Ich will Ihnen auch meinen guten Willen zeigen und meine Aussage über das Telefongespräch von Herrn Fenaroli ergänzen.«
»Das Telefongespräch, das er kurz vor dem Mord mit seiner Frau in Rom geführt hat?«
»Ja. Es war nicht so harmlos, wie er angibt und wie ich es zuerst geschildert habe.«
Dr. Guarino runzelt die Stirn. »Sondern?«
»Ich hörte, wie Fenaroli zu seiner Frau sagte: ›Der Mann muß jeden Moment bei dir sein. Er kommt in meinem Auftrag. Er bringt einen Umschlag mit Papieren mit, die du gut verstekken mußt. Es ist wegen der Steuer. Niemand darf sie finden, verstehst du?‹«
Der Kommissar hebt den Kopf. Er blickt gespannt. »Beschrieb er ihr den Mann?«
»Er sagte: Er ist ein Vetter von Traversi.«
»Wer ist Traversi?«
»Ein Angestellter von uns in Rom. Herr Fenaroli sagte weiter: ›Wenn du nicht die Treppe runtergehen willst, wirf ihm den Schlüssel aus dem Fenster. Er wird sich mit dem Wagen bemerkbar machen und dann schellen. Jaja, ich verstehe, es ist spät, er hätte früher kommen sollen. Aber es ist wichtig, daß du ihn empfängst und daß er dir die Dokumente gibt ... Danke. Gute Nacht!‹«
Der Kommissar hat während der Aussage des schmächti-

gen Mannes mit der spitzen Nase nur mühsam seine Erregung unterdrücken können. Jetzt fühlt er einen stillen Triumph.
Endlich ist das Rätsel gelöst, warum die mißtrauische Maria Fenaroli ihren späten Besucher, ihren Mörder, eingelassen hat: Ihr eigener Mann hatte ihn telefonisch angekündigt – und ihr so die Todesfalle gestellt!
Sacchi weiter: »Anschließend fragte ich den Chef, wer denn der Vetter von Traversi sei. Er winkte ab und sagte: ›Ach was. Es ist nicht der Vetter von Traversi. Es ist Raoul.‹«
Dr. Guaroni: »Wer ist Raoul? Wie heißt er weiter?«
Sacchi hebt die schmalen Schultern. »Das weiß ich nicht. Ich kenne ihn nur vom Sehen. Einmal traf ich ihn im Elektrogeschäft von Carlo Inzolia, einem Freund des Chefs. Ein anderes Mal zusammen mit Carlo Inzolia im Lift unseres Mailänder Büros. Die beiden fuhren hinauf zu Herrn Fenaroli. Das war etwa zehn Tage vor dem Mord.«
»Wie sieht dieser Raoul aus?«
»Groß und kräftig. Breitschultrig, dunkles, nach hinten gekämmtes Haar.«
»Alter?«
»Etwa Mitte dreißig.«
»Erinnern Sie sich an seine Kleidung?«
»Ich weiß noch, was er trug, als ich ihn im Fahrstuhl unserer Firma traf: einen dunkelblauen Anzug.«
Diese Angaben stimmen bis ins Detail mit den Schilderungen der Garderobiere Reana Trentini und des Kraftfahrers Benito Sensoli überein: Genauso sah der Besucher aus, den Maria Fenaroli am Tatabend in das Haus und in ihre Wohnung einließ.

Raoul ist also der fieberhaft gesuchte »Mann im blauen Anzug«!
Damit zeichnen sich die Konturen eines raffinierten Mordkomplotts ab: Giovanni Fenaroli, der große Verdiener am Tod seiner Ehefrau, saß während des Mordes in Mailand, weit weg vom Tatort in Rom – doch ein anderer lieh ihm seine Hand, tötete für ihn.
Ein gedungener Killer – ein Mann namens Raoul ...
Kommissar Dr. Guarino, im römischen Polizeipräsidium bekannt für seine gute Spürnase, hat keinen Zweifel, auf der richtigen Fährte zu sein. Er bestellt für sich, den Staatsanwalt und den Untersuchungsrichter Flugkarten nach Mailand. Hier will er »Raoul« suchen und dingfest machen.
Aber wie findet man in der Millionenstadt Mailand einen großen dunkelhaarigen Mann, von dem man nur den Vornamen weiß? Der schnellste Weg wäre natürlich, einfach in das Elektrogeschäft von Carlo Inzolia zu gehen und nach »Raoul« zu fragen. Nach der Schilderung von Fenarolis Bürovorsteher muß er da ja bekannt sein. Dabei besteht allerdings die Gefahr, daß der Gesuchte einen Wink erhält und untertaucht. Nein, man muß listiger vorgehen.
Kommissar Dr. Guarino kann in Erfahrung bringen, daß den Bauunternehmer Giovanni Fenaroli und den Elektrohändler Carlo Inzolia mehr als eine lose Freundschaft verbindet. Carlo ist der Bruder einer verstorbenen Geliebten Fenarolis. Seit ihrem Tod lebt ihre zwölfjährige Tochter Donatella bei den Eheleuten Inzolia, die beide tagsüber im Laden arbeiten. Donatella wird unterdessen in der Wohnung von ihrer Großmutter betreut.
Zusammen mit einem Mailänder Polizeikollegen sucht der

Kommissar Großmutter und Enkeltochter auf. Er stellt Donatella, einem klugen, aufgeweckten Mädchen, ein paar harmlos klingende Fragen.
»Kennst du den Signor Fenaroli?«
»O ja. Onkel Giovanni ist immer sehr lustig. Er hat mir schon viele Sachen geschenkt.«
»Und Onkel Raoul?«
»Der ist groß und stark – und sehr schön. Alle Frauen und Mädchen drehen sich nach ihm um, wenn er durch die Straßen geht. So einen Mann möchte ich später einmal heiraten.«
»Jaja, der Onkel Raoul!« sagt lächelnd der Kommissar. »Ich habe schon viel von ihm gehört. Wie heißt er doch noch mit seinem Nachnamen: Raoul ... Raoul ...«
»Raoul Ghiani«, hilft ihm Donatella.
»Ja, richtig. Wohnt er nicht hier in eurem Haus?«
Donatella schüttelt den Kopf. Arglos gibt sie dem vergeßlichen netten Onkel von der Polizei Antwort auf alle Fragen.
Als sie gehen, wissen die Beamten: Raoul Ghiani ist Feinmechaniker, 28 Jahre alt. Er wohnt mit seiner Mutter und zwei Geschwistern zusammen. Ganz in der Nähe, Via Tarquinio Prisco Nr. 1, zweiter Stock. Er macht häufig Dienstreisen nach Bologna, Genua und Rom. Und er besitzt einen dunkelblauen Anzug.
Kurz vor Mitternacht wird das Haus Via Tarquinio Prisco Nr. 1 von Carabinieri umstellt. Der Kommissar läutet. Ein verschlafener Hausmeister öffnet.
»Ich möchte Signor Ghiani sprechen«, sagt Dr. Guarino.
»Der ist nicht hier. Er ging am frühen Abend weg. Ich habe ihn noch nicht zurückkommen hören.«

»Und seine Mutter?«
»Die ist da. Sie wohnt im zweiten Stock, links.«
Der Kommissar und einige Beamte gehen an dem Hausmeister vorbei nach oben. In der Wohnung ist es still. Dr. Guarino schellt, aber die Witwe Clotilde Ghiani, die Mutter Raouls, will so spät nicht aufmachen. Sie fürchtet sich. Schließlich ruft Dr. Guarino: »Kriminalpolizei! Wir haben einen richterlichen Befehl! Öffnen Sie!«
Die Szene, die nun folgt, schildert der Kommissar später in einem Protokoll so:
»Die Tür wurde aufgestoßen, und wir sahen drei Frauen: die Mutter, eine Tante und die Schwester des Ghiani. Die Mutter erklärte, daß ihre beiden Söhne noch nicht zu Hause seien, aber jeden Augenblick kommen müßten. Sie warf nur einen flüchtigen Blick auf den Durchsuchungsbefehl. Die Tante des Ghiani nahm ihn ihr aus der Hand und las laut vor.
Als die Mutter den Namen ›Maria Fenaroli‹ hörte, stieß sie einen Schrei aus und rief schluchzend: ›Raoul war am 10. September nicht in Rom – er war in Mailand!‹ Da es mir merkwürdig vorkam, daß sie sich gerade daran so genau erinnern konnte, fragte ich: ›Und wo war er am 8. September?‹ Sie antwortete nicht. Sie ging ins Schlafzimmer und warf sich aufs Bett.
Wir durchsuchten die Möbel im Korridor. In einem Schrank hing ein dunkelblauer Anzug. Die Schwester gab zu, daß er Raoul gehörte. Dann hörte ich den Fahrstuhl heraufkommen. Da ich annahm, es sei Raoul, unterbrach ich die Durchsuchung.«
In einem anderen Protokoll berichtet Wachtmeister Barbato

über den dramatischen Augenblick der Heimkehr Raoul Ghianis:
»Ein junger Mann kam an die Haustür, schloß auf und trat ein. Der Hausmeister sagte zu mir und Wachtmeister Loverci: ›Das ist er!‹ Als Ghiani uns bemerkte, wollte er uns zuerst in den Fahrstuhl steigen lassen, wir aber ließen ihm den Vortritt. Zusammen fuhren wir hinauf zum zweiten Stock. Dort stieg ich als erster aus und stellte mich an der Treppe auf, um einen Fluchtversuch zu verhindern.
Ghiani verließ nach mir die Kabine. Er ging aber nicht auf seine Wohnungstür zu, sondern klingelte an der Tür gegenüber. Sie trägt das Namensschild ›Carboni‹. Wachtmeister Loverci stellte sich neben ihn.
Ich sagte: ›Aber da wohnen Sie doch nicht, Signor Ghiani – warum klingeln Sie denn an der falschen Tür?‹ Er antwortete nicht. Da ging ich in die Wohnung der Ghianis und holte den Kommissar ...«
Im nächsten Moment sieht Raoul Ghiani sich von einem Dutzend Polizisten umringt. Er wird verhaftet, läßt sich widerstandslos abführen.
Er fragt nicht einmal nach dem Grund seiner Festnahme.

Am nächsten Morgen wird Raoul Ghiani, tatsächlich ein viriler, »schöner Mann«, vom römischen Untersuchungsrichter in Mailand vernommen. Als er erfährt, wessen man ihn verdächtigt, schüttelt er den Kopf.
»Ich kenne Signor Fenaroli zwar flüchtig«, gibt er an, »seine Frau habe ich aber nie gesehen.«
»Waren Sie schon einmal im Haus Via Monaci Nr. 21 in Rom?«

»Nein, niemals. Warum?«
»Sie sind gesehen worden, als Sie das Haus betreten haben. Kurz bevor Signora Fenaroli ermordet wurde.«
»Das stimmt nicht. Ich war nie in dem Haus. Mit dem Verbrechen habe ich nichts zu tun. Außerdem war ich zur Tatzeit nicht in Rom.«
Er sagt das sehr selbstsicher. Am Nachmittag fliegt er mit den Beamten der Fenaroli-Kommission nach Rom. Er wird in die Questura, das aus wuchtigen Steinquadern gebaute Polizeipräsidium gebracht. In einem kleinen Zimmer reicht man ihm seinen dunkelblauen Anzug, mit der Aufforderung, ihn anzuziehen.
Dann betritt er einen hell erleuchteten Raum, in dem drei Männer warten, die ihm sehr ähnlich sind. Sie haben in etwa die gleiche Größe wie er, dasselbe Alter, und alle drei tragen dunkelblaue Anzüge. Er muß sich mit ihnen an einer Wand aufstellen, als Vorletzter.
Auf ein Zeichen hin betritt eine dunkelhaarige junge Frau das Zimmer, gefolgt von Dr. Guarino. Es ist die Garderobiere Reana Trentini, die den letzten Besucher der Maria Fenaroli gesehen hat – den mutmaßlichen Mörder.
Langsam geht sie an den vier Männern vorbei, mustert einen nach dem anderen. Plötzlich bricht sie in Tränen aus und ruft aufgeregt: »Das ist er!«
Dabei deutet sie auf den vorletzten Mann – auf Raoul Ghiani.
»Sind Sie völlig sicher?« fragt der Kommissar.
»Ja, ja – dieser Mann ist es gewesen!«
Kommissar Dr. Guarino tritt auf den schönen Dunkelhaarigen zu. Er sieht ihn scharf an. »Nun, Signor Ghiani, wollen Sie immer noch abstreiten, daß Sie im Mordhaus gewesen

sind? Diese junge Dame hier stand neben der Eingangstür, als Signora Fenaroli Sie eintreten ließ.«
Kühl erwidert Raoul Ghiani: »Ich war nicht in Rom. Sie muß sich irren.«
»Sie stand nur zwei Meter neben Ihnen!«
»Wenn sie an diesem Abend neben mir stand, muß sie in Mailand gewesen sein. Ich war zu Hause. Fragen Sie doch meine Mutter.«
Eine harte Nuß, denkt der Kommissar. Aber wir werden sie knacken ...
Dr. Guarino läßt nach Ghiana auch Fenaroli festnehmen, den vermutlichen Drahtzieher, den »Kopf« des Unternehmens, der im Hintergrund die Fäden seiner Mord-Marionette zog. Auch er leugnet. Auch er will Ghiani nur flüchtig kennen. Nie habe er auch nur mit dem Gedanken gespielt, seiner Frau etwas zuleide zu tun. Allein den Verdacht müsse er, der angesehene Unternehmer, der mit den höchsten Regierungsstellen verkehre und einen hervorragenden Ruf besitze, als Provokation empfinden. Seine Anwälte hätten die Anweisung, beim Justizminister zu protestieren.
Den Kommissar läßt das kalt. Er tut nur seine Pflicht. Allerdings ist ihm klar, daß er mit konkreteren Beweisen, als er bisher in der Hand hat, aufwarten muß, wenn er Fenaroli, der seinen ganzen Einfluß geltend macht, nicht wieder auf freien Fuß setzen muß.
Er weiß auch schon, wo er den Hebel ansetzen muß: bei Fenarolis Bürovorsteher, den Guarinos Drohung mit dem Zuchthaus und die Nächte in der Zelle »weich« gemacht haben. Egidio Sacchi ist nur noch ein Nervenbündel. Ein Zustand, der dem Kommissar sehr gelegen kommt.

Eines Morgens läßt er den kleinen Mann mit dem Mäusegesicht vorführen.
»Es steht sehr schlecht für Sie«, sagt er in düsterem Ton. »Sie waren Signor Fenarolis Vertrauter, und ich habe den Verdacht, daß Sie auch in der Mordsache sein Mitwisser sind – vielleicht auch mehr ...«
Sacchi zuckt zusammen, hebt abwehrend die Hände. »Nein, nein!«
»Gut. Dann sagen Sie uns alles, was Sie wissen – wirklich alles. Das ist Ihre einzige Chance! Wenn Sie vorbehaltlos reden, werden wir das honorieren und Sie vielleicht auf freien Fuß setzen – wenn Sie uns aber belügen oder nur das Geringste verschweigen, dann hängt Ihnen der Staatsanwalt eine Anklage wegen Beihilfe zum Mord an den Hals! Also, was ist Ihnen lieber?«
Egidio Sacchi kämpft einen Augenblick mit sich. Er weiß, daß man jetzt von ihm verlangt, seinen Chef zu verraten, dem er seit Jahren treu und zuverlässig gedient hat. Aber gerade Fenaroli hat ihn ja mit seinen Ideen und seinem Handeln in diesen schrecklichen Zwiespalt gebracht. Wer will ihm schon übelnehmen, daß er nun, wo es um Kopf und Kragen geht, versucht, seine eigene Haut zu retten?
Sacchi sagt, was er weiß – und das ist mehr, als Kommissar Guarino gehofft hat.
»Im April, als Signor Fenarolis Schulden immer größer wurden«, beginnt Sacchi, »sagte er mir, er sei mit 300 Millionen Lire versichert. Sollte es zu einem Konkurs kommen, wollte er freiwillig aus dem Leben scheiden. Er werde einen Autounfall vortäuschen. Die Versicherungssumme sei hoch genug, um damit alle Verpflichtungen der Firma abzudecken.

Mit dem Rest des Geldes könne seine Frau weiterhin ein standesgemäßes Leben führen.«

»Wie kam es zu seinen finanziellen Schwierigkeiten?« fragt Dr. Guarino.

»Er hatte sich verspekuliert – bei Grundstückskäufen.«

»Und wie reagierten Sie, als er vom Selbstmord sprach?«

Sacchi seufzt. »Ich versuchte, ihm das auszureden. Doch immer wieder sprach er davon. Bis Juni. Da sagte mir Signor Fenaroli plötzlich, er habe sich die Sache überlegt – nicht er, seine Frau sollte sterben. Auch sie sei hoch versichert – mit 150 Millionen Lire.«

»Wie sollte sie sterben? Sprach er von Mord?«

»Ja.«

»Hatte er einen bestimmten Plan?«

Sacchi nickt. »Nach einer Reise wollte er den Wagen mit seiner Frau in einen Graben steuern. Er selbst wollte im letzten Moment herausspringen. Das erschien ihm aber schließlich zu riskant. Deshalb gab er diese Absicht auf.«

»Sprach er so offen mit Ihnen darüber?«

»Ja, völlig offen.«

Wie Sacchi weiter schildert, brütete sein Chef von nun an einen Mordplan nach dem anderen aus. Seine Gedanken kreisten nur noch um ein Thema: Wie bringe ich meine Frau um?

Makaber, was er sich – nach dem Bericht seines Bürovorstehers – alles als Antwort auf diese Frage einfallen ließ.

Mitte Juni 1958: Fenaroli will nach Rom fliegen und seine Frau erwürgen. Sacchi soll unterdessen in einem Hotel außerhalb Mailands übernachten. Mit der Kennkarte Fenarolis soll er dem Chef ein Alibi verschaffen.

Ende Juni: Fenaroli fliegt nach Rom, um den Plan durchzuführen. Er hat ein Flugbillet auf den Namen Sacchi gelöst. Der Buchhalter schläft die ganze Nacht nicht, vor Angst, in einen Mord verwickelt zu werden. Doch resigniert kehrt Fenaroli am nächsten Morgen zurück. Kraftlos sagt er: »Mir fehlte plötzlich der Mut, es zu tun.«

Anfang Juli: Fenaroli plant, zusammen mit seinem Bürovorsteher nach Rom zu fahren. Sacchi soll Frau Maria niederschlagen, Fenaroli will sie dann erdrosseln. Doch auch dieses Mal verläßt den Bauunternehmer der Mut.

Mitte Juli: Fenaroli versucht, den Arzt Dr. Carlo Savi, seinen Hausarzt und Freund, für seine finsteren Pläne zu gewinnen. Der Arzt soll mit nach Rom fliegen und seiner Frau eine Überdosis Pentotal spritzen. Dann will Fenaroli die Bewußtlose die Treppe hinunterstürzen oder in der Badewanne ertränken, um einen Unfall vorzutäuschen. Er bietet dem Arzt 15 Millionen Lire. Dr. Savi aber lehnt ab.

Kommissar Dr. Guarino hat den Worten Sacchis mit wachsender Erregung gelauscht. Zum Schluß kann er nur noch den Kopf schütteln. Und es fällt ihm schwer, das alles zu glauben. Wie kann ein Mann vom Format eines Fenaroli nur solche Mordgedanken wälzen, und wie kann er nur so dumm sein, einen Angestellten darin einzuweihen?

Um zu prüfen, wie glaubwürdig die Angaben Sacchis sind, läßt Guarino den Arzt Dr. Carlo Savi zum Verhör holen.

»Ja«, bestätigt der Arzt, »was Sacchi gesagt hat, stimmt. Fenaroli hat mich gebeten, seiner Frau eine Spritze zu geben, um sie ohnmächtig zu machen. Danach wollte er sie umbringen.«

»Warum haben Sie das nicht der Polizei gemeldet?«

»Ich habe Fenarolis Plan nicht ernst genommen. Ich hielt das für eine Phantasterei.«
»Jetzt wissen Sie, wie ernst er es gemeint hat«, sagt der Kommissar. »Jetzt, wo seine Frau tot ist – ermordet . . .«
Dr. Savi nickt bekümmert. Vielleicht hätte er es verhindern können.
Nachdem der Arzt und sein Bürovorsteher nicht mitmachten und ihn selbst im entscheidenden Augenblick immer der Mut verließ, scheint Fenaroli sich zum Schluß nach einem neuen Mordkomplizen umgesehen und in Raoul Ghiani gefunden zu haben. Der Kommissar nimmt an, durch die Vermittlung des Elektrohändlers Carlo Inzolia. Vielleicht weiß Inzolia mehr, ist auch er eingeweiht. Denn wenige Tage vor dem Mord besuchte er ja zusammen mit Raoul Ghinai Fenaroli in dessen Mailänder Büro. Zur letzten Mordabsprache?
Auch Carlo Inzolia wird verhaftet.
Als man ihn ins Gefängnis bringt, öffnet sich für Egidio Sacchi wieder die Tür zur Freiheit – der »Dank« des Kommissars.

Die sensationellen Enthüllungen seines Bürovorstehers belasten Giovanni Fenaroli schwer. Aber: Damit ist er noch lange nicht als Mörder überführt. Daß er sich in Gedanken mit der Tötung seiner Frau beschäftigte, ist kein Beweis dafür, daß er schließlich tatsächlich bei ihrer Ermordung mitwirkte.
Auch Raoul Ghiani ist schwer belastet. Durch die Frau, die ihn als den »Mann im blauen Anzug« wiedererkannt haben will. Aber: Sie kann sich irren. Denn es war dunkel, und sie sah den Mörder nur für einen kurzen Augenblick.
Gegen die beiden Verdächtigen gibt es noch keinen wirklich

überzeugenden, unumstößlichen Beweis. Die römische Kriminalpolizei kommt bei ihren Ermittlungen trotz allen Eifers nicht weiter. Neun Monate vergehen, und der Untersuchungsrichter signalisiert schließlich der Mordkommission, daß er der nächsten Haftbeschwerde von Fenarolis Anwälten wohl stattgeben muß. Ohne neues Belastungsmaterial kann er den Unternehmer nicht länger in Haft halten.
Da erinnert sich Luigi Martirano, der Bruder der Ermordeten, plötzlich an eine merkwürdige Szene. Sie spielte sich am 9. September 1958, einen Tag vor dem Mord, auf dem Hauptbahnhof in Rom ab. Er fährt zur Questura und schildert Kommissar Dr. Guarino, was ihm eingefallen ist.
Wie schon häufig, hatte Luigi Martirano auch am Abend des 9. September seinen Schwager Fenaroli an den Zug gebracht. Während er sich aber üblicherweise am Eingang verabschiedete, ging er dieses Mal mit an den Schlafwagen. Unterwegs sprachen die beiden über das neue Schloß an der Tür Maria Fenarolis, zu dem Fenaroli sich an diesem Tag den Schlüssel hatte geben lassen.
Vor dem Schlafwagen der »Compagnie Internationale des Waggons Lits« sprach Fenaroli mit dem Schaffner. Er beschwerte sich bei ihm über einen Kollegen, der ihm zwei Tage vorher – am 7. September – unnötig Schwierigkeiten gemacht habe.
Er sagte: »Das war aber ein sturer Bursche! Er wollte meinen Sekretär nicht mitfahren lassen, weil er nicht angemeldet war. Dabei hätte er in meinem Abteil doch bequem Platz gehabt.«
»Interessant«, sagt der Kommissar, als Luigi Martirano seine Schilderung beendet hat.

Er überlegt: Der Vorfall, über den Fenaroli sich beschwerte, ereignete sich am 7. September. An diesem Tag hatte jemand versucht, mit dem Nachschlüssel in Maria Fenarolis Wohnung einzudringen. Und ausgerechnet an jenem Abend reiste Fenaroli nicht allein von Rom nach Mailand zurück, sondern in Begleitung eines Sekretärs.
Wer war dieser Sekretär? War es Sacchi? Der wird gefragt, weiß aber von nichts. Oder war es Raoul Ghiani, den Fenaroli als seinen Sekretär ausgab?
Die Mordkommission in Rom fragt bei der Zentrale der Schlafwagengesellschaft in Paris nach. Der Kontrollschein für die Fahrt Rom–Mailand am 7. September 1958, um 23 Uhr 35 ab Rom, wird angefordert. Wenige Tage später liegt er vor. Er trägt die Nummer 03206.
Eine Eintragung auf dem Kontrollschein elektrisiert die Beamten. Da heißt es: »Bett Nr. 21 – Ghiani, Raoul. Ausgewiesen durch Führerschein Nr. 270345, ausgestellt in Mailand am 31. Dezember 1953.«
Im selben Waggon fuhr – auch das belegt der Kontrollschein – Giovanni Fenaroli.
Das scheint der endgültige Beweis für das Komplott zwischen Fenaroli und Ghiani zu sein.
Der Untersuchungsrichter läßt den Bauunternehmer aus der Zelle holen. Er konfrontiert ihn mit der Aussage seines Schwagers. Fenaroli aber bestreitet, am fraglichen Abend zusammen mit Ghiani von Rom nach Mailand gereist zu sein. Der Richter weist ihn darauf hin, daß Dokumente der Schlafwagengesellschaft existieren, die ihn der Lüge überführen können. Fenaroli hört sich das schweigend an.
Am nächsten Morgen – es ist der 16. Juni 1959 – verlangt er,

dem Untersuchungsrichter vorgeführt zu werden. Und jetzt gibt er zu, daß er doch zusammen mit Raoul Ghiana gereist ist. Bei gründlichem Nachdenken sei ihm das in der Nacht eingefallen.
Richter: »Und wie kam es zu dieser gemeinsamen Reise?«
Fenaroli: »Ich hatte Raoul damals, am 7. September, zufällig auf dem Hauptbahnhof in Rom getroffen. Er stand am Zeitungskiosk.«
Richter: »Warum haben Sie ihn beim Schaffner als Ihren Sekretär ausgegeben?«
Fenaroli: »Ich wollte ihn in meinem Abteil unterbringen, es war groß genug für zwei. Aber der Schaffner ließ sich nicht darauf ein. Schließlich fand Raoul dann Platz in einem anderen Abteil. Am nächsten Morgen haben wir dann noch bei mir Kaffee getrunken, bevor wir in Rom ankamen.«
Richter: »Wie lange blieben Sie noch zusammen?«
Fenaroli: »Bis zum Aussteigen. Dann haben wir uns getrennt.«
Eine Sekretärin hat die Aussage mitstenografiert. Sie bringt sie zu Papier, und der Untersuchungsrichter läßt sie von Fenaroli unterschreiben. Anschließend wird der schmächtige Unternehmer, der selbst in der Haft einen Trauerflor trägt, in seine Zelle zurückgebracht. Als er fort ist, wendet der Richter sich an den diensttuenden Justizbeamten: »Und nun bringen Sie mir Ghiani!«
Der dunkelhaarige Schönling kommt, nimmt Platz.
»Sind Sie jemals in einem Schlafwagen gefahren?« fragt ihn der Richter.
Ghiani ist auf der Hut. Die langen Monate im Gefängnis haben den jungen Mann verändert. In seinem gewohnten Kreis

galt er als herzlich, als fröhlich und offen. Jetzt wirkt er verschlossen und zurückhaltend. Er läßt sich Zeit mit der Antwort.

Schließlich erwidert er: »Ja, das ist schon lange her – vor etwa vier oder fünf Jahren.«

»Und in der Nacht vom 7. auf den 8. September 1958? Sind Sie da nicht im Schlafwagen von Rom nach Mailand gefahren?«

Ghiani kneift die Augen ein wenig zusammen. »Ausgeschlossen. Da war ich in Mailand.«

»War es nicht vielmehr so, daß Sie – wie der Staatsanwalt annimmt – am 7. September zum erstenmal versuchten, in die Wohnung der Signora Fenaroli einzudringen? Aber als sie um Hilfe rief, verloren Sie die Nerven und liefen davon.«

Raoul Ghiani schüttelt den Kopf. Verbissen erwidert er: »Der Staatsanwalt kann behaupten, was er will. Ich habe mit dieser Sache nichts zu tun.«

Da legt der Richter den Kontrollschein der Schlafwagengesellschaft auf den Tisch. Mit unverkennbarem Triumph in der Stimme sagt er: »Hier sind die Beweise für Ihre Zugfahrt! Wollen Sie jetzt noch weiter leugnen – oder wollen Sie gestehen? Es hat doch keinen Zweck mehr. Auf dem Kontrollschein steht sogar die genaue Nummer Ihres Führerscheins.«

Raoul Ghiani reagiert rasch. »Das ist schon möglich«, entgegnet er. »Aber das läßt sich erklären. Anfang September habe ich meine Brieftasche mit dem Führerschein verloren. Jemand anders kann sich also für mich ausgegeben haben.«

»Dagegen spricht eins: Sie sind in dem Schlafwagen gesehen worden. Sie haben sogar mit einem Bekannten gefrühstückt!«
»Mit wem?«
»Mit Signor Fenaroli.«
Jetzt wird der junge Mann blaß. Fast verzweifelt entgegnet er: »Das kann nicht sein. Das kann Signor Fenaroli nicht gesagt haben – denn es stimmt nicht!«
Zwei Tage später, am 18. Juni, kommt es zu einer dramatischen Gegenüberstellung.
Nacheinander werden Fenaroli und Ghiani in eines der Besuchszimmer des Untersuchungsgefängnisses geführt. Auf zwei Meter Entfernung nehmen die beiden so unterschiedlichen Männer Aufstellung: der zierliche, schmächtige Unternehmer mit dem Schnurrbart und der zerfurchten Stirn und der junge Hüne, breitschultrig, mit seinem gutgeschnittenen offenen Gesicht.
Jeder bleibt bei seiner Aussage: Fenaroli, der Raoul duzt, behauptet steif und fest, daß er Ghiani am fraglichen Abend in Rom getroffen hat. Ghiani, der Fenaroli mit dem respektvollen Sie anspricht, behauptet ebenso steif und fest, daß das nicht stimmt, daß er seit Jahren nicht mehr in Rom gewesen ist.
Einer von beiden lügt. Aber wer: Fenaroli oder Ghiani?
Diese Frage beschäftigt nicht nur die Polizei. Sie wird heftig in der Öffentlichkeit diskutiert, in der der Mord in der Via Monaci großes Aufsehen erregt hat.
Fenaroli, der eitle und gewiegte Geschäftemacher, der vor allem durch zwielichtige Spekulationen Millionen »gemacht« hat, ist für viele eine unsympathische Figur. Ihm würde man

einen Mord aus Gewinnsucht oder die Anstiftung dazu schon zutrauen.
Raoul Ghiani aber, seinen angeblichen Helfer, den einfachen sympathischen Jungen aus dem Volk, halten die meisten für unschuldig. Seine Vorgesetzten, seine Freunde und Bekannten haben ihm das beste Zeugnis ausgestellt. Er gilt allgemein als fleißig, tüchtig und bescheiden. Ein Verbrechen, eine Bluttat gar, würde nicht zu seinem Charakterbild passen. Außerdem: Was für ein Motiv sollte er gehabt haben? Seine Festnahme scheint trotz aller Indizien, die gegen ihn sprechen, ein Fehlgriff zu sein.
Die Polizei wird heftig angegriffen. Für sie aber wird immer deutlicher: Raoul ist die Schlüsselfigur des Verbrechens. Will man Fenaroli, der für die Tatzeit ja ein einwandfreies Alibi hat, als Drahtzieher hinter den Kulissen entlarven, muß man seine Marionette, seinen Vollstrecker, des Mordes überführen. Gelingt das nicht, kann man auch Fenaroli nicht belangen.
Für die römische Kriminalpolizei eine harte Nuß. Denn wo die Beamten auch hingreifen und nachforschen – überall wird Raoul gedeckt.
Allerdings: Im Gegensatz zu Fenaroli hat er kein Alibi für die Mordnacht.
Er sagt: »Ich war mit einer jungen Frau aus der Via Brera zusammen.«
»Wie heißt sie?«
»Ihren Namen kann ich nicht nennen.«
»Warum nicht?«
»Sie ist verheiratet ...«
Die italienische Polizei und Justiz haben viel Verständnis für verschwiegene Liebesgeschichten – solange es nicht um

Mord geht. Doch so sehr die Beamten auch auf den schönen Dunkelhaarigen eindringen, der Name seiner angeblichen Freundin ist ihm nicht zu entlocken.
Das macht ihn zwar weiter verdächtig. Doch zu einer Mordanklage gegen ihn und Giovanni Fenaroli reicht es immer noch nicht. Da kommt den Behörden, wie so oft bei großen Kriminalfällen, der berühmte »Kommissar Zufall« zu Hilfe.

In der Mailänder Firma »Vembi«, einer Werkstatt für Fotokopiergeräte, in der Raoul Ghiani bis zu seiner Verhaftung gearbeitet hat, muß am 11. Mai 1960 der 32jährige Techniker Aldo Dusi einige Mikrofilme entwickeln. Dabei stellt er fest, daß ihm das Lösungsmittel ausgegangen ist.
Seine Schublade ist leer. Da die Arbeit eilt und die Materialausgabe schon geschlossen ist, sucht Aldo Dusi die Werkstatt ab. Er stößt dabei auch auf das Regal Ghianis, in dem immer noch dessen Werkzeug liegt.
In einem Fach des Regals findet er eine Dose. Als er sie öffnet, entdeckt er darin statt des Lösungsmittels ein Päckchen, das mit einem Stück Stoff mit Schottenmuster umwickelt ist. Er löst den Stoff ab, dann die nächste Schicht, dünnes Seidenpapier. Nun sieht er den Inhalt: funkelnde Ringe, Ketten und Brillanten.
»Das sind ja die Juwelen der Maria Fenaroli!« schießt es ihm durch den Kopf.
Er informiert seinen Chef, der die Polizei benachrichtigt. Am nächsten Morgen – seit dem Mord sind inzwischen zwanzig Monate vergangen – fährt eine Gruppe von römischen Justizbeamten und Polizisten nach Mailand. An ihrer

Spitze Untersuchungsrichter Modigliani und Staatsanwalt Felicetti.

Sie alle nehmen in der Werkstatt der Firma »Vembi« die Dose mit dem Schmuck in Augenschein. Auf einer Goldmedaille findet Richter Modigliani den Namen »Nino Fenaroli« eingraviert. »Nino« ist der Kosename von Giovanni. Kein Zweifel also: Es handelt sich um die Schmuckstücke der Ermordeten!

Ein vernichtender Schlag für Ghiani, der nach wie vor seine Unschuld beteuert.

Mit dem Schmuckraub wollte der Mörder eine falsche Spur legen. Nun führt diese Spur zu ihm selbst: zu Raoul Ghiani, dem niemand etwas Böses zutraut. Dieser Fund entlarvt ihn. Denn nur der Mörder konnte den Schmuck der Toten an sich bringen.

Nun zögert der Staatsanwalt nicht länger. Er erhebt Anklage gegen den Auftraggeber und gegen den Handlanger des »Mordes auf Bestellung« in der Via Monaci Nr. 21 Der Prozeßbeginn wird auf Anfang Februar 1961 festgesetzt.

Da meldet sich überraschend ein neuer Zeuge. Im Gefängnis von Mailand erklärt der Häftling Vinzenzo Barbaro, einer der bekanntesten Berufsverbrecher Italiens, genannt »König der Ausreißer«: »Ich kenne den wahren Mörder der Frau Fenaroli. Ich habe ihn unter Drohungen gezwungen, die geraubten Schmuckstücke bei der Firma ›Vembi‹ zu deponieren. Seine Antwort habe ich in einem versiegelten Umschlag am 20. Januar dieses Jahres bei der Gefängniskanzlei hinterlegt.«

Eine Kontrolle ergibt: An diesem Tag ist tatsächlich ein Brief bei der Gefängniskanzlei hinterlegt worden. Man öffnet ihn

und liest: »Ich habe deinen Befehl ausgeführt und den Schmuck bei ›Vembi‹ versteckt. – Marco.«
Dieser Brief und sein Verfasser »Marco« scheinen ein Phantasieprodukt des Häftlings Barbaro zu sein. Äußerst merkwürdig aber ist, daß er schon am 20. Januar das Versteck der Juwelen kennen konnte, von dem die Polizei erst am 11. Mai erfahren hat.
Gibt es im Fall Fenaroli also noch einen vierten Mann neben Fenaroli, Ghiani und Carlo Inzolia – oder gibt es eine andere Erklärung für diesen mysteriösen Brief?
Der Staatsanwalt recherchiert, und er glaubt, diese Erklärung schnell gefunden zu haben.
Vinzenzo Barbaro, so stellt sich heraus, war im Gefängnis »Zur Himmlischen Königin« in Rom lange mit den Häftlingen Fenaroli, Ghiani und Inzolia zusammen. Er fungierte zwischen ihnen als geheimer Briefträger. Er schmuggelte gegen Geld Kassiber von einem zum anderen. Dabei wurde er geschnappt und zur Strafe ins Mailänder Gefängnis abgeschoben.
Als Vertrauter der Hauptfiguren im Mordfall Fenaroli, so meint der Staatsanwalt, kann er natürlich vom Versteck der Juwelen erfahren und den Marco-Brief entsprechend konstruiert haben. Dennoch bleibt dieser Vorfall undurchsichtig.
Mit Spannung erwartet Italien den Mordprozeß, der endgültig klären soll: Ist der Bauunternehmer Giovanni Fenaroli der Mordanstifter, den Polizei und Justiz in ihm sehen, der Mann, der ein ebenso raffiniertes wie kaltblütiges Versicherungsverbrechen ausheckte? Hat er seine Frau töten lassen, um seine Schulden loszuwerden, um durch ihr Ster-

ben den drohenden Ruin seines Unternehmens zu vermeiden?
Oder aber wurden er und seine angeblichen Helfer – wie ein Teil der Öffentlichkeit meint – die Opfer finsterer Machenschaften? Opfer der Polizei, die sie um jeden Preis zu Mördern zu stempeln versucht?
Nicht zu übersehen ist jedenfalls, daß die Voruntersuchungen gegen die Angeklagten einige Mängel in der Polizeiarbeit aufgedeckt hat. Ohne einige Glücksumstände, wie das zufällige Auffinden des Schmucks, wäre die Hauptverhandlung kaum zustande gekommen.

Als am 6. Februar der Prozeß im Justizpalast von Rom beginnt, wird das Gebäude neben der Engelsburg am Tiber von Bereitschaftspolizei umstellt. Das Innenministerium befürchtet Unruhen. Menschenschlangen drängen sich vor den Toren, Hunderte müssen umkehren. 150 Journalisten aus dem Ausland sitzen auf der Pressetribüne, um den Ausgang des Dramas zu verfolgen.
Kurz nach 9 Uhr werden die drei Angeklagten gefesselt in den Gerichtssaal geführt, hier Aula genannt, einen Raum, der mit seinem vielen Stuck und überladenem Pomp eher einem Operntheater gleicht, als einem Gericht, vor dem nüchtern über menschliche Schicksale entschieden wird.
Giovanni Fenaroli, der Hauptangeklagte, wirkt braungebrannt. Nach 26 Monaten Untersuchungshaft ist das ein kleines Wunder. Raoul Ghiani dagegen sieht sehr blaß und aufgedunsen aus. Carlo Inzolia, der angeklagt ist, Ghiani als Mörder an Fenaroli vermittelt zu haben, macht einen unscheinbaren Eindruck.

Nachdem ein dichter Ring von Carabineri die Angeklagten umstellt hat, werden ihnen die Handschellen abgenommen. Um 9 Uhr 30 ruft der Gerichtsdiener: »La corte!«
Der Gerichtshof erscheint: Vorsitzender Nicolo La Bua, sein Beisitzer Richter Beniamino Fagnano und die sechs Geschworenen, vier Männer und zwei Frauen. Ihnen folgt als Vertreter der Anklage der Staatsanwalt Giuseppe Mauro, ein großer gutaussehender Mann mit gewinnendem Lächeln. Ein Berichterstatter schreibt: »Viele Frauen im Publikum sind nur gekommen, um seinen Auftritt zu erleben.« Mauro gilt als der härteste Ankläger Italiens.
Der Prozeß beginnt mit einem Paukenschlag. Kaum ist die Beweisaufnahme eröffnet, da steht Fenarolis Verteidiger auf, der 82jährige Professor Francesco Carnelutti, der als Star der römischen Anwälte gilt. Der weißhaarige Advokat hebt, zum Richtertisch gewandt, theatralisch die Hände.

VERTEIDIGER: »Ich beantrage, den ehemaligen Bürovorsteher meines Mandanten, Egidio Sacchi, ebenfalls unter Anklage zu stellen. Wenn es ein Mordkomplott gegeben hat, was wir bestreiten, dann hat er Beihilfe geleistet.«

Raunen unter den Zuhörern. Staatsanwalt Mauro springt auf, um sofort zu parieren. Er weiß, was der streitlustige Professor damit im Schilde führt: Er will seinen Kronzeugen außer Gefecht setzen – die wichtigste Stütze der Anklage. Mauro wendet sich ebenfalls beschwörend an Richter und Geschworene.

STAATSANWALT: »Ich beantrage, diese Forderung der Verteidigung zurückzuweisen! Sie verfolgt nur den Zweck, die Verhandlung zu torpedieren und die Handlungsfähigkeit der Anklagebehörde unzulässig einzuschränken.«

Darauf folgt die nächste Attacke der Verteidigung. Rechtsanwalt Franz Sarno leitet sie ein.

VERTEIDIGER: »Ich beantrage, den Häftling Vinzenzo Barbaro als Zeugen vorzuladen. Er kann entscheidende Aussagen über den wirklichen Mörder machen.«

STAATSANWALT: »Ich beantrage, auch das abzulehnen. Barbaro kann nichts wirklich Wichtiges zu diesem Prozeß beitragen. Die Sache mit dem Marco-Brief ist von uns untersucht worden. Er will sich nur interessant machen.«

Über diese Anträge wird erst am dritten Sitzungstag – nach endlosen Verfahrensstreitereien zwischen Verteidigern und Staatsanwalt – entschieden. Das Gericht lehnt die Forderungen der Verteidigung nach langer geheimer Sitzung gegen Mitternacht ab.

Am vierten Verhandlungstag wird als erster Angeklagter Giovanni Fenaroli vernommen. Ebenso wie seine Mitangeklagten bestreitet er jede Schuld. Der Mörder seiner Frau sei woanders zu suchen. Er wisse auch, wo.

VORSITZENDER: »Das müssen Sie uns schon näher erklären.«

FENAROLI: »Meine Frau wurde erpreßt. Leute, die ihre Vergangenheit kannten, bedrohten sie seit Jahren. Maria hatte Angst vor ihnen. Sie brachten sie vielleicht um, weil sie zum Schluß nicht mehr zahlte.«

VORSITZENDER: »Wie kommen Sie auf die Erpressung?«

FENAROLI: »Ich mußte Maria laufend Geld geben, das sie auf ungeklärte Weise ausgab.«

VORSITZENDER: »Sie sind in der Voruntersuchung von Ihrem Bürovorsteher Sacchi schwer belastet worden. Er wird hier als Zeuge auftreten. Nach seinen Bekundungen planten Sie, Ihre Frau umzubringen, um die Versicherungssumme zu kassieren und sich so zu sanieren. Was erklären Sie dazu?«

FENAROLI: »Das stimmt nicht. Tatsächlich war es genau umgekehrt: Sacchi regte an, meine Frau durch einen Autounfall tödlich verunglücken zu lassen.«

VORSITZENDER verwundert: »Aus welchem Grund?«

FENAROLI: »Ebenfalls wegen der Versicherung.«

Die Taktik des Bauunternehmers ist es also, alle Schuld von sich abzuwälzen und den Hauptzeugen der Anklage zu belasten. Auch sein vermutliches Motiv, den drohenden Ruin seines Unternehmens, versucht er abzuschwächen. Mit Hilfe von Kreditzusagen einiger Geldinstitute habe er die Hauptkrise überwinden können.

Ankläger Mauro läßt sich von dem Taktieren Fenarolis und seiner Verteidiger nicht beeindrucken. Er breitet vor Richtern und Geschworenen die Beweise aus, nach seiner Überzeugung eine festgefügte Mauer von Indizien.

Nach seinen Ermittlungen ergibt sich folgender Ablauf des Mordgeschehens:

7. September 1958:

Ein Sonntag. Giovanni Fenaroli ist in Rom. Er besucht seine Frau. Raoul Ghiani hält sich irgendwo in der Stadt versteckt. Fenaroli hat ihm seinen Schlüssel zur Wohnung in der Via Monaci Nr. 21 gegeben.

Abends, wenn seine Frau ihn wie gewöhnlich zum Bahnhof bringt, soll Raoul sich in die Wohnung schleichen. Wenn sie zurückkehrt, soll er sie töten.

Maria Fenaroli aber fühlt sich unwohl. Sie geht nicht mit zum Bahnhof. Raoul weiß das nicht. Als er die Wohnung auf-

schließen will, hört er ganz unerwartet die ängstlichen Rufe der Frau. Er verliert die Nerven, läuft zum Bahnhof, wo Fenaroli ihn wütend empfängt.
Fenaroli gibt Raoul beim Schaffner als seinen Sekretär aus und versucht, ihn in seinem Ein-Mann-Schlafabteil unterzubringen. Das klappt nicht. Er kauft ihm ein Billet für ein anderes Bett.

8. September:
Fenaroli beauftragt Ghiani, sofort wieder nach Rom zu fliegen. Von seinem Bürovorsteher Sacchi läßt er eine Flugkarte auf den Namen »Rossi« kaufen.
Ehe sein Komplize aber fliegen kann, hört er aus seinem Büro in Rom, daß seine Frau sich nach dem Vorfall am Sonntag furchtbar ängstigt. Um nicht allein in der Wohnung zu sein, hat sie ihre Schwester gebeten, bei ihr zu übernachten.
Fenaroli läßt daraufhin den Flug für »Rossi« streichen und fliegt selber nach Rom.

9. September:
Der Bruder seiner Frau läßt das Schloß an der Wohnungstür auswechseln. Fenaroli nimmt den neuen Schlüssel in Empfang. Er weiß aber auch, daß nun zusätzlich eine Sicherheitskette an der Tür ist. Raoul muß sich also mit einer List bei der überängstlichen Maria Eintritt verschaffen. Abends kehrt Fenaroli mit dem Schlafwagen nach Mailand zurück.

10. September:
Um 18 Uhr 40 steckt Raoul Ghiani in der Firma »Vembi« seine Lochkarte in die Stechuhr. In der Nähe wartet Fenaroli auf ihn. Der Unternehmer bringt Ghiani mit seinem Sportwagen in rasender Fahrt zum Flughafen Mailand. Als »Signor Rossi« fliegt Raoul um 19 Uhr nach Rom.

Fenaroli verschafft sich ein Alibi, indem er mit Sacchi, Carlo Inzolia und der kleinen Donatella im Mailänder Lokal »Berti« zu Abend ißt.

23 Uhr 10:

Begleitet von Sacchi fährt Fenaroli in sein Büro und telefoniert mit seiner Frau.

Er sagt ihr im Beisein seines Bürovorstehers: »Gleich kommt ein Mann zu dir, ein Bote von mir ...« Er weist sie an, dem Boten zu öffnen. Er würde ihr wichtige Unterlagen übergeben, die vor der Steuer versteckt werden müßten.

23 Uhr 24:

Fenaroli hängt den Hörer ein. Sacchi fragt ihn, wer dieser Bote denn sei. Seine Antwort: »Es ist Raoul ...«

23 Uhr 32:

Vor dem Haus Via Monaci Nr. 21 in Rom steht das Liebespaar Reana Trentini und Antonio Sica. Reana sieht einen Mann rasch herankommen. Er wirkt unheimlich. Er trägt einen blauen Anzug und eine gelbe Aktentasche unter dem Arm. Vor dem beleuchteten Hauseingang bleibt er stehen, schellt.

23 Uhr 35:

Eine dunkelhaarige Frau im geblümten Kleid kommt durch das Treppenhaus nach unten: Maria Fenaroli. Sie öffnet die Haustür, ist aber mißtrauisch. Sie will den Boten im Treppenhaus abfertigen und läßt sich den Umschlag mit den Papieren geben. Raoul ist darauf vorbereitet.

Er fragt nach einem Ordner, den er mitnehmen soll. Maria Fenaroli weiß von nichts. Raoul bittet sie, ihren Mann in seinem Mailänder Büro anzurufen. Die Frau zögert einen Moment. Dann sieht Reana Trentini die beiden zur Treppe gehen.

23 Uhr 38:
Maria Fenaroli geht mit ihrem Mörder nach oben. Sie ist nervös, raucht eine Zigarette. Im ersten Stock schließt sie die Tür auf, läßt Raoul an sich vorbei eintreten. Sie tritt zum Telefon in der Diele, will ihren Mann anrufen. Dabei kehrt sie ihrem Besucher den Rücken zu.
Raoul Ghiani stürzt sich von hinten auf sie. Dabei wird der Telefonstecker aus der Dose gerissen. Er erwürgt die Frau, schleift sie in die Küche.
Dann legt er eine falsche Spur, die auf Raubmord deuten soll: Er durchwühlt alle Schränke und Schubladen, leert die Schmuckkassette, nimmt das Bargeld mit. Nach dem Mord fährt er nach Mailand zurück. Elf Stunden später wird sein Opfer tot aufgefunden.

Soweit der Fahrplan des Mordes, wie der Staatsanwalt ihn rekonstruiert hat.
Um ihn zu beweisen, präsentiert er seine beiden Hauptzeugen: Egidio Sacchi und die Garderobiere Reana Trentini.
Sacchi packt auch vor Gericht rücksichtslos gegen seinen früheren Chef aus. Noch einmal schildert er Fenarolis finanzielle Bedrängnis, seine Mordpläne, die Vorbereitung der Tat und das Telefongespräch, mit dem Fenaroli seine Frau dazu brachte, ihrem Mörder die Tür zu öffnen – die Todesfalle.
Reana Trentini schildert ihre Begegnung mit dem »Mann im blauen Anzug«.
STAATSANWALT: »Haben Sie den Mann danach noch einmal gesehen?«
ZEUGIN: »Ja.«
STAATSANWALT: »Bei welcher Gelegenheit?«

ZEUGIN: »Mir wurden vier Männer gegenübergestellt. Alle trugen blaue Anzüge. Ich erkannte ihn sofort wieder. Er war einer von ihnen.«

STAATSANWALT: »Ist dieser Mann hier im Saal?«

ZEUGIN leise: »Ja.«

STAATSANWALT: »Bitte, zeigen Sie mir den Mann!«

Zögernd deutete Reana Trentini, eine füllige Frau mit blondgefärbtem Haar, auf Raoul Ghiani, der in diesem Augenblick den Kopf senkt.

ZEUGIN: »Das ist er!«

STAATSANWALT: »Sind Sie ganz sicher?«

ZEUGIN: »Ja, absolut.«

Man sieht: Die Geschworenen sind von diesem Auftritt beeindruckt. Das war beste Dramaturgie, geschickt bis zum Höhepunkt gesteigert. Perfektes Justiz-Theater.

Aber auch die Verteidiger verstehen sich auf dramatische Effekte. Überraschend für das Publikum lassen sie den anderen Zeugen aufrufen, der zur selben Zeit wie die Zeugin der Anklage vor dem Mordhaus stand. Es ist der 26jährige Kraftfahrer Benito Sensoli. Anwalt Franz Sarno tritt auf ihn zu.

VERTEIDIGER: »Bitte, schildern Sie uns, was Sie am Abend des 10. September 1958 erlebten.«

ZEUGE: »Kurz vor elf Uhr abends kam ich mit meinem Wagen in die Via Monaci. Ich parkte an der Ecke zur Piazza Bologna. Ich hatte dort eine Verabredung.«

STAATSANWALT: »Erinnern Sie sich, mit wem?«

ZEUGE: »Ich wartete – hm – auf eine Person ...«

Ankläger Mauro runzelt die Stirn. Seine Stimme klingt ungeduldig: »Bitte, drücken Sie sich etwas genauer aus. Was für eine Person?«

Der junge Mann mit dem rabenschwarzen Haar wird immer verlegener. Er schwitzt, schweigt aber verbissen.

VERTEIDIGER: »Ich protestiere gegen solche Vernehmungsmethoden! Der Herr Ankläger weiß genau, daß der Zeuge an jenem Abend eine Dame in der Via Monaci erwartete – eine verheiratete Frau. Deshalb ließ er vierzehn Tage nach dem Mord verstreichen, ehe er seine Beobachtung der Polizei meldete. Er hatte Angst um seine Ehe. Mit welchem Recht, das zeigt die Befragung durch den Herrn Ankläger!«

Ungeduldig schaltet sich jetzt Gerichtspräsident La Bua ein: »Die ehelichen Schwierigkeiten des Herrn Zeugen haben nichts mit dem Gegenstand der Verhandlung zu tun. Bitte, Herr Zeuge, kommen Sie zur Sache!«

Es dauert eine Weile, bis Benito Sensoli seine Ruhe wiedergewinnt. Dann schildert er, wie schon vor der Polizei, wie er aus seinem Wagen heraus einen Fiat 1100 beobachtete, der zweimal durch die Via Monaci fuhr und vor dem Haus Nr. 21 jedesmal den Motor aufheulen ließ. Danach sei im Treppenhaus eine Frau im geblümten Kleid aufgetaucht. Sie habe sich am Schloß der gläsernen Haustür zu schaffen gemacht. Er habe den Eindruck gehabt, daß sie das Schloß öffne.

ZEUGE: »Kurz darauf kam der Fiat abermals herangeschossen. Und wieder ließ er vor dem Haus den Motor aufheulen.«

STAATSANWALT: »Zu dieser Zeit hatte die Dame, auf die Sie warteten, schon dreißig Minuten Verspätung. Ist es nicht etwas ungewöhnlich, daß Sie weiter warteten?«

ZEUGE, lächelnd: »Nein. Wir hatten vereinbart, daß die Dame kommen würde, sobald sie sich freimachen konnte.«

STAATSANWALT: »Hm ...«
Für einen Moment weicht die Spannung im Saal einem vergnügten Raunen. Auch die Uniformierten, die neben der Anklagebank postiert sind, müssen schmunzeln. Dann wird es wieder still.

ZEUGE: »Als der Wagen zum drittenmal kam, wurde er vor Nummer 21 scharf gebremst. Ein Mann sprang heraus und lief auf den Eingang zu. Er überzeugte sich davon, daß die Tür geöffnet war. Dann stieg er wieder ein und fuhr weg. Plötzlich verstummte das Motorengeräusch. Wenig später sah ich den Fahrer des Fiat eilig zu Fuß herankommen. Er lief auf die Nummer 21 zu, blieb kurz vor der Tür stehen und verschwand dann im Treppenhaus.«

STAATSANWALT: »Sind Sie sicher, daß der Mann, der ins Haus ging, der Mann aus dem Fiat war?«

ZEUGE: »Ja.«

VERTEIDIGER: »Was beobachteten Sie weiter?«

ZEUGE: »Nach etwa fünfzehn Minuten kam der Mann wieder heraus, diesmal in höchster Eile. Er machte sich an seinem Anzug zu schaffen. Dann begann er zu laufen. Er drehte sich noch einmal um.«

STAATSANWALT: »Wie sah der Mann aus?«

ZEUGE: »Schlank, ziemlich groß, mit hagerem Gesicht und dunklem Haar. Er trug einen dunklen Anzug.«

Als Verteidiger Franz Sarno nach einer geschickt eingelegten Pause dem Zeugen die nächste Frage stellt, kommt es zu einem neuen Höhepunkt der Verhandlung.

VERTEIDIGER: »War der Mann, den Sie in jener Nacht gesehen haben, der Angeklagte Raoul Ghiani?«

Benito Sensoli richtet sich etwas im Zeugenstuhl auf. Dann erwidert er kopfschüttelnd: »Nein – er war es nicht!«
Das kommt wie ein Paukenschlag. Ein unerwarteter Sieg für die Verteidigung.
Denn nun gibt es zwei Zeugen, die den Mörder der Maria Fenaroli gesehen haben: Der eine behauptet, daß es Raoul Ghiani gewesen ist – der andere behauptet, er war es nicht.
Einer von beiden muß sich irren – oder bewußt etwas Falsches sagen. Aber wer?
Staatsanwalt Mauro gibt sich noch nicht geschlagen. Im weiteren Verlauf des Prozesses spielt er zwei weitere Trümpfe aus. Er präsentiert zwei Zeugen, die Ghianis Aussage widerlegen, er sei am Tatabend nicht in Rom gewesen.
Da ist einmal die hübsche Elsa Calo. Sie war Fluggast der viermotorigen Vickers-Viscount-Maschine, die am 10. September 1958 um 19 Uhr 25 von Mailand nach Rom flog.
Sie erkennt in Raoul Ghiani den Mann wieder, der als letzter Passagier im Laufschritt auf die Maschine zukam.
Ein wenig verlegen sagt sie: »Ich achtete auf ihn, weil er eine so athletische Figur hatte und so gut aussah ...«
Der zweite Zeuge des Staatsanwalts ist der Textilarbeiter Bernardo Ferrasesi, ein Mann mit schmalem Gesicht und dünnem schwarzen Schnurrbart. Er erinnert sich, daß Raoul Ghiani ihm im Expreßzug »Pfeil des Südens« gegenübersaß, der in der Nacht vom 10. zum 11. September von Rom nach Mailand fuhr. Und zwar in einem Abteil zweiter Klasse auf einem Fensterplatz.
»Wir haben uns lange unterhalten«, gibt er an. »Signor Ghiani erzählte mir, daß er im Zug immer schlafen kann, und ich beneidete ihn darum.«

Damit ist das Schicksal Raoul Ghianis besiegelt: Er wurde gesehen als er vor der Tat von Mailand nach Rom flog – und als er nach der Tat von Rom nach Mailand zurückkehrte. Demnach muß er auch der »Mann im blauen Anzug« gewesen sein, den die Garderobiere Reana Trentini beim Betreten des Mordhauses erkannte. Sie stand näher am Eingang als der Kraftfahrer Benito Sensoli, der ein ganzes Stück vom Haus entfernt parkte und dessen Beobachtungen deshalb nicht so genau sein können.

Und das Motiv Ghianis? Auch das ist für Staatsanwalt Mauro klar: Geld. Einem Arzt hatte Fenaroli für die gewünschte Mordhilfe 15 Millionen Lire (damals 100 000 Mark) geboten. Eine Summe, die selbst einen so unbescholtenen und »anständigen« jungen Mann wie Raoul Ghiani sicher schwach machen konnte.

Nach 77 turbulenten Verhandlungstagen ist das Urteil nur noch Formsache: Giovanni Fenaroli und Raoul Ghiani müssen wegen Mordes und Anstiftung zum Mord lebenslänglich ins Zuchthaus. Carlo Inzolia wird mangels Beweises von der Anklage der Beihilfe freigesprochen.

»Ich bin unschuldig!« ruft Raoul nach der Urteilsverkündung.

»Ich bin unschuldig ...«, murmelt fassungslos auch Fenaroli, der weinend zusammenbricht, so wie damals, als ihm der Tod seiner Frau gemeldet wurde. Dieses Mal allerdings spielt er kein Theater, ist seine Verzweiflung echt.

Im Juli 1963 bestätigt die Berufungsinstanz die Lebenslänglich-Urteile. Der Freispruch von Carlo Inzolia wird aufgehoben und – nach einem neuen Prozeß – in 13 Jahre Zuchthaus umgewandelt.

Fünf Jahre später kommt der Name Giovanni Fenaroli ein letztes Mal in die Schlagzeilen: Im Mai 1968 heiratet der zu lebenslanger Haft Verurteilte, inzwischen 60 Jahre alt, im Gefängnis von Porto Azzura auf Elba mit einer Sondergenehmigung die hübsche 39jährige Friseuse Adalgisa Cagliani, eine langjährige Freundin aus Mailand.

Der Fall Elfriede Tiltmann
Zum Nachtisch Pflaumensuppe

Die schöne, etwas mollige Frau mit dem dunkelroten Haar hat kühle graue Augen. Der Mann neben ihr trägt einen Zwicker in seinem blassen Gesicht und hat einen akkurat gezogenen Scheitel. In ihrem Wohnzimmer in der Stedersdorfer Straße 26 in Peine sitzen sie dem Agenten einer großen Versicherung gegenüber, der sie erwartungsvoll anblickt.

Der Mann mit dem Zwicker deutet auf die sorgfältig frisierte Rothaarige neben sich.

»Frau Tiltmann macht sich Sorgen um ihre beiden Kinder«, sagt er. »Deshalb haben wir Sie zu uns gebeten.«

»Verstehe«, erwidert der Agent. »Sie möchten sich also bei uns versichern lassen.«

»Nein, nein – wir wollen eine Lebensversicherung für einen ihrer Söhne abschließen.«

Die Stimme des Mannes mit dem Zwicker klingt ein wenig unwirsch. Es ist der Sparkasseninspektor Willi Othmer, der Geliebte Elfriede Tiltmanns. Seit dem plötzlichen Tod ihres Mannes lebt sie mit ihm zusammen.

Der Versicherungsagent sieht ihn erstaunt an. »Das habe ich noch nie gehabt. Normalerweise wollen doch Eltern ihre Kinder versorgt wissen, falls ihnen einmal etwas zustößt – und nicht umgekehrt.«

Willi Othmer geht darauf nicht ein. Er zeigt eine unbewegte

Miene. »Wir haben uns das sehr gut überlegt. Wir möchten eine Versicherung für Martin abschließen – über 35000 Mark.«
»Wie alt ist Martin?«
»Vierzehn.«
»Erst vierzehn? Da muß ich Sie gleich auf die Kinderklausel aufmerksam machen«, sagt der Agent.
Othmer runzelt die Brauen unter seiner hohen, kahlen Stirn. »Eine Kinderklausel?«
Der Besucher erläutert, daß die von ihm vertretene Gesellschaft, die Nova-Versicherung, beim Ableben eines Kindes vor dem vollendeten 18. Lebensjahr nur den bis dahin eingezahlten Betrag mit Zinsen auszahlt, nicht aber die Versicherungssumme.
Als Frau Tiltmann ihn verwundert nach dem Grund fragt, gibt er zur Antwort: »Eine reine Vorsichtsmaßnahme – damit Eltern ihre Kinder nicht in den Teich schubsen ...«
Diese Bemerkung soll scherzhaft klingen. Aber weder Elfriede Tiltmann noch Willi Othmer kann sie ein Lächeln entlocken.
Nach den Worten des Agenten ist es für einen Moment still in dem bürgerlich-elegant eingerichteten Wohnzimmer. Die attraktive Witwe und der bläßliche Mann mit dem Zwicker tauschen einen schnellen Blick.
Dann erklärt Elfriede Tiltmann: »Ich weiß, daß andere Versicherungen diese 18-Jahres-Klausel nicht haben.«
Der Agent zuckt mit den Schultern. »Tut mir leid, Frau Tiltmann. Wir haben sie nun mal.«
Othmer lenkt das Gespräch anschließend auf andere Dinge. Kurze Zeit später verabschiedet er den Mann von der

»Nova«, höflich aber kühl. Er deutet an, daß er noch einmal anrufen will.
Auf diesen Anruf soll der Agent jedoch vergeblich warten.

Was der Versicherungsmann nicht weiß, ist dies: Zu dieser Zeit – im März 1951 – macht die 39jährige Elfriede Tiltmann gerade ihren Führerschein. Sie will den Opel-Olympia, den sie und ihr Geliebter bei einer Auto-Vertretung in Peine bestellt haben, selbst steuern können. Das Auto soll Anfang August geliefert werden.
Wie es bezahlt werden soll, ist allerdings ein Rätsel – denn soviel Geld ist nicht mehr auf dem einst üppigen Konto der Witwe.
Ebenfalls Anfang August wird ein Kredit in Höhe von 5000 Mark zur Rückzahlung fällig. Willi Othmer hat ihn bei der Kreissparkasse in Peine, bei der er als Leiter der Kontokorrentabteilung tätig ist, für Elfriede Tiltmann aufgenommen. Dem Kreditsachbearbeiter, der ihn fragte, wie er die Summe wieder ablösen wolle, erklärte er: »Am 1. August werden 30 000 Mark bar einbezahlt.«
Wie das Paar bis dahin zu diesem Betrag kommen soll – das ist ebenfalls ein Rätsel.
Bei der angespannten Finanzlage der beiden ist noch etwas anderes verwunderlich: Vor dem Gespräch mit dem Mann von der »Nova« hat Elfriede Tiltmann am 13. März zusammen mit Willi Othmer mit einem Vertreter der »Allianz« verhandelt. Obwohl dieser Agent später erklären wird, daß er in seiner zwanzigjährigen Versicherungspraxis mit einem solchen Vertrag noch nicht zu tun hatte, zeigte er keinerlei Bedenken, mit 35 000 Mark das Leben eines Jungen zu ver-

sichern, der in Kürze – am 27. März – erst vierzehn Jahre alt wird. Und nach Martins Geburtstag schließt seine Mutter noch vier weitere Versicherungen ab. Der kleine Martin ist schließlich mit insgesamt 67 000 Mark versichert – für den Fall seines vorzeitigen Ablebens.

Wie Elfriede Tiltmann allerdings die Jahresprämie von 2631,90 Mark für die fünf Versicherungen zahlen will – ein weiteres Rätsel.

Alles das kann nur einen Sinn ergeben, wenn Elfriede Tiltmann mit dem Tod ihres Sohnes spekuliert. Wenn er stirbt, ist sie mit einem Schlag alle finanziellen Sorgen los. Stirbt er gar vor dem 1. August, kann sie die dann fälligen Beträge aus den Versicherungen pünktlich bezahlen ...

Daß eine Mutter sich mit solchen Gedanken überhaupt beschäftigt, kann man sich nur schwer vorstellen. Die naturgegebene Aufgabe der Frau ist es ja, Leben zu gebären, Leben zu schützen und zu erhalten. Daß sie das von ihr geborene Leben aufs Spiel setzt, um – selbst in größter Not – daraus persönlichen Nutzen ziehen zu können, paßt nicht zum Mutterbild, das normale Menschen mit sich herumtragen.

Aber auch unter Müttern gibt es Reine und Unreine, Heilige und Sünderinnen, Unschuldige und Verbrecherinnen.

Schon bald soll sich zeigen, zu welcher Kategorie die Mutter Elfriede Tiltmann gehört.

Wir begegnen ihr wieder am 1. August, jenem Stichtag, der wegen der vielen Zahlungen, die dann fällig werden, für sie von so großer Bedeutung ist.

An diesem Tag, etwa gegen 13 Uhr, erhält der Oberstaatsanwalt Kleffel in Hildesheim einen Anruf. Am Apparat ist

Dr. Sanden von der Allianz-Versicherung in Hannover. Er sagt: »Wir haben da eine merkwürdige Geschichte.«
Was er berichtet, läßt den Justizbeamten aufhorchen. Da hat eine Frau Tiltmann aus Peine einen Versicherungsanspruch in Höhe von 35 000 Mark geltend gemacht. Mit der Begründung, daß ihr Sohn, der vierzehnjährige Lehrling Martin Tiltmann, am 27. Juli gestorben ist. An einer Herzklappenstörung und Embolie. Derselben Frau Tiltmann habe man bereits vor einem halben Jahr einen Versicherungsbetrag von 50 000 Mark ausbezahlt. Damals war ihr Mann, der Viehhändler Kurt Tiltmann, gestorben.
»Was ist daran verdächtig?« fragt der Staatsanwalt.
»Sowohl ihr Mann als auch ihr Sohn waren nur knapp vier Monate bei uns versichert, als sie starben. Da stimmt doch was nicht!«
»Vermuten Sie ein Verbrechen?«
»Wir halten es nicht für ausgeschlossen. Wir bitten Sie um entsprechende Ermittlungen und die Sektion der Leiche.«
Was Dr. Sanden stutzig gemacht hatte, war eine Tatsache, durch die sich Versicherungsverbrecher immer wieder verraten: der kurze Abstand zwischen Abschluß des Versicherungsvertrages und dem Versicherungsfall. Die Fälle, in denen der Vertrag schon lange besteht, ehe ein Täter etwa auf die Idee kommt, den Versicherten zu ermorden, sind sehr selten. Meistens drängt die Zeit, weil die nächste hohe Prämie fällig wird, der Täter aber nicht über die nötigen Mittel verfügt.
Der Vorgang wird dem Staatsanwalt Dr. Rosencrantz übergeben, dessen Ressort für den Buchstaben »T« (Tiltmann) zuständig ist.

Durch einen Anruf bei der Friedhofsverwaltung in Peine erfährt Dr. Rosencrantz, daß die Beerdigung Martins an diesem 1. August für 15 Uhr festgesetzt ist.
»Ich möchte mir die trauernde Mutter einmal ansehen«, sagt der Staatsanwalt.
Zusammen mit Kommissar Steltner und einem weiteren Beamten von der Hildesheimer Mordkommission macht er sich auf den Weg in das 30 Kilometer von Hildesheim entfernte Peine. Die Beamten, die Zivil tragen, betreten den Friedhof und mischen sich unter die Trauergäste. In der Kapelle finden sie keinen Platz mehr. Sie ist überfüllt.
»Blumen, Kerzen, Kränze im Wert von 500 Mark«, berichtet Dr. Rosencrantz später. »Eine trauerversunkene, frisch ondulierte Frau: Elfriede Tiltmann. An ihrer Seite, neben einem etwa zehnjährigen Buben, ein jüngerer Mann mit Zwicker und einer der ernsten Stunde angepaßten steif-würdigen Haltung: Willi Othmer.«
Dann steht die Trauergemeinde am offenen Grab. Auf den Grabstein hat Elfriede Tiltmann meißeln lassen: »Du warst so gut, du starbst so früh, wer dich gekannt, vergißt dich nie!« Und auf einem Kranz von ihr steht: »Meinem geliebten Martin als letzter Abschiedsgruß – von Deiner liebenden Mutter.«
Superintendent Siemers hält eine ergreifende Grabrede. Er sagt: »Martin starb viel zu früh und für alle völlig unerwartet. Ein schwerer Schlag, besonders für seine vom Schicksal so schwer geprüfte Mutter.«
In diesem Moment kniet die ganz in Schwarz gekleidete Elfriede Tiltmann vor dem Sarg in dem frisch ausgehobenen Erdloch nieder. Sie weint herzergreifend, scheint einem Zu-

sammenbruch nahe. Willi Othmer neben ihr hat Mühe, sie wieder aufzurichten. Der jüngere Bruder des verstorbenen Martin, der zehnjährige Claus, nimmt hilflos die Hand der haltlos schluchzenden Mutter, versucht sie zu trösten.
Vor zehn Monaten haben die Trauernden schon einmal an derselben Gruft gestanden. Damals wurde Elfriedes Mann, der 42jährige Kurt Tiltmann, begraben. Nach dem Mann also der Sohn ... Viele mitfühlende Blicke richten sich auf die gebrochene Witwe.
Als der Pfarrer seine Rede beendet hat, hört man ihr Schluchzen – und das Klicken einer Kamera.
Ein Fotograf nimmt das schöne, vom Schmerz gezeichnete Gesicht der rothaarigen Frau von allen Seiten auf. Wie sich später herausstellt, hat Elfriede Tiltmann ihn eigens auf den Friedhof bestellt, um die Beerdigung im Bild festzuhalten.
Als sich die Trauergemeinde auflöst, ordnet Staatsanwalt Rosencrantz bei der Friedhofsverwaltung an, daß das Grab des kleinen Martin nicht geschlossen wird. Kriminalkommissar Steltner tritt vor dem Friedhof auf Elfriede Tiltmann zu, die mit ihrem Freund Othmer gerade ein Auto besteigen will.
»Frau Tiltmann, ich muß Ihnen mitteilen, daß die Leiche Ihres Sohnes beschlagnahmt ist«, erklärt er.
Die Frau bleibt stehen, schwankt etwas. Das eben noch vom Schmerz gezeichnete Gesicht wird plötzlich hart, beinahe feindselig.
»Das verstehe ich nicht – das lasse ich nicht zu!« erwidert sie heftig. »Auf keinen Fall!«
Willi Othmer kommt ihr zu Hilfe. Ein kalter Ausdruck liegt in seinen Augen, als er sagt: »Frau Tiltmann muß sich das nicht

gefallen lassen. Wir werden sofort einen Anwalt einschalten.«
Tatsächlich ruft kurz darauf ein Rechtsanwalt bei der Peiner Polizei an und erkundigt sich, ob für die Beschlagnahme des toten Jungen ein richterlicher Befehl vorliege. Dies wird ihm bestätigt.
Elfriede Tiltmann und Willi Othmer werden schließlich in ihrer Wohnung in der Stedersdorfer Straße 26 im Beisein der engsten Familienangehörigen, die sich zum Leichenschmaus versammelt haben, festgenommen.
Noch am selben Tag wird die Witwe von der Polizei vernommen. Sie streitet ab, etwas mit dem plötzlichen Tod ihres Sohnes zu tun zu haben. Empört erklärt sie: »Ich werde mich doch nicht an meinem eigenen Fleisch und Blut vergreifen!«
Am nächsten Tag, am 2. August, wird sie den Beamten der Mordkommission vorgeführt. Kommissar Steltner teilt ihr mit, daß die Leiche ihres Sohnes obduziert worden ist. Er sagt es mit so ernster Miene, in einem solchen dramatischen Ton, daß Elfriede Tiltmann sich entlarvt fühlt.
Hastig ruft sie: »Ja, ich war es – ich habe Martin vergiftet!«
Später wird sie diese vorschnelle Reaktion bereuen. Denn hätte sie sich erst einmal in Ruhe das Ergebnis der Obduktion angehört, wäre ihr Fall womöglich zu den Akten gelegt worden. Denn das Ergebnis der Obduktion war – negativ.

Die Obduktion Martin Tiltmanns wurde von dem 80jährigen Professor Dr. Reuter aus München, der zu dieser Zeit als Gerichtsmediziner mit der größten Praxis in Obduktionen gilt, und dem Arzt und Chemiker Dr. Kanitz aus Göttingen in der Leichenhalle des Peiner Stadtkrankenhauses durchgeführt.

Seit dem Tod Martins sind am 2. August, dem Tag der Obduktion, sieben Tage vergangen. Der Zersetzungsprozeß der Leiche ist also schon stark fortgeschritten.
Die beiden Mediziner finden beim Sezieren keinen Anhaltspunkt für die vom Hausarzt der Tiltmanns festgestellte Todesursache »Herzklappenstörung und Embolie«. Aber auch Giftspuren, nach denen sie suchen, finden sie nicht. Verdächtig erscheint ihnen lediglich die auffallend schwarze Färbung und die Schwellung der sogenannten Magenstraße. Das ist die Magenkrümmung in der Fortsetzung der Speiseröhre.
Um weiter nach der Todesursache zu forschen, nehmen Professor Reuter und Dr. Kanitz den Magen der Leiche samt 300 Gramm Inhalt, die Leber mit dem darin enthaltenen Blut und die Nieren mit. Mit diesen Organen will Dr. Kanitz in immer neuen chemischen Versuchen dem Toten das Geheimnis seines Sterbens entlocken. Nach Meinung von Polizei und Staatsanwaltschaft war Gift im Spiel – aber welches?
Seit den frühesten Zeiten der Menschheit zieht sich ein Strom des Giftverbrechens durch die Geschichte. Über Jahrtausende hinweg war es den Ärzten, Juristen und Polizeiorganen aber nicht möglich, Gifte als Werkzeuge des Todes zu erkennen. Erst um die Wende vom 18. zum 19. Jahrhundert gelang es durch die Fortschritte in der Naturwissenschaft, insbesondere der Chemie, immer häufiger, hinter dem plötzlichen Tod eines Menschen den tödlich wirkenden geheimnisvollen Stoff – irgendein bestimmtes Gift – zu erkennen.
Doch selbst mit dem 1951 schon zur Verfügung stehenden chemischen Methoden ist es Dr. Kanitz lange nicht möglich,

der wahren Ursache des Todes von Martin Tiltmann auf die Spur zu kommen.
In ihrem Geständnis hat Elfriede Tiltmann zugegeben, ihren Sohn »durch Eingabe von Schlafmitteln mit jeweils einem knappen Eßlöffel von Essigessenz« getötet zu haben. Dr. Kanitz findet zwar auch geringe Spuren von Essigsäure im Magen. Da aber keine Zersetzung der Magenschleimhaut vorliegt, scheidet Essigsäure als Todesursache aus. Ebensowenig kann Dr. Kanitz allerdings Anhaltspunkte für eine Vergiftung durch Schlafmittel entdecken.
Demnach hat Elfriede Tiltmann bei ihrem Geständnis nicht die volle Wahrheit gesagt. Woran ist ihr Sohn Martin dann aber wirklich gestorben?
Erst vier Monate später soll ein Zufall Dr. Kanitz, der schon verzweifelt aufgeben will, auf die richtige Fährte führen.

Bei ihrer Vernehmung am zweiten Tag nach ihrer Verhaftung, am 3. August, erklärt Elfriede Tiltmann: »Mein Geständnis von gestern halte ich in allen Punkten aufrecht. Es ist richtig und entspricht den Tatsachen.«
Kommissar Steltner mustert die rothaarige Frau, die bei ihren Worten keinerlei Rührung zeigt.
Leise fragt er: »Und warum haben Sie Ihren Sohn getötet?«
Die Rothaarige blickt einen Moment zu Boden, ehe sie erwidert: »Weil ich dringend Geld brauchte. Und weil ich annahm, daß Martin Herrn Othmer im Wege war. Herr Othmer mochte Martin nicht, und umgekehrt war es auch so.«
»Wußte Herr Othmer von Ihrem Vorhaben?«
Sie zögert, schüttelt schließlich den Kopf. »Nein, er hatte keine Ahnung.«

Zwei Tage später, am 5. August, widerruft Elfriede Tiltmann plötzlich ihr Geständnis. »Das ist doch alles Unsinn!« ruft sie hysterisch, mit einem wilden Ausdruck in den Augen. »Wie können Sie nur annehmen, ich hätte meinen Martin vergiftet!«
Kommissar Steltner läßt sich durch ihren Ausbruch nicht aus der Ruhe bringen. »Aber Frau Tiltmann, das Leugnen hat doch keinen Zweck«, entgegnet er väterlich. »Erleichtern Sie Ihr Gewissen. Uns bleibt schließlich doch nichts verborgen.«
Die Untersuchungsgefangene schüttelt den Kopf. Es dauert eine Weile, bis sie abermals gesteht.
Über das Motiv für ihr neues Geständnis gibt es später zwei Versionen. Elfriede Tiltmanns Verteidiger wird behaupten, daß der Leiter der Mordkommission sie unzulässig damit unter Druck setzte, daß er sie abends ans Fenster führt, auf die Menschenmenge auf dem Marktplatz von Peine deutet, die dort zusammengeströmt ist, zu den Fenstern der Kripo hochblickt und ruft: »Lyncht sie, lyncht sie! Liefert sie uns aus!« Nach einer anderen Version schwenkt sie plötzlich um, weil man ihr zugespielt hat, daß Othmer sie bei seiner Vernehmung schwer belastete, stärker als sie es selbst getan hat. Vielleicht sind es beide Gründe zusammen, die den Ausschlag für ihr – nunmehr drittes – Geständnis geben.
Von nun an verfolgt sie jedenfalls das Ziel, ihren Liebhaber zu belasten, bemüht sie sich, weniger schuldig zu erscheinen als er.
Weinend gibt sie zu Protokoll: »Der ganze Plan, meinen Jungen umzubringen, stammt von ihm. Er hat ihn getötet!«
»Und warum haben Sie zuerst sich selbst bezichtigt?«
»Das hatte Othmer von mir verlangt. Nach dem Tod Martins

schlug er mir vor, daß ich für den Fall einer Verhaftung alle Schuld auf mich nehmen sollte. Wenn ich ins Zuchthaus käme, wollte er in meiner Wohnung bleiben, Claus versorgen und auf mich warten.«

In der rothaarigen Frau ist etwas zusammengebrochen. Die Gemeinheit Othmers, der sich mit ihren Selbstbezichtigungen nicht begnügte und sie darüber hinaus noch schwer belastete, läßt ihre Liebe, die zum Schluß wahrscheinlich nur noch eine Haßliebe war, vollends in Haß umschlagen.

Sie sagt: »Othmer hat alles angezettelt. Er hat mich gedrängt, die Versicherungen für Martin abzuschließen. Und er hat den Plan entwickelt, meinen Jungen sterben zu lassen.«

»Haben Sie sich als Mutter denn nicht dagegen gewehrt?«

»Am Anfang schon. Aber Othmer hat meine Bedenken zerstreut. Er wollte Martin Tabletten geben, durch die er ohne Schmerzen einschlafen würde. Das hat er mir so nach und nach beigebracht. Diese Tabletten hat Martin dann einige Male eingenommen – auch an seinem Todestag ...«

Ungläubig fragt der Kommissar: »Und Sie haben das alles geschehen lassen?«

Abermals bricht die rothaarige Frau in Tränen aus. »Der Othmer wollte es so. Ich konnte nicht anders – ich habe den Mann ja so geliebt!«

Als sie sich wieder beruhigt hat, fragt der Kommissar sie, ob sie damit einverstanden ist, daß er sie Othmer gegenüberstellt. Sie zögert nur kurz. Dann nickt sie. Entschlossenheit blitzt in ihren kühlen grauen Augen auf. Es sieht so aus, als ob sie sich diesen Augenblick geradezu herbeiwünscht.

Am Montag, dem 6. August, ist es soweit. Der Sparkasseninspektor, den man nach dem ersten Geständnis seiner Freun-

din wieder auf freien Fuß gesetzt hat, wird erneut festgenommen. Hartnäckig bestreitet er, etwas von der »Giftgeschichte« zu wissen, wie Elfriede Tiltmann sie der Polizei erzählt hat. Er spricht nur verächtlich von der Frau, deren Geld er mit durchgebracht hat.
Dann stehen sie sich in einem Zimmer des Polizeigebäudes gegenüber: die immer noch schöne mollige, ein wenig gewöhnliche Frau und der hagere Mann mit den kalten Zügen und dem »grausamen« Mund (so ein Reporter), der ihr geistig weit überlegen ist. Als er nach wie vor, in überheblichem Ton, jede Schuld abstreitet, ruft sie voller Haß: »Du lügst! Du gemeiner Lump hast mich und mein Kind auf dem Gewissen!«
Doch damit begnügt sie sich nicht. Wie so oft, wenn die sexuelle Bindung zwischen zwei Menschen zerbricht, die gemeinsam ein Verbrechen begangen haben, gerät die gegenseitige »Abrechnung« zur selbstzerstörerischen Anklage.
In einer weiteren Vernehmung im Untersuchungsgefängnis Hildesheim – sie beginnt am 20. August und wird am 22. August fortgesetzt – macht Elfriede Tiltmann eine neue überraschende Aussage. Sie erklärt, daß Willi Othmer auch ihrem Mann, der ebenfalls unter nicht ganz geklärten Umständen gestorben ist, die geheimnisvollen Tabletten gegeben hat, die bei ihrem Sohn Martin schließlich zum Tod führten.

Wörtlich gibt sie zu Protokoll:
»Auch mein Mann hat von Herrn Othmer Tabletten bekommen. Er gab sie ihm bei seinen Besuchen in unserer Wohnung. Diese Besuche häuften sich, nachdem Othmer erfahren hatte, daß mein Mann eine Lebensversicherung in

Höhe von 50 000 Mark abgeschlossen hatte. Als mein Mann ins Krankenhaus mußte, gab mir Othmer die Tabletten bei meinen Besuchen mit. Es waren jeweils drei bis vier, höchstens fünf. Die Übergabe der Tabletten fand immer in dem kleinen schmalen Weg statt, der zum Landratsamt führt. Othmer sagte mir einmal, daß ich ihn anrufen sollte, wenn ich wieder einmal Tabletten brauchte – ich sollte aber auf keinen Fall zu ihm selbst kommen.«

An dieser Stelle ihrer Aussage fragt der vernehmende Beamte: »Was waren das denn für Tabletten?«

Elfriede Tiltmann: »Mein Mann hatte dem Othmer erzählt, daß er unter Magenschmerzen leide. Und der hatte ihm gesagt, daß er Tabletten habe, die dagegen helfen.«

Frage: »Hat es Sie denn nicht mißtrauisch gemacht, daß Ihnen die Tabletten unter so geheimnisvollen Umständen übergeben wurden – so heimlich?«

Elfriede Tiltmann: »Ich habe mir nichts dabei gedacht.«

Frage: »Wußten Sie nicht, daß Sie Ihrem Mann keine Tabletten mit ins Krankenhaus bringen durften?«

Elfriede Tiltmann: »Doch, ich wußte es. Ich habe es aber getan, weil Othmer mir sagte, daß die Tabletten sehr gut seien. Er gab sie meinem Mann auch noch, als er aus dem Krankenhaus wieder nach Hause gekommen war – sogar noch kurz bevor er starb.«

Nach dieser Aussage muß der angebliche Herztod des Viehhändlers Kurt Tiltmann bezweifelt werden.

Auch er war ja hochversichert. Auch sein Sterben hatte sich für Elfriede Tiltmann mit den 50 000 Mark von der »Allianz ausgezahlt«. Und ihr Freund hatte davon mitprofitiert.

Hatte vielleicht auch hier Willi Othmer seine Hand im Spiel

gehabt? Enthielten die Tabletten, die er Kurt Tiltmann gab, ebenfalls das geheimnisvolle Gift?
Das Ableben des Viehhändlers wird jetzt von der Mordkommission unter die Lupe genommen. Sein Weg ins Grab begann mit einem Totogewinn.

Sonntagabend, Anfang Juli 1950. Die Gäste in einem kleinen Lokal in Peine lauschen der Stimme des Nachrichtensprechers, der die Totoergebnisse verliest. Plötzlich schlägt einer der Gäste mit der Faust auf den Tisch.
»Kinder, ich habe gewonnen! Zweiter Rang! Endlich habe ich auch mal Glück.«
Der Mann, der sich so freut, ist Kurt Tiltmann. Ein Flüchtling aus Königsberg (Ostpreußen), der mit dem Fahrrad über Land fährt und bei den Bauern Vieh für die Peiner Metzger aufkauft. Er gilt als grundanständig und fleißig. Er gönnt sich nur wenig, raucht nicht und trinkt kaum Alkohol. Wie man sich erzählt, hängt der 42jährige Mann mit großer Liebe an seiner zwei Jahre jüngeren Frau Elfriede und an seinen beiden Söhnen Martin und Claus. Die Menschen im Lokal freuen sich mit ihm über seinen Gewinn. Er spendiert für alle eine Runde.
Kurt Tiltmann ahnt nicht, daß sein Tototreffer ihn teuer zu stehen kommen soll, daß er ihn schließlich sein Leben kostet.
Er eilt nach Hause, umarmt seine Frau. »Stell dir vor, Friedelchen – wir haben gewonnen!«
Elfriede Tiltmann läßt sich von seiner Freude anstecken. Daß Geld ins Haus kommt, ist ihr nur recht. Der schönen Rothaarigen, die mit ihrem Mann in einfachen Verhältnissen lebt,

mit einem spärlichen Haushaltsgeld auskommen muß und selbst die Straße fegt, steht der Sinn nach Höherem. Ihr Vater besaß in Teuernitz (Ostpreußen) einen Hof von 150 Morgen und amtierte als Bürgermeister, für Haushalt und Ehe wurde sie auf einem Rittergut ausgebildet. Ihre Richter sagen später: »Sie galt als geschäftstüchtig und war zu Lebzeiten ihres Mannes der aktivere Teil. In ihr steckte das Verlangen nach dem Leben einer großen Dame.«

Ein solches Leben läßt sich mit der Totoquote von 3000 Mark natürlich nicht realisieren. Das ist damals zwar nicht wenig Geld, aber auch nicht genug, um davon als »große Dame« leben zu können. Zudem: Kurt Tiltmann denkt gar nicht daran, den Gewinn auszugeben. Er legt ihn in einer Lebensversicherung bei der »Allianz« an – zugunsten seiner Familie. Im Falle seines Todes erhält seine Frau 50 000 Mark ausbezahlt, stirbt er bei einem Unfall sogar doppelt soviel: 100 000 Mark.

Die erste Prämie blättert der Viehhändler dem Versicherungsagenten bar auf den Tisch. Den Rest seines Gewinns bringt er zur Sparkasse in Peine, wo er seit dem 4. Februar 1950 ein Konto hat.

Hier, auf der Sparkasse, erzählt er freudestrahlend von seinem Glück. Man gratuliert ihm. Einer drückt ihm besonders herzlich die Hand: der Sparkasseninspektor Willi Othmer. Tiltmann hat ihn kennengelernt, als er sein Konto einrichtete.

Beide kommen ins Gespräch, und Tiltmann bringt eine Bitte an: Er wollte schon lange einmal fragen, ob er zur Vergrößerung seines Betriebes einen Kredit bekommen könne.

»Ich sehe da keine Probleme, Herr Tiltmann«, erwidert der

blasse Mann mit dem Zwicker. »Ich werde mich bei der Direktion für Sie einsetzen. Wieviel Geld brauchen Sie denn?«
Tiltmann muß noch darüber nachdenken. Er schlägt Othmer vor, das Gespräch in seiner Wohnung fortzusetzen, vielleicht schon am nächsten Abend. Der Inspektor ist einverstanden.
Als er kommt, öffnet ihm die hübsche Elfriede Tiltmann die Tür. Sie sieht ihn an – etwas länger als gewöhnlich. Er gibt ihr die Hand – etwas länger als gewöhnlich.
Eine schicksalhafte Begegnung. Sie wird zwei Menschen ein schnelles, kurzlebiges Glück bringen, und zwei anderen Menschen einen schnellen, gewaltsamen Tod.

Wann aus dem späteren Mörderpaar zum erstenmal ein Liebespaar geworden ist, läßt sich auch später vor Gericht nicht genau feststellen.
Elfriede Tiltmann gibt lediglich zu, daß der stets geschniegelte Othmer auf sie »sofort einen sehr starken Eindruck« machte. Aber auch ihn reizt und lockt die gutaussehende, sehr weibliche Frau.
Wer ist nun dieser Mann, dessen Zusammentreffen mit der attraktiven Rothaarigen schon bald eine Katastrophe auslösen soll?
Willi Othmer wurde am 6. Mai 1909 geboren. Als Sohn eines Reichsbeamten aus Schmedenstedt, Kreis Peine. Er besuchte die Volksschule und ein Jahr eine Privathandelsschule, ehe er als Lehrling bei der Kreissparkasse in Peine begann. Er stieg zum Buchhalter und Abteilungsleiter auf, im Range eines Inspektors. Bei seinen Vorgesetzten gilt er als zuverlässiger, erfahrener und korrekter Beamter.

Hinter der Maske seiner Biederkeit verbirgt sich allerdings ein eiskalter Charakter, ein Mann, der über Leichen geht.
So versuchte er sich 1944 seiner Frau, die er 1936 geheiratet hatte, dadurch zu entledigen, daß er sie politisch diffamierte. Im Rahmen einer Scheidungsklage behauptete er, sie weigere sich, »aus einer allgemeinen pessimistischen Auffassung der Kriegslage« heraus, ein weiteres Kind von ihm zu empfangen. (Othmer hatte damals eine vierjährige Tochter.) Das stehe »im Gegensatz zu seiner Überzeugung als Nationalsozialist«.
Hintergrund: Er wollte ohne finanzielle Verpflichtung von seiner Frau loskommen, um ein junges Mädchen zu heiraten, mit dem er sich bereits verlobt hatte. Nur mit Mühe konnte damals ein – höchst gefährliches – Verfahren von seiner Frau abgewendet werden. Nach dem Krieg nahm er die Scheidungsklage zurück.
Als er Elfriede Tiltmann gegenübertritt, führt er ein Doppelleben als korrekter Beamter und heimlicher Casanova. Seine »aktuelle« Geliebte ist eine 18jährige Buchhalterin.
Elfriede Tiltmann imponiert dieser Mann. Sein selbstsicheres Auftreten, seine elegante Kleidung, seine hohe Stirn, die randlose Brille, die eine Pseudointelligenz vortäuschen, sein Posten bei der Sparkasse – das alles beeindruckt sie.
Später sagt sie: »Ich zog Vergleiche zwischen ihm und meinem Mann.«
Dabei mußte der robuste, gutmütige Viehhändler gegen den »feinen Herrn«, als der Othmer auftritt, natürlich abfallen.
Willi Othmer führt die Verhandlung mit Kurt Tiltmann, ohne dabei dessen Frau, die von Zeit zu Zeit ins Zimmer kommt, aus den Augen zu lassen. Als er geht, flüstert er ihr zu:

»Mädchen, du kannst machen, was du willst, wir gehören zusammen!«

Diese Worte werfen Elfriede Tiltmann aus der Bahn.

Obwohl die Tiltmanns nach außen hin das Bild einer harmonischen Ehe bieten, kriselt es seit langem bei ihnen. Ihre Charaktere, ihre Temperamente, sind zu verschieden.

Verwandte ihres Mannes sagen später im Prozeß aus, daß Elfriede Tiltmann es mit der ehelichen Treue nie so genau nahm. Angeblich hatte sie sich einmal dem Bruder ihres Mannes angeboten und während des Krieges hemmungslos Offizieren und Marinesoldaten ihre Gunst geschenkt. Sie sei immer eine »durch und durch sexuelle, temperamentvolle Frau« gewesen. Ein krasser Gegensatz zu ihrem eher schwerfälligen Mann, über dessen eheliche Qualitäten sie nach der Bekundung von Zeugen abfällige Äußerungen machte.

Elfriede Tiltmann, die »unverstandene Frau«, mit dem Drang nach dem großen Leben und Willi Othmer, der »Lebemann nach Kassenschluß« mit seiner Kaltherzigkeit und Rigorosität, haben sich gefunden – eine explosive Mischung, die zum Bösen führt.

Als erster bekommt es der dritte im Bunde, Kurt Tiltmann, zu spüren.

Am 28. Juli 1950 hat der bis dahin kerngesunde Viehhändler einen Fahrradunfall. Er stürzt plötzlich, verliert das Bewußtsein.

Als er wieder zu sich kommt, gelingt es ihm, sich nach Hause zu schleppen. Seine Frau ruft den Arzt Dr. Stalkowski. Der findet Tiltmann »wie einen Sterbenden« vor: totenblaß, Atmung und Puls setzen aus. Nach einer Spritze flüstert der

Patient: »Unfall – vom Lastwagen angefahren.« Weder an seiner Kleidung noch an seinem Körper sind allerdings Spuren zu erkennen, die auf einen solchen Zusammenstoß hindeuten.
Der Arzt erfährt von seiner Frau, daß der Kranke ein Magenleiden hat und dagegen Medikamente einnimmt. Er weist ihn mit der Diagnose »Arzneimittelvergiftung« in eine Klinik ein. Dort fällt er abermals in tiefe Bewußtlosigkeit. Als er daraus erwacht, schildert er seinen Unfall. Die Ärzte vermuten nun eine Gehirnerschütterung und behandeln ihn entsprechend.
Tiltmann wird täglich von seiner Frau besucht. Sie bringt ihm – wie sie später eingesteht – heimlich die Tabletten von Othmer mit. Diese Tabletten, die nach den Worten des Sparkassenbeamten, dem er vertraut, »gut für den Magen« seien, hat er auch schon vor seinem mysteriösen Fahrradunfall eingenommen. Auch vergißt Elfriede Tiltmann bei den Besuchen im Krankenhaus nicht seine Lieblingsspeisen: Pflaumensuppe und selbstgebackenen Kuchen.
Nach dem Einnehmen der Tabletten, von dem die Ärzte nichts wissen, bekommt der Kranke jedesmal Kopfschmerzen, nach dem Genuß der Pflaumensuppe erbricht er sich.
Sein Befinden verläuft in auf- und absteigenden Kurven. Mal schütteln ihn Krämpfe, mal fällt er in tiefe Bewußtlosigkeit. Eine Nachtschwester findet ihn einmal schweißgebadet in merkwürdiger Starre, mit weiten Pupillen, die nicht reagieren. Die Ärzte halten diese Erscheinung für die Folgen eines Hirnödems.
Nach dreieinhalb Wochen darf Tiltmann zum erstenmal aufstehen. Am 30. August wird er als geheilt entlassen.

Doch er ist nicht mehr der alte. Er hat nicht mehr die Kraft, über Land zu fahren und Vieh zu kaufen. Als ihn eine Nachbarin besucht, liegt er auf einem Sofa im Wohnzimmer wie im Schlaf. Die Vorhänge an der Straßenseite sind zugezogen. Als die Nachbarin fragt, warum Tiltmann nicht im Schlafzimmer liege, antwortet seine Frau: »Hier im Wohnzimmer ist es ruhiger. Ich möchte ihn bis zu seinem Ende bei mir haben. Es hat keinen Zweck, auf sein Aufwachen zu warten.« Als die Besucherin flüstert, sagt Elfriede Tiltmann: »Reden Sie ruhig laut, er wird doch nicht mehr!«

Am 23. September setzt sich ihr Mann zum Rasieren wieder einmal vor den Spiegel. Er ist so schwach, daß er dabei nicht mehr stehen kann. Mühsam seift er sich sein Gesicht ein, dann fällt sein Kopf nach vorn, der Rasierpinsel gleitet aus seiner Hand.

So findet ihn seine Frau. Kurt Tiltmann ist tot ...

Am nächsten Tag wendet seine Witwe sich an Dr. Stankowski und bittet ihn um den Totenschein. Dem Arzt aber ist die Todesursache unklar. Er verweist sie an die Krankenhausärzte, die ihr schließlich bescheinigen, daß Tiltmann an »Herztod« (Hirnödem) gestorben ist.

Als der Allianz-Versicherung der Versicherungsfall gemeldet wird, tauchen bei dem Sachbearbeiter allerdings Zweifel auf, ob Kurt Tiltmann einen natürlichen Tod erlitten hat. Wichtig erscheint ihm auch die Klärung, ob der Tod eine Folge des Fahrradunfalls ist – dann müßte der Witwe ja die doppelte Versicherungssumme, also 100 000 Mark, ausbezahlt werden. Der Sachbearbeiter verlangt deshalb eine Leichenöffnung. Dazu braucht er die Einwilligung Elfriede Tiltmanns.

Nach dem Versicherungsgesetz ist derjenige, zu dessen Gunsten eine Versicherung abgeschlossen worden ist, beweispflichtig. Um den Beweis für »Unfalltod« zu erbringen, muß die Witwe – wohl oder übel – die Obduktion zulassen. Sie stimmt allerdings nur der Öffnung der Schädeldecke zu.
Die Versicherung veranlaßt jedoch, daß auch das Herz und Teile der anderen inneren Organe histologisch untersucht werden. Außerdem wird eine Urinprobe an das Institut für gerichtliche Medizin und Kriminalistik nach Göttingen geschickt. Im Urin werden Spuren eines Schlafmittels entdeckt, das aber nicht in Zusammenhang mit dem Tod zu bringen ist.
Hauptbefund der Gehirnuntersuchung, durchgeführt von Professor Dr. Nordmann: »Herr Tiltmann litt und starb an einer sogenannten Encephalitis, das heißt an einer chronischen Gehirnentzündung.«
Unfall als Todesursache scheidet damit also aus. Die »Allianz« überweist daraufhin am 17. November 1950 die einfache Versicherungssumme auf das Konto Elfriede Tiltmanns bei der Kreissparkasse in Peine: 48 362,90 Mark.
Die etwas mollige, rothaarige Frau, die bis zu diesem Tag ihrer Umwelt das Bild der untröstlichen Witwe geboten hat, verwandelt sich nun in eine »lustige Witwe«. Sie genießt ihr Leben in vollen Zügen, und Willi Othmer, schon lange ihr Freund und inzwischen auch ihr Geliebter, genießt den neuen Reichtum mit.
Neue Möbel werden angeschafft, eine Musiktruhe, ein Kasten mit Silberbesteck. Ein Dienstmädchen wird engagiert, so daß Elfriede Tiltmann bis mittags im eleganten Morgen-

mantel in der Wohnung herumlaufen und gähnend verkünden kann: »Ach, ich habe heute überhaupt keine Lust, mich anzuziehen.«
Sie kauft sich einen Brillantring für 1200 Mark, einen Persianermantel, und auch Willi Othmer schmückt sich plötzlich mit Brillanten. An seiner Hand glänzt ein kostbarer Herrenring. Kostenpunkt: 2800 Mark – ein Geschenk seiner Geliebten, das sie auf Wechsel gekauft hat. Er, der kleine Sparkassenbeamte, spielt jetzt seine Traumrolle als »großer Mann«.
In der Sparkasse arbeitet er zwar in der Nähe des Geldes, aber es war für ihn bisher unerreichbar. Sein Monatsgehalt von 500 Mark reicht nicht weit. Nun aber sitzt ihm das Geld locker – das Geld, das seine Geliebte für den Tod ihres Mannes kassiert hat. Othmer kann fortan auch einer alten Leidenschaft nachgehen: Er spekuliert mit Aktien.
Nachdem seine Ehe im Dezember auf Betreiben seiner Frau – wegen Ehebruch mit seiner 18jährigen Freundin – geschieden worden ist, zieht er in die Wohnung der Tiltmanns. Er turtelt dort so augenfällig mit der schönen Witwe, daß Martin, der älteste ihrer beiden Söhne, zu seinem Bruder Claus sagt: »Du, da stimmt was nicht – die haben Vater vergiftet!«
Davon läßt er sich nicht mehr abbringen. Er hat Angst vor dem Mann mit den kalten Augen, der jetzt die Stelle des Hausherrn und Familienoberhauptes eingenommen hat. Zu seiner Mutter sagt der damals Dreizehnjährige: »Wenn der mein Stiefvater oder Vormund wird, gehe ich lieber aus dem Haus.«
Er haßt Willi Othmer – und der haßt ihn. So sehr, daß er eines

Tages beschließt, den Jungen zu töten. Er will Martins Leben zu Bargeld machen.

Im Mai 1951 kommt das Paar von einer teuren Vergnügungsreise aus Berchtesgaden zurück. Elfriede Tiltmann hat wieder einmal alles bezahlt. Ihr Konto ist jetzt leer. Das einzige, was sie von der Versicherungssumme ihres Mannes noch besitzt, sind 7000 Mark, die sie Othmer für dessen Aktiengeschäfte geliehen hat. Sie läßt ihn einen Teil seiner Aktien verkaufen und zahlt von dem Erlös 2000 Mark auf ihr laufendes Konto ein.

Damit wird die Lage für sie langsam kritisch. Denn der 1. August, der Stichtag, an dem die großen Zahlungen fällig werden, rückt immer näher.

Bis dahin soll der Opel geliefert werden. Preis: 6150 Mark. Zahlungsbedingung: in bar bei Abnahme. Ebenfalls unterwegs sind die Maschinen für eine Dampfwäscherei, die Elfriede Tiltmann zur Sicherung ihrer Existenz am Schwarzen Weg in Peine einrichten will. Preis: 14490 Mark. Zahlungsbedingung: 50 Prozent des Preises vor Lieferung der Maschinen, der Rest in Monatsraten von je 600 Mark. Auch der Kredit von 5000 Mark bei der Kreissparkasse Peine soll am 1. August zurückbezahlt werden. Außerdem sind an diesem Tag zwei Wechsel über 1500 und 1300 Mark für den Brillantring Othmers einzulösen.

Aber: Woher das viele Geld nehmen?

Willi Othmer macht sich keine Sorgen. Schließlich haben er und seine Geliebte ja das Leben von Elfriedes Sohn Martin hoch versichern lassen. Allerdings: Wenn das Paar an das Geld kommen will, muß der Junge erst einmal sterben. Da

die Zeit drängt, muß er rasch sterben – möglichst bis zum 1. August ...
»Es wäre schön«, sagt Othmer eines Tages, »wenn der Martin bald einen Unfall hätte!«
Elfriede Tiltmann begehrt nicht auf. Sie nickt nur stumm. Ihre Lebensgier, ihr Drang, mit dem Geliebten weiter in Saus und Braus zu leben, ist stärker als ihre Mutterliebe. Auch sie ist bereit, den Mordplan, der schon so lange in ihren Köpfen spukt, nun in die Tat umzusetzen.
Und sie haben »Glück«: Ein Zufall kommt ihrem verbrecherischen Vorhaben zur Hilfe.
Am 20. Juli quetscht Martin sich in der Bäckerei, in der er als Lehrling arbeitet, den Daumen an der Ofentür. Er geht nach Hause, läßt sich von der Mutter verbinden und legt sich auf die Couch. Elfriede Tiltmann kühlt ihm von Zeit zu Zeit den Daumen mit essigsaurer Tonerde.
Als Othmar nach Hause kommt und vom Samariterdienst seiner Geliebten erfährt, schimpft er wütend: »So ein Unsinn! Es könnte doch eine Blutvergiftung sein!«
Die Gelegenheit erscheint ihm günstig. Bei einem Tod infolge Unfalls ist die doppelte Versicherungssumme zu erwarten. Da sich aber bei Martin die erhoffte Blutvergiftung nicht einstellt, ersinnt der »korrekte« Sparkasseninspektor einen anderen Weg, um dem Betriebsunfall für seine Zwecke »nachzuhelfen«.
Was sich in den folgenden Tagen in der Tiltmann-Wohnung in der Stedersdorfer Straße 26 in Peine abspielt, hat sich unauslöschlich in das Gedächtnis des Dienstmädchens Lina T. eingeprägt, das damals bei Elfriede Tiltmann arbeitete. Sie wird später die wichtigste Zeugin der Anklage.

Nach ihren Aussagen und den Aussagen anderer Zeugen verlief die letzte Woche im Leben des Martin Tiltmann so:

21. Juli:

Das Dienstmädchen will Martin wie üblich um 5 Uhr 30 wekken. Sonst steht er jedesmal nach zweimaligem Rufen auf. Heute ist er aber nicht wachzukriegen.

Frau Tiltmann kommt dazu. Sie erzählt dem Mädchen von Martins Unfall und gibt Anweisung, ihn liegen zu lassen. Im Lauf des Vormittags wird er in das Schlafzimmer seiner Mutter gebettet. Er schläft fest bis zum Abend.

22. Juli:

Martin klagt über starke Kopfschmerzen. Als seine Mutter und Othmer mit ihren Rädern fortgefahren sind, fängt er laut an zu phantasieren. Er ruft nach der Feuerwehr und nach einer Nachbarin.

Die Nachbarin, die im ersten Stock selbst krank im Bett liegt, eilt auf die Rufe des Jungen zu ihm. Martin erkennt sie nicht. Er wirft sich im Bett umher, greift an der Wand hoch. Schweiß steht ihm auf der Stirn, seine Augen sind geschlossen. Plötzlich ruft er: »Gebt mir mein Arbeitszeug! Schnell! Ich muß in die Bäckerei – das Brot verbrennt!«

Die Nachbarin fordert das Dienstmädchen auf, einen Arzt zu holen. Das Mädchen will aber nicht aus eigener Verantwortung handeln. Es berichtet Elfriede Tiltmann nach deren Rückkehr von dem Vorfall. Die macht ihr Vorwürfe, daß sie die Tür nicht verschlossen gehalten hat. Künftig solle sie auf keinen Fall Hausbewohner hereinlassen.

Im übrigen, sagt Frau Tiltmann, hätten die Phantasien Martins nichts zu bedeuten. Er hätte schon früher darunter gelitten. Es sei nicht notwendig, einen Arzt zu holen.

Am Abend kommt Martins Chef, um sich nach dem Befinden des Jungen zu erkundigen. Er schlägt vor, den Unfall der Innungskasse zu melden. Elfriede Tiltmann aber winkt ab. Sie sagt ihm wahrheitswidrig, daß sie die Angelegenheit schon mit einem Privatarzt geregelt hat. Willi Othmer nickt dazu.

23. Juli:

Martin fühlt sich wohler. Er geht wieder zur Arbeit und abends zum Baden. Erst spät kommt er nach Hause.

24. Juli:

Am Morgen ist der Junge nur schwer wachzukriegen. Er ist so schwach, daß er sich beim Anziehen nicht einmal die Schnallen an seinen Sandalen zumachen kann.

Als er die Treppe hinuntergeht, poltert und schwankt er. Während er sich vor dem Spiegel kämmt, macht sein Körper plötzlich kreisende Bewegungen. Er taumelt gegen die Wand, muß sich festhalten, damit er nicht fällt.

Aus Pflichtbewußtsein will er dennoch zur Arbeit gehen. Aber das Dienstmädchen hält ihn zurück. Es sagt: »Bleib zu Hause, Martin, du bist ja krank!«

Sie sorgt dafür, daß er sich im Arbeitszeug auf die Couch legt.

Als sich sein Zustand nicht bessert, bringt sie ihn zusammen mit Elfriede Tiltmann in deren Bett.

Auch jetzt wird kein Arzt geholt.

25. Juli:

Martin weigert sich, das »bittere weiße Zeug« einzunehmen, das ihm die Mutter schon seit Tagen gibt. Zu dem Dienstmädchen sagt er: »Ich sollte mit Gas vergiftet werden – das habe ich sogar gerochen. Weil das nicht glückte, versucht man mich jetzt mit Medizin beiseite zu schaffen! Bevor ich

die Flaschen zu sehen bekomme, werden jedesmal die Etiketten abgerissen.«
Das Mädchen nimmt die Worte nicht ernst. Sie glaubt, daß der Junge phantasiert.
Als sie Elfriede Tiltmann davon berichtet, erklärt diese: »Als Sie heute morgen Eier holten, war der Arzt hier. Er hat festgestellt, daß das Herz und die Nerven von Martin nicht ganz in Ordnung sind. Sie können den Jungen beruhigen: Er bekommt heute nur die Hälfte der vom Arzt verordneten Medizin. Das hat ihm auch Herr Othmer schon gesagt.«
Das ist gelogen. Tatsächlich war kein Arzt im Haus. Die angeblich verordnete »Medizin« ist Gift. Sein Instinkt hat den Jungen nicht betrogen.
26. Juli:
Wieder muß Martin die weißen Tabletten schlucken, die seine Mutter in Wasser aufgelöst hat. Danach schläft er ein. Sein Schlaf ist unruhig. Er reißt die Augen auf, schreit und wirft die Hände hoch.
Schließlich kommt er mit dem Kopfkissen aus dem Schlafzimmer, legt sich auf die Erde und fragt: »Seit wann bin ich hier im Krankenhaus?«
Elfriede Tiltmann schickt das Dienstmädchen weg, mit dem Auftrag, das Grab Kurt Tiltmanns zu begießen. Als es zurückkommt, erzählt ihr die Witwe, der Arzt sei abermals dagewesen und habe Martin eine Spritze gegeben.
Auch das ist gelogen. Wieder hat Elfriede Tiltmann keinen Arzt hinzugezogen.
Abends wird Martin von der Mutter und Othmer auf die Couch im Wohnzimmer gebettet.

27. Juli, der Todestag:
15 Uhr: Zum erstenmal wird ein Arzt geholt: Dr. Stoffregen. Er untersucht Martin, der sich um diese Zeit wohl fühlt. Elfriede Tiltmann verschweigt dem Mediziner den bisherigen Verlauf der Krankheit und die wesentlichen Symptome, die seinen Verdacht erregen könnten. Dr. Stoffregen geht deshalb davon aus, daß der Junge bis zum Vortag gearbeitet hat und in der Nacht unter Fieber litt. Bei der Untersuchung findet er an den Organen keinen krankhaften Befund. Lediglich über der Herzspitze ist der erste Ton unrein. Zu der Mutter sagt er: »Schicken Sie den Jungen doch am Montag in meine Praxis.« Als Mittel gegen das Fieber verordnet er 10 Tabletten Pyramidon.
15 Uhr 30: Wahrheitswidrig sagt Elfriede Tiltmann dem von einer Besorgung zurückkehrenden Dienstmädchen: »Auf Anordnung des Arztes muß Martin nur noch einmal tüchtig einnehmen.« Martin, der zugehört hat, schimpft auf das »weiße Zeug«. Er ruft: »Alles, was ich sehe, ist weiß!«
16 Uhr: Elfriede Tiltmann verläßt die Wohnung. Martin erhält Besuch von Freunden. Ein Vertreter der Firma, bei der Elfriede Tiltmann die Maschinen für die geplante Dampfwäscherei bestellt hat, will mit ihr über die Lieferung und die Zahlung sprechen, trifft sie aber nicht an.
19 Uhr: Elfriede Tiltmann kommt mit Willi Othmer, den sie nach Dienstschluß von der Sparkasse abgeholt hat, nach Hause. Othmer blickt nur kurz ins Wohnzimmer zu Martin, sagt »Guten Abend« und verschwindet im Schlafzimmer. Elfriede Tiltmann sagt zu ihrem Sohn: »Willst du die Medizin, die Dr. Stoffregen verordnet hat, jetzt gleich oder erst nach dem Abendessen einnehmen?«

Martin erwidert: »Ich nehme sie überhaupt nicht!«
Die Mutter schimpft ihn. Dann sagt sie: »Ich hole jetzt die Medizin. Die Lina kann mitgehen, damit sie sieht, wie sie zubereitet wird. Und sie kann sich davon überzeugen, daß du nur die Hälfte der vorgesehenen Menge bekommst.«
Sie verläßt mit dem Dienstmädchen das Zimmer. Auf dem Flur sagt Elfriede Tiltmann zu Lina: »Warten Sie hier. Ich habe das Medikament schon angerührt. Ich will es nur holen.« Mit diesen Worten geht sie ins Schlafzimmer, in dem sich auch Willi Othmer aufhält.
Das Mädchen wartet in der Küche auf die Rückkehr ihrer Dienstherrin. Sie rechnet jeden Augenblick damit. Sie will mit ihrer Schwester ins Kino und hat es deshalb eilig.
Aber es vergehen zehn Minuten, ehe die Schlafzimmertür sich öffnet und Elfriede Tiltmann herauskommt. In der Hand hält sie eine Tasse, die etwa zu einem Viertel gefüllt ist. Der Inhalt: weißer, krümeliger Satz, mit nicht ganz klarem Wasser bedeckt. Elfriede Tiltmann weist ihre Angestellte an, noch eine Tasse mit Wasser zu holen. Beide betreten dann das Wohnzimmer.
19 Uhr 15: Elfriede Tiltmann rührt den Inhalt ihrer Tasse mit einem Eierlöffel um. Sie setzt die Tasse dem Jungen an den Mund, aber der sträubt sich.
Die Mutter redet ihm gut zu: »Martin, nimm alles in einem Zug, dann merkst du es nicht!«
Resigniert beginnt er schließlich zu trinken, setzt aber wieder ab. Der weiße Bodensatz ist in der Tasse geblieben.
Ärgerlich ruft seine Mutter: »Da ist ja noch alles drin!« Sie gießt aus der zweiten Tasse klares Wasser nach und rührt den Satz um.

Martin weigert sich entschieden, abermals zu trinken. Verzweifelt sagt er: »Ich kann das nicht nehmen!«
Seine Mutter reißt den gebückt sitzenden Jungen an der Schulter hoch. »Bist du denn ganz verrückt geworden!« schimpft sie. »Willst du ins Krankenhaus oder in die Irrenanstalt?« Wütend läuft sie aus dem Raum und geht zu Othmer ins Schlafzimmer.
Als sie weg ist, sagt das ahnungslose Mädchen: »Du siehst doch, wie aufgeregt die Mutter ist. Trink doch mir zu Gefallen!«
Martin schüttelt den Kopf. »Nein – ihr wollt mich vergiften!«
Elfriede Tiltmann kommt zurück und fragt gleich: »Hat er's immer noch nicht genommen?« Dabei rührt sie die Tasse wieder um.
Schließlich erlahmt der Widerstand des Sohnes. »Na, gib schon her!« sagt er. Er nimmt die Tasse, trinkt sie leer. Er bittet um etwas Wasser zum Nachtrinken. »Sonst kommt alles wieder raus.«
Martin ist danach »wie benebelt«. Als seine Mutter aus dem Raum gegangen ist, läßt er sich von dem Mädchen ein Brötchen mit Lachs zubereiten, »damit nicht alles wieder hochkommt«.
19 Uhr 20: Willi Othmer kommt mit Elfriede Tiltmann aus dem Schlafzimmer. Gemeinsam setzen sie sich zu Tisch, um zu Abend zu essen. Zwischendurch füttert Elfriede Tiltmann Martin mit weiteren Brötchen. Er selbst ist nicht in der Lage, sie zu halten. Seine Augen sind meist geschlossen.
Als das Mädchen den Abendbrottisch abräumt, macht der Junge einen völlig apathischen Eindruck.
Willi Othmer führt ein einseitiges Gespräch mit ihm. Er ver-

spricht ihm zu Weihnachten ein Motorrad. Seine Mutter würde ihm dazu einen Ledermantel schenken. Martin reagiert nicht.
20 Uhr: Die drei Erwachsenen verlassen das Haus. Das Mädchen Lina geht mit der Schwester ins Kino. Willi Othmer fährt zum Polterabend eines Kollegen nach Teltge. Elfriede Tiltmann besucht ihren jüngsten Sohn Claus, der im Krankenhaus liegt.
21 Uhr 45: Eine Hausbewohnerin hört aus der Tiltmannschen Wohnung ein lautes Wimmern. Sie lauscht erst an der Tür, drückt dann die Klinke, geht durch die Diele ins Wohnzimmer.
Elfriede Tiltmann sitzt im Sessel, den Kopf in die Hände gestützt, und schluchzt.
Jetzt erst sieht die Hausbewohnerin den kleinen Martin mit weißem Gesicht auf der Couch liegen. Sie geht zu ihm, faßt ihn an. Sein Körper ist nicht warm und nicht kalt.
»Ist er schon tot?« fragt Elfriede Tiltmann. (Ihre Richter sagen später: Eine schuldlose, um ihr Kind besorgte Mutter hätte gefragt: Lebt er noch?)
»Ich weiß es nicht«, antwortet die Nachbarin. »Haben Sie nach einem Arzt geschickt?«
»Nein.«
»Dann schicke ich sofort meinen Mann los.«
Als Dr. Stoffregen die Wohnung betritt, kann er nur noch den Tod Martins feststellen. Nach seiner Meinung ist er vor einer halben Stunde eingetreten.
Schluchzend berichtet ihm die Mutter, die nach seiner Schilderung »alle Zeichen ehrlichen Schmerzes« zeigt, der Junge habe kein Fieber gehabt, mit gutem Appetit zu Abend geges-

Am 5. Oktober 1951, ein Jahr nach seinem Tod, wird sein Grab geöffnet, die Leiche des Viehhändlers exhumiert.
Die chemische Untersuchung der Organteile ergibt ähnlich hohe Bleiwerte wie bei Martin. Mit 1,5 Milligramm enthält zum Beispiel die Lunge Kurt Tiltmanns die dreißigfache Menge Blei gegenüber der Norm. Da die Lunge weder Ausscheidungs- noch Speicherungsorgan ist, muß auch das Blut Tiltmanns zu seinen Lebzeiten eine entsprechend hohe Bleimenge enthalten haben – ebenfalls eine absolut tödliche Dosis.
Die Gehirnblutung, die nach dem Tod des Händlers bei der ersten Sektion von den Ärzten als Todesursache festgestellt wurde, war eine Folge der Bleizufuhr. Die chronische Verlaufsform spricht dafür, daß Tiltmann nicht an einer Dosis, sondern an wiederholten Bleigaben gestorben ist. Schon sein Unfall, der Sturz vom Fahrrad, scheint auf die Giftzufuhr zurückzuführen zu sein.
Die Anklagebehörde glaubt jetzt auch zu wissen, wie ihm das Gift beigebracht wurde: durch die Tabletten von Willi Othmer und durch die Pflaumensuppe, die seine Frau ihm ins Krankenhaus gebracht hatte.
Dr. Kanitz: »Es ist heute ein leichtes, sich Blei zu verschaffen und ebenso leicht, Bleizucker maskiert in Speisen unterzubringen.«
Auch der hoch versicherte Kurt Tiltmann, so folgert der Staatsanwalt, ist ein Opfer des habgierigen Paares geworden. Er klagt es des gemeinschaftlich begangenen doppelten Giftmordes an.

Der Prozeß gegen die Witwe Elfriede Tiltmann und den Sparkasseninspektor Willi Othmer wird am 22. April 1953 vor dem Schwurgericht in Hildesheim eröffnet.

Den Vorsitz führt Landgerichtsdirektor Dr. Ehrlicher. Die Anklage vertritt Staatsanwalt Dr. Rosencrantz, der nach dem überraschenden Tod Martins auf Ersuchen der Versicherung die ersten Ermittlungen führte und die Leiche des Jungen auf dem Friedhof beschlagnahmte. Unter den sechs Geschworenen ist keine Frau. Elf Sachverständige und 76 Zeugen sind geladen.

Wie sehr das Verbrechen die Öffentlichkeit erregt hat, zeigt eine Szene am Rande. Auf dem Weg zum Gericht will Elfriede Tiltmann auf keinen Fall den schwarzen, vergitterten Gefängniswagen benutzen. Sie verlangt: »Ich möchte lieber zu Fuß gehen.«

Da sagt ihr ein Justizbeamter: »Dann müssen Sie damit rechnen, von den aufgebrachten Menschen totgeschlagen zu werden!« Daraufhin klettert sie ängstlich in den Wagen.

Ein starkes Polizeiaufgebot, eine neugierige Menge, die zu Tausenden zählt und versucht, in den Zuschauerraum zu drängen, sowie 40 Vertreter der in- und ausländischen Presse sind die äußeren Zeichen für die Bedeutung dieses Prozesses. Nacheinander werden Elfriede Tiltmann, 40 Jahre alt, und Willi Othmer – er wird in zwei Wochen 44 – in den Saal geführt.

»Ihr Erscheinen löste ein raunendes Erstaunen aus«, schreibt ein Reporter über die rothaarige Angeklagte. »Mit der einst schönen Frau ist in der fast zweijährigen Untersuchungshaft eine ungewöhnliche Veränderung vorgegangen. Gebeugt geht die Angeklagte, noch immer ein schwarzes Kostüm und eine schwarze Bluse als Trauerkleidung tragend, der Anklagebank zu. Das schlichte Haar umrahmt ein breites Gesicht mit tiefliegenden Augen und schmalem Mund und endet in einem kleinen Knoten im Nacken. Als pausenlos die Blitzlichter der Fotografen aufleuchten, verbirgt Elfriede Tiltmann schluchzend ihr Gesicht in den Händen.«

Willi Othmer kommt federnd, mit einem etwas verschwollenen Gesicht. Statt des gewohnten Kneifers hat er eine randlose Brille aufgesetzt. Er trägt eine rote Krawatte zum grauen Anzug. Mit der rechten Hand hält er einen Aktendeckel hoch, senkt ihn aber bald schon, um unbewegt der beginnenden Verhandlung zu folgen.

Die Liebenden von einst gönnen sich keinen Blick. Ihre Gefühle sind an ihrer Schuld zerbrochen. In der Voruntersuchung haben sie sich gegenseitig beschuldigt, hat jeder versucht, auf Kosten des anderen den eigenen Kopf aus der Schlinge zu ziehen. Gespannt warten die Prozeßbeobachter darauf, wie sie sich vor Gericht verhalten werden.

Nachdem Elfriede Tiltmann ihren Lebenslauf erzählt hat, kommt es zwischen dem Vorsitzenden und ihr zu einem aufschlußreichen Dialog über ihr Verhältnis zu Othmer.

Vorsitzender: »Sie haben Othmer noch vor dem Tod Ihres Mannes bei sich gesehen?«

Elfriede Tiltmann: »Ja, Othmer gab mir bei einem Besuch in der Sparkasse einen Zettel. Darauf stand, daß er mich abends nach 21 Uhr besuchen würde. Das war, als mein Mann im Krankenhaus lag.«

Vorsitzender: »Der Kriminalpolizei gegenüber sagten Sie, daß Othmer Sie erst nach dem Tod Ihres Mannes besuchte.«

Elfriede Tiltmann: »Damals wollte ich Othmer decken – aber heute sage ich die volle Wahrheit. Später wurde er mein Geliebter und zog zu mir in meine Wohnung. Das war nach dem Tode meines Mannes. Er wohnte der Form halber im Wohnzimmer. Aber er stand zu mir wie früher mein Mann. Ich zahlte seinen gesamten Lebensunterhalt und machte ihm große Geschenke. Er erhielt von mir eine Vollmacht über mein Vermögen – und dann kommandierte er mich nur noch!«

Vorsitzender: »Warum haben Sie sich das gefallen lassen?«

Elfriede Tiltmann: »Ich liebte ihn.«

Dann kommt der erste Anklagepunkt zur Sprache: der vom Staatsanwalt behauptete Mord an Kurt Tiltmann.

Vorsitzender: »Sie haben angegeben, daß Sie Ihrem Mann Tabletten von Othmer ins Krankenhaus gebracht haben. Das ist doch ungewöhnlich. Was haben Sie sich denn dabei gedacht?«

Elfriede Tiltmann: »Nichts. Othmer hatte meinem Mann ja schon Tabletten gegeben, bevor er ins Krankenhaus kam. Einmal gab er ihm sogar eine Spritze.«

Vorsitzender: »Wo sind denn die 48 000 Mark geblieben, die Sie nach dem Tod Ihres Mannes von der Versicherung bekommen haben?«

Elfriede Tiltmann: »Wir haben verschiedene Anschaffungen gemacht.«

Vorsitzender: »Aber doch nicht für das ganze Geld. Wo ist der Rest?«

Elfriede Tiltmann: »Ich weiß es nicht. Das meiste hat Othmer bekommen.«

Der Vorsitzende zählt die Versicherungen auf, die Frau

Tiltmann teils allein, teils zusammen mit Willi Othmer für ihren vierzehnjährigen Sohn Martin abgeschlossen hat, mit der Bedingung, daß sie gegebenenfalls auch vor dem 18. Lebensjahr ausgezahlt werden müssen.

Es ist beklemmend still im Saal, als Landgerichtsdirektor Ehrlicher fragt: »Frau Tiltmann, was hatte das mit dem 18. Lebensjahr für eine Bedeutung?«

Leise antwortet sie: »Damals wußte ich es nicht. Heute weiß ich es ...«

Der Schuldenberg, den die beiden Angeklagten durch verschwenderische Geldausgaben und Bestellungen weit über ihre finanziellen Möglichkeiten hinaus aufgetürmt hatten und der bis zum 1. August abgetragen werden mußte, rückt nun in den Mittelpunkt der Verhandlung – das vermutliche Motiv des Verbrechens an Martin. Landgerichtsdirektor Dr. Ehrlicher liest vor, welche Zahlungen an dem Stichtag fällig wurden. Dann blickt er langsam von den Akten auf.

VORSITZENDER: »Sollte das alles vielleicht von der Versicherungssumme des Martin bezahlt werden, Angeklagte?«

ELFRIEDE TILTMANN: »Das möchte ich jetzt beinahe annehmen ...«

»Mit zermürbender Pedanterie«, so berichtet am nächsten Tag der Vertreter der »Süddeutschen Zeitung« über den weiteren Verhandlungsablauf, »führt der Gerichtsvorsitzende der Angeklagten die schrecklichen Stunden vor Augen, da ihr Sohn Martin acht Tage lang mit dem Gift rang und schließlich starb. Der Richter hält ihr vor, daß sie in der Voruntersuchung viermal den Mord an ihrem Jungen gestanden hat. Er liest ihr die entsprechenden Stellen aus den Protokollen vor. Sie sei am Anfang sehr streng vernommen worden, erklärt die Angeklagte dazu und ruft: ›Ich habe ein reines Gewissen!‹«

Nicht sie, so gibt sie an, sondern Othmer habe dem Jungen die Medikamente angerührt und eingegeben. Entgegen ihrem früheren Geständnis, in dem sie sagte: »Bereits im Juni war ich mir darüber im klaren, daß Othmer meinen Jungen töten wollte«, behauptet sie jetzt, sie habe sich nichts dabei gedacht, als ihr Geliebter ihrem Jungen die Tabletten gab. Das ist ihre Strategie: Sie will nur ein unwissendes Werkzeug gewesen sein.

Zu einer dramatischen Szene kommt es, als die Angeklagte schildert, wie sie noch zu einem Doktor gelaufen sei, als ihr Sohn am Todestag zusammenbrach.

Da erhebt sich der weißhaarige Professor Reuter aus München, der als Sachverständiger am Prozeß teilnimmt, und fragt: »Glaubten Sie in diesem Augenblick, daß wir Ärzte Tote noch lebendig machen können?«

Frau Tiltmanns Kopf sinkt auf die Holzbrüstung vor der Anklagebank. Stöhnend erwidert sie: »Nein, es war zu spät ...«

Am zweiten Tag der Verhandlung steht der geschniegelte Sparkasseninspektor im Mittelpunkt. Eine spürbare Spannung liegt über dem Gerichtssaal, als der Vorsitzende mit der Vernehmung Willi Othmers beginnt.

Er ist in dieser Giftaffäre zweifellos die interessantere Figur. Gift, so weiß man zwar, ist von alters her die Waffe der Frau. Still und heimtückisch vernichtet sie damit, was ihr lästig erscheint, was sich ihr in den Weg stellt. Aber äußerst selten ist es, daß eine Mörderin mit Gift ihr eigenes Kind beiseite räumt. Ist es denkbar, daß die Mutterliebe bei Elfriede Tiltmann ohne fremdes Zutun so entarten konnte? Oder verführte dieser Mann die doch etwas einfältig wirkende Frau zum Bösen?

War er der Dämon, der ihr zum Schicksal wurde, dem sie in einer Art sexueller Hörigkeit verfiel?

Einer Bekannten vertraute sie einmal an: »Stellen Sie sich vor, wie rabiat mein Freund ist. Jetzt ist mein Mann tot, und nun sind ihm auch noch die Kinder im Weg!« Auf den Vorschlag der Bekannten, ihn doch hinauszuwerfen, entgegnete Elfriede Tiltmann: »Ja, wenn ich das könnte. Der möchte mir alles wegnehmen und mir am liebsten sogar die Haut vom Körper ziehen. Er hat einen ganz schlechten Charakter – aber körperlich passen wir so gut zusammen!«

Ist das der Schlüssel?

Die Geliebte von einst hat Othmer schwer belastet. Wie wird er parieren? Gibt es für ihn überhaupt noch eine Chance, sich zu retten?

Ein Reporter schreibt: »Man hat selten einen Angeklagten unter Mordanklage vor Gericht erlebt, der mit einer derartigen Gelassenheit und Ruhe, die an ihn gestellten Fragen beantwortet und geradezu beispielhaft seine Worte zu setzen weiß, die ein gehöriges Maß von Intelligenz, Gerissenheit und Schauspieltalent verraten.«

Seine Taktik: Er versucht Elfriede Tiltmann als Lügnerin hinzustellen. Nicht er, sondern sie habe die Versicherungen für ihren Mann und ihren Sohn abgeschlossen. Weder der eine noch der andere habe Tabletten von ihm erhalten.

VORSITZENDER: »Haben Sie Frau Tiltmann nicht Tabletten gegeben, die sie auf Ihre Empfehlung ihrem Mann ins Krankenhaus brachte?«

OTHMER: »Nein. Ich besaß überhaupt keine Medikamente, außer einer Röhre Schlaftabletten, die ich für mich selbst brauchte. Kurt Tiltmanns Krankheit war mir unbekannt. Ich bestreite auch die angeblich verabreichte Spritze.«

VORSITZENDER: »Und die Tabletten, die Martin einnehmen mußte – stammen sie nicht von Ihnen?«

OTHMER: »Nein, davon weiß ich auch nichts. Frau Tiltmann erzählte mir immer, der Arzt sei dagewesen und habe sich ungünstig über den Gesundheitszustand ihres Jungen geäußert. Das habe ich ihr geglaubt.«

VORSITZENDER: »Sie haben doch erlebt, daß der Junge die angebliche Medizin nicht nehmen wollte. Haben Sie ihn nicht aufgefordert, es dennoch zu tun?«

OTHMER: »Nein, im Gegenteil. Ich habe zu Martin hin und wieder gesagt: ›Wenn du die Medizin nicht einnehmen willst, nimm sie doch nicht ein.‹ Seine Mutter drohte ihm daraufhin jedesmal mit dem Krankenhaus.«

Bei diesen Worten schüttelt Elfriede Tiltmann neben ihm empört den Kopf.

VORSITZENDER: »Wie erlebten Sie das Ende Martins?«

OTHMER: »Als ich vom Polterabend zurückkam, lag Martin tot auf dem Sofa. Ich sprach Frau Tiltmann mein Beileid aus. Aber sie rief ›Pfui!‹, weil ich in der Todesstunde sicher getanzt hätte.«

VORSITZENDER: »Waren Sie nicht selbst erschüttert?«

OTHMER: »Nur überrascht.«

Schon die erste Zeugin, eine Hausfrau aus Peine, belastet Othmer schwer. Martin, der Freund ihres Sohnes, so schildert sie, habe ihr einmal erzählt, sein Vater sei vergiftet worden.

ZEUGIN: »Der Junge sagte mir wörtlich: Als Mutter eines Tages nicht da war, gab Othmer Vati eine grüne Tablette, als ihm nach einem Schnaps plötzlich schlecht wurde. Als Mutter zurückkam, sagte er: ›Friedelchen, ich habe deinem Mann eine Tablette aus dem Krankenhaus gegeben.‹ Darauf Mutti: ›Ich hab' doch keine Tabletten aus dem Krankenhaus.‹ Martin erzählte mir auch, Othmer hätte seiner Mutter aufgetragen, etwas in eine Tasse zu tun, das für den kranken Vater bestimmt sei.«

Dann tritt der Versicherungsvertreter in den Zeugenstand, der die beiden Angeklagten darauf hingewiesen hatte, daß seine Gesellschaft bei Kindern, die vor dem 18. Lebensjahr sterben, nicht die Versicherungssumme, sondern nur die bis dahin eingezahlten Prämien auszahle. Diese Kinder-Klausel sei als Vorsichtsmaßnahme gedacht, »damit Eltern ihre Kinder nicht in den Teich schubsen«.

VORSITZENDER: »Wie reagierten die Angeklagten darauf?«

ZEUGE: »Mit betretenem Schweigen. Erst nach einer Weile sagte Frau Tiltmann, es gebe Gesellschaften, die diese Einschränkung nicht hätten.«

VORSITZENDER: »Angeklagter Othmer, äußern Sie sich dazu.«

OTHMER: »Die Aussage ist falsch. Der Mann sagt nicht die Wahrheit.«

ELFRIEDE TILTMANN, aufspringend: »Doch. Was er ausgesagt hat, ist richtig!«

Andere Versicherungsvertreter erscheinen als Zeugen. Sie beeiden, daß Othmer die treibende Kraft und der Wortführer bei den Versicherungsabschlüssen war. Er habe sich sogar Provisionen zahlen lassen.

Zu einem Höhepunkt des Prozesses wird die Zeugenaussage von Lina T., der Hausgehilfin Elfriede Tiltmanns, die ja die Krankheit und den Todeskampf Martins aus nächster Nähe miterlebte.

Entscheidend ist ihre Erklärung, daß Martin sich immer wieder geweigert hat, die »Medizin« einzunehmen. Durch Drohungen und Versprechungen sei es Othmer und Frau Tiltmann jedoch immer wieder gelungen, den Jungen dazu zu bewegen.

VORSITZENDER: »Hat Frau Tiltmann Ihnen gesagt, was das für eine Medizin ist?«

ZEUGIN: »Sie sagte, die Medizin sei Martin vom Arzt verschrieben worden.«

STAATSANWALT: »Wir wissen, daß es diesen Arzt nicht gibt.«

Unter Eid schildert die Zeugin weiter, wie Elfriede Tiltmann am Todestag die »Medizin« aus dem Schlafzimmer holte, in dem sich auch Willi Othmer aufhielt.

ZEUGIN: »Martin hatte mir wiederholt gesagt, daß die beiden ihn vergiften wollten. Nur auf Drängen seiner Mutter trank er auch die letzte Tasse mit dem ›bitteren Zeug‹. Danach war der Junge wie benebelt. Als ich aus dem Kino kam, war er tot.«

Die Zeugin muß anschließend ein wahres Kreuzverhör der medizinischen Sachverständigen über sich ergehen lassen. Aus den detaillierten Fragen der Mediziner zum Krankheitsverlauf kann man schon schließen, daß sie später in ihren Gutachten zu dem Schluß kommen werden, daß die beiden Verstorbenen einer Bleivergiftung zum Opfer fielen.

Am fünften Verhandlungstag erscheint Elfriede Tiltmann mit einem großen Pflaster unter dem linken Auge im Ge-

richtssaal. Sie ist nachts in ihrer Zelle ohnmächtig geworden und hat sich verletzt. Ein Arzt berichtet, daß sie jedesmal das Grauen überkäme, wenn sie nach den Verhandlungen wieder in ihre Zelle zurückkehre.
Im Gegensatz zu Othmer, der bisher keine Miene verzogen hat und durch nichts zu erschüttern ist, scheint diese Frau mit ihrem Gewissen zu kämpfen. Bei den Zeugenaussagen wird sie häufig von Weinkrämpfen geschüttelt. Ist das Reue? Sind es Tränen der Verzweiflung? Oder zeigt sich darin Angst vor der drohenden Strafe? Die Last, die sie drückt, scheint jedenfalls nicht so schwer zu sein, daß sie sich davon mit einem Geständnis zu befreien versuchte.
Der Psychiater, der als letzter Sachverständiger auftritt – nach Dr. Kanitz, der schildert, wie er durch den Zufall auf die Spur der tödlichen Bleivergiftungen gestoßen ist –, versucht die Persönlichkeit dieser Frau einzukreisen. Seine Ausführungen sind im Grunde aber nur noch eine Bestätigung des ohnehin Bekannten.
Er sagt: »Ihr geht jegliches Gefühl der Trauer um Mann und Sohn ab. Auch aus ihrem Verhalten bei der Erkrankung ihres Mannes und noch mehr des Sohnes sieht man ebenfalls das Gefühllose heraus. Sie nahm überhaupt keine Rücksicht auf das Widerstreben des Jungen, sondern zwang ihn, das einzunehmen, was eine Arznei sein sollte. Hier hat jegliches Muttergefühl gefehlt.« Sie versuche, sich jetzt selbst zu retten, indem sie alle Schuld auf ihren Liebhaber wälze. Hörig ist sie ihm nach Meinung des Psychiaters nicht gewesen. Er schließt: »Es besteht bei ihr volle Verantwortlichkeit.« Voll verantwortlich sei auch Willi Othmer.

Das Plädoyer von Staatsanwalt Dr. Rosencrantz verrät, daß er sich seiner Sache absolut sicher ist, obwohl sich keine unmittelbaren Beweise für die Schuld der beiden Angeklagten gefunden haben.

Er hält sie allerdings durch Elfriede Tiltmanns frühere Geständnisse, durch ihr abgewandeltes Geständnis und durch die Aussagen der Zeugen und Gutachter für überführt. Zu der Frage, ob die Angeklagten Mörder sind, sagt er: »Bei beiden liegt Habgier vor. Außerdem handelten sie grausam und heimtückisch. Sie nutzten das Vertrauen ihrer Opfer, die auf Heilung ihrer Krankheiten hofften, aus, indem sie ihnen mit zusätzlichen Versprechen den Todestrank einflößten.« Dieses Verhalten sei »entmenschlicht«, ja »satanisch«.

Als der Staatsanwalt zu erkennen gibt, daß er am liebsten die Todesstrafe fordern würde, unterbricht ihn der Vorsitzende und meint: »Hier kann nicht auf Abänderung des Grundgesetzes plädiert werden.« Rosencrantz verlangt schließlich die höchstmögliche Strafe: zweimal lebenslänglich Zuchthaus.

Die beiden Verteidiger suchen ihr Heil darin, jeweils den eigenen Mandanten von der Schuld zu entlasten.

Rechtsanwalt Langenheine, der Verteidiger Elfriede Tiltmanns, bezeichnet Othmer als den »Motor« der beiden Giftmorde. Er sagt: »In Frau Tiltmann haben Liebe und Mütterlichkeit gegenübergestanden. Dabei ist die Mütterlichkeit erlegen. Die Geschworenen werden es schwerhaben, sie offen Mörderin zu nennen.« Willi Othmers Verteidiger Rechtsanwalt Bierast dagegen erklärt, Frau Tiltmann habe die Verbrechen alleine begangen, um Othmer, »zu dem sie gesteigerte Lebensgier getrieben hat«, nicht zu verlieren. Beide Verteidiger beantragen Freispruch.

»Ich habe nichts mehr zu sagen«, erklärt Elfriede Tiltmann, als der Richter ihr das letzte Wort erteilt. Willi Othmer schiebt auch noch mit dem letzten Satz, den er sagt, alle Schuld der einstigen Geliebten zu.
Das Urteil, das Landgerichtsdirektor Dr. Ehrlicher am Abend des 2. Mai verkündet, überrascht nur in einem Punkt:
Elfriede Tiltmann und Willi Othmer werden wegen gemeinschaftlich begangenen Mordes an Martin Tiltmann in Tateinheit mit versuchtem Versicherungsbetrug zu lebenslänglichem Zuchthaus und Ehrverlust verurteilt. Weil ihnen der Mord an Kurt Tiltmann nicht lückenlos nachzuweisen war, werden sie in diesem Fall freigesprochen. »Obwohl« – so der Richter – »dafür kein anderer als die beiden oder einer der beiden in Betracht kommt.«
Während der Urteilsbegründung gibt der Richter auch eine Erklärung dafür, wie die Verurteilten auf die raffinierte Art des Giftmordes mit Blei gekommen seien. In jedem Konversationslexikon, sagt er, sei dies nachzulesen.

Der Fall Arthur Simbürger

Mord auf Bestellung

Der ältere Mann lehnt sich genüßlich in das Polster des Beifahrersitzes zurück. Er hat gut zu Mittag gegessen und sich jetzt eine Zigarre angezündet. Am Fenster des blauen VW-Karman-Ghia mit dem Kennzeichen N 155.334 gleitet im hellen Licht des Julitages das Panorama der Wachau vorüber. Man hat einen weiten Blick von Dürnstein bis Spitz.
»Ein Bild zum Malen«, sagt der Mann. Er liebt diese Gegend, in der er seit vielen Jahren zu Hause ist.
Bis auf einen grauen Haarkranz über den Ohren ist er kahl. Sein leicht gerötetes Gesicht verrät, daß er gern ein Glas Wein trinkt.
Am Steuer des Wagens, der jetzt über die steil abfallende Seiberer Straße fährt, sitzt ein dunkelhaariger junger Mann mit sonnengebräuntem Gesicht und gescheiteltem Haar. Er trägt ein dunkelblaues Jackett und ein offenes weißes Hemd. Seine schwarzen Augen starren unruhig auf die Fahrbahn.
Schläfrig schließt der Kahlköpfige nach einer Weile die Lider. So entgeht ihm die gefährliche Linkskurve. Der Karman-Ghia macht die Krümmung der Straße nicht mit. Er rast geradeaus weiter, auf das niedrige Straßengeländer zu, durchbricht es.
Alles weitere ist eine Sache von Sekunden: Der Wagen prallt auf die Böschung, stürzt dann, wie eine Spielzeugschachtel sich mehrfach überschlagend, in den Abgrund, der an dieser

Stelle 80 Meter tief ist. Man hört das Geräusch des Aufschlagens, das Knirschen von Blech, das Splittern von Glas. Danach ist es still ...

Ein Wiener Mopedfahrer, der zwei Stunden später, gegen 16 Uhr, an der Unglücksstelle vorbeikommt, macht eine grausige Entdeckung: Er sieht plötzlich zwei blutverschmierte Hände, die von hinten über die Böschungsmauer greifen und sich festklammern.

Der Mopedfahrer hält. Als er an die Böschung tritt, sieht er, daß die Hände einem dunkelhaarigen jungen Mann gehören, der kaum noch die Kraft hat, sich hochzuziehen. Er hilft ihm auf die Straße. Ehe er ihn etwas fragen kann, fällt der Dunkelhaarige, der abgerissen aussieht und schwer verletzt ist, in eine tiefe Ohnmacht.

Der Helfer verständigt den Gendarmerieposten im nächsten Ort, in Weißkirchen. Die Beamten sorgen dafür, daß der Verletzte ins Kremser Kreiskrankenhaus eingeliefert wird. Dann klettert einer von ihnen zu dem zerbeulten Autowrack hinab.

Er sieht einen älteren, kahlköpfigen Mann tot auf dem Beifahrersitz liegen. Blutfäden sind aus seinem Mund gesickert, und sein rechter Arm pendelt aus dem rechten zerborstenen Seitenfenster leblos ins Leere.

Der Tote wird als der 67jährige Kaufmann Johann Buchmayer aus Krems identifiziert. Der junge Mann, der den Wagen gesteuert hat, ist der 21jährige jugoslawische Staatsbürger Silvester Skutnik, ein Maschinenschlosser, der bei einer Firma in Krems arbeitet. Die Ärzte stellen bei ihm eine Gehirnerschütterung und schwere Schürfwunden fest. Sie vermuten einen Leberriß.

Ein tragischer Unfall, wie es scheint. Skutnik hat vermutlich bei zu hoher Geschwindigkeit während der Talfahrt die Herrschaft über das Fahrzeug verloren. Daß er den Absturz überlebt hat, grenzt an ein Wunder. Buchmayer, so ergibt die erste Untersuchung, muß auf der Stelle tot gewesen sein.

Am späten Nachmittag erfährt auch der 29jährige Kaufmann Arthur Simbürger von dem tragischen Geschehen am Seiberer. Simbürger, ein sportlicher Mann mit dichtem blonden, von der Sonne ausgebleichtem Haar und blaßblauen Augen, hat den Ruf eines Playboys, der bei Frauen und Männern gleichermaßen gut ankommt. Er gilt als der engste Freund und Günstling des verunglückten Johann Buchmayer, den er »Bierli« nennt.

Der junge Schönling, der an diesem Tag einen modischen, eng auf Taille geschnittenen Anzug trägt, zeigt sich tief erschüttert. »Gräßlich, der Bierli war wie ein Vater zu mir!« sagt er kopfschüttelnd. »Und der arme Silvio – hoffentlich überlebt er wenigstens!« Der Verletzte ist sein Vetter.

Zusammen mit seiner 19jährigen Braut, mit der er den Nachmittag verbracht hat, fährt er zuerst zur Polizei und anschließend ins Krankenhaus. Doch er kann Silvester Skutnik, auch Silvio genannt, nicht sprechen. Der Jugoslawe ist immer noch bewußtlos.

Mit einem Bekannten macht Simbürger sich anschließend auf den Weg zur Unglücksstätte. Bei dem leitenden Beamten gibt er sich als Neffe des tödlich verunglückten Buchmayer aus. Er sagt: »Ich suche einen Geldbetrag, den Herr Buchmayer für mich aus meinem Geschäft geholt hat. Kann ich in dem abgestürzten Wagen einmal nachsehen?«

Der Beamte überlegt einen Moment. »Von mir aus – wenn Sie der Neffe sind. Ich gebe Ihnen zwei Begleiter mit.«
Simbürger, sein Bekannter und zwei Polizisten klettern durch die Schlucht nach unten. Im Autowrack findet Simbürger das Geld, die Einnahmen aus einem der beiden Modegeschäfte, die er betreibt. Sein Freund hat es in seinem Auftrag in dem Örtchen Melk aus der Kasse genommen. Außerdem liegen neben dem zerbeulten Wagen noch die Wohnungsschlüssel des Toten, seine Schuhe, ein Hemd und ein Buch.
Während Arthur Simbürger alles an sich nimmt, sieht sein Bekannter sich die Absturzstelle an. Schließlich sagt er: »Ich kann mir nicht vorstellen, daß hier ein Unfall passiert ist. Es hätte den Wagen schon vorher aus der Kurve tragen müssen. Seltsam auch, daß Silvio bei so einem Absturz mit dem Leben davongekommen ist.«
Simbürger zuckt mit den Schultern. »Wenn einer mit dem Tod rauft, entwickelt er oft ungeahnte Kräfte.«
Da man ihn für den Neffen des toten Kaufmanns hält, darf er die gefundenen Gegenstände behalten. Zusammen mit dem Bekannten fährt er anschließend zur Wohnung Buchmayers in der Herzogstraße in Krems. Mit den gefundenen Schlüsseln sperrt er die Tür auf. Eine Hausbewohnerin, der er im Flur von dem Unglück erzählt hat, will ihn mit den Worten zurückhalten: »Aber wenn der Herr Buchmayer tot ist, dürfen S' doch nicht mehr in seine Wohnung!«
Der elegante Blonde läßt sich davon nicht abhalten. Er gibt der Frau die verderblichen Lebensmittel, die in der Küche liegen. Anschließend durchsucht er im Wohnzimmer den Schreibtisch. Er findet einen Betrag von 8600 Schilling. 4000

steckt er ein, 2200 gibt er seinem Begleiter, dessen Frau als Angestellte im Geschäft Buchmayers arbeitet. Als »Ausgleich für ihr Urlaubsgeld«, das sie noch nicht bekommen hat. Das restliche Geld läßt er liegen. Das soll vermutlich den Eindruck erwecken, daß alles so geblieben ist, wie Johann Buchmayer es verlassen hat.
Umsichtig heftet er danach einen Zettel an die Tür des Ladens, der mit Buchmayers Wohnung verbunden ist. Der Text darauf lautet: »Unser sehr geehrter Herr Buchmayer ist heute durch einen schweren Unfall seinen Verletzungen erlegen. Das Geschäft ist vorerst geschlossen. Wir bitten um Ihr Verständnis.«

Einen Tag später, am Morgen des 8. Juli 1968, ruft Simbürger um 6 Uhr früh den Versicherungsvertreter Siegfried C. an, der in seinem Haus wohnt und mit dem er zusammen mit Buchmayer eine Versicherung abgeschlossen hat.
»Siegfried, es ist etwas Schreckliches passiert«, sagt er. »Der Buchmayer ist tot!«
Einen Moment Stille. Dann fragt der Agent langsam: »Wie ist es passiert?«
»Er ist gestern mit dem Silvio am Seiberer abgestürzt. 80 Meter tief ...«
Ohne ein weiteres Wort zu sagen, legt der Agent auf. Er weiß, daß Buchmayer die Versicherung zu Gunsten von Arthur Simbürger hat ausstellen lassen. Der schöne Blonde hat jetzt Anspruch auf 500 000 Schilling.
Zu seiner Frau sagt Siegfried C.: »Die Sache gefällt mir nicht, da ist etwas faul! Wenn das Unglück am Seiberer nicht ein Verbrechen ist!«

»Wie kommst du denn darauf?« fragt seine Frau.
»Der Simbürger hat in letzter Zeit so seltsame Bemerkungen gemacht«, erwidert ihr Mann. »Er sagte, dem Buchmayer könnte ja bald etwas zustoßen. Wenn das passiere, sei er mit einem Schlag aus dem Wasser.«
»Das kann doch ein Scherz gewesen sein.«
»Aber dem Buchmayer ist ja etwas zugestoßen – er ist tot!«
Der Agent erinnert sich, wie der Vertrag mit dem Kaufmann zustande kam. Es war im Mai 1966. In einem Kaffeehaus sprach man zu dritt über die Einzelheiten der Lebensversicherung. Vereinbart wurde, daß Buchmayer im Erlebensfall die Versicherungssumme erhält, Simbürger im Fall des vorzeitigen Ablebens seines Freundes. Die jährliche Prämie von 70 000 Schilling wollten sich beide teilen. Sie wurde allerdings nur einige Monate gezahlt. Danach ruhte sie.
Anfang 1968 brachte Simbürger, der sich einmal in der Woche mit Siegfried C. zum Kaffeetrinken trifft, die Sprache darauf, was er tun müsse, um die Versicherung wiederaufleben zu lassen. Etwas verwunderlich für den Agenten, dem er vorher noch geklagt hatte, er habe sich bei den Einkäufen für seine Geschäfte verkalkuliert und brauche dringend Geld.
Siegfried C. antwortete ihm: »Du mußt die noch ausstehenden Prämien nachzahlen. Vorausgesetzt natürlich, daß unsere Direktion die Reaktivierung genehmigt.«
Weiter erinnert C. sich, wie Simbürger ihn danach mehrfach drängte, nach Wien zu fahren, um zu veranlassen, daß die Police wieder in Kraft gesetzt wird. Als der Blonde sie schließlich am 30. Juni erneut in der Hand hielt – er hatte die Auflagen der Versicherungsdirektion erfüllt –, scherzte er einige Male, nun könnte dem Buchmayer ja »etwas passieren«.

Der Scherz nahm immer ernstere Züge an, als Simbürger nicht nur von einem möglichen Unfall sprach, sondern sogar einen Plan für ein »Unglück« ausheckte. »Wenn ich nicht dabei war«, sagte er, »kann man mir ja nichts nachweisen.« Darauf Siegfried C.: »Sollte Buchmayer in nächster Zeit etwas zustoßen, weiß ich, daß du deine Hand im Spiel hast, auch wenn man keine Hinweise auf den Täter findet.« Und er setzte hinzu: »Noch ehe die Versicherung zahlt, sitzt du dann im Gefängnis!«

Diese Drohung war deutlich genug. Trotz des Verdachtes, der nach dem Anruf in ihm aufkeimt, kann C. sich deshalb nicht vorstellen, daß Simbürger sich über seine Worte hinweggesetzt hat. Für so dumm, so leichtfertig hält er ihn nicht.

Mit seinem Verdacht steht Siegfried C. nicht allein. Am Nachmittag besucht er Helga H., die geschiedene Frau Simbürgers. Und von ihr hört er: »Ich habe Angst, daß Arthur etwas mit dem Unfall zu tun hat.«

Sie berichtet von einem Vorfall im Mai. Da saß sie mit ihrem zweiten Mann Peter und Simbürger im Café »Swoboda«. Während einer Unterhaltung über das Fernsehspiel »Der Tod des Handlungsreisenden«, das gerade gelaufen war, sagte ihr geschiedener Mann, der vorher wieder einmal über seine geschäftlichen Schwierigkeiten gesprochen hatte: »So etwas könnte man doch auch mit dem ›Bierli‹ machen, um die Versicherungssumme zu kassieren.«

Helga H.: »Er arbeitete Pläne aus, bei denen es mir kalt über den Rücken lief. Man müsse nur einen alten Wagen nehmen, meinte er, und dann eine geeignete Stelle für einen ›Unfall‹ suchen, wo der Fahrer abspringen könnte. Er selbst müsse

dabei natürlich im Hintergrund bleiben, aber sein Vetter Silvio würde das für 100 000 Schilling schon machen.«
Später habe er ihrem Mann für diesen Betrag den »Unfall«-Job angeboten, und ihn damit gelockt, daß er eine »tolle Stelle« am Seiberer wisse. Peter H. lehnte jedoch entrüstet ab. Daraufhin sagte Simbürger lachend: »Aber das war doch nur ein Witz! Das dürft ihr doch nicht ernst nehmen.«
Seine Exfrau schließt: »Es war kein Witz. Denn genau so ist es ja passiert. Ich halte den Unfall für Mord!«
Siegfried C. ringt mit dem Gedanken, die Polizei zu informieren. Noch aber ist er nicht so weit. Noch will er nicht wahrhaben, daß Simbürger, mit dem er befreundet ist, zu einem solchen kaltblütigen Verbrechen fähig ist.
Auf Drängen Simbürgers, der ihn telefonisch mehrfach darum gebeten hat, fährt er mit ihm schließlich zur Unfallstelle. Simbürger hat ihm gesagt, daß ihm sehr viel daran liege, seine Meinung über das Unglück zu hören. Auch der Versicherungsagent ist daran interessiert, sich an Ort und Stelle ein Bild zu machen. Vielleicht verdächtigt er den Freund ja zu unrecht.
Der Agent sieht sich aufmerksam den Unglücksort an: die Stelle, wo der blaue VW-Karman-Ghia von der Straße kam, wo er durchs Geländer brach, wo er auf der Böschung aufprallte und wo er schließlich in der 80 Meter tiefen Schlucht liegenblieb. Simbürger macht nach seinen Angaben Fahr- und Bremsproben auf der Seiberer Straße.
Die Meinung, die C. schließlich äußert, ist für Simbürger alles andere als erfreulich. Er sagt: »An einen Unfall kann ich erst dann glauben, Arthur, wenn das ein Sachverständiger oder ein Gericht festgestellt hat.«

auf die schwere Gehirnerschütterung zurückgehen kann, die er erlitten hat.
Eine mögliche Mitschuld des Verletzten scheint schon aus einem Grunde fraglich: Als Komplize Simbürgers hätte er sich doch rechtzeitig durch einen Absprung aus dem Auto retten können. Er ist aber mit abgestürzt und nur durch unglaubliches Glück knapp dem Tod entgangen.
Also doch ein unvorhersehbares Unglück, das sich nur zufällig so abspielte, wie Simbürger es sich ausgedacht hatte? Die leichtfertigen Reden des Playboys bedeuten noch nichts. Auch seine wirtschaftlichen Schwierigkeiten, die die Inspektoren schnell herausfinden, sind noch kein Beweis für seine Schuld, denn nicht jeder, der ein Mordmotiv hat, tötet auch.
Doch bald schon stößt die Polizei auf Umstände, die einen Unfall immer unwahrscheinlicher werden lassen. Mit der Vernehmung und den Aussagen von zwanzig Zeugen entrollt sich vor ihnen allmählich das Bild eines Verbrechers, für dessen Tat es in der Kriminalgeschichte Österreichs keine Parallele gibt.

Arthur Simbürger wurde am 12. Dezember 1938 in Hetzendorf in der Steiermark geboren. In Krems erlernte er das Metzgerhandwerk. Während er als Geselle arbeitete, kam der Kaufmann Johann Buchmayer in den Laden. Er fand Gefallen an dem hübschen, gut gewachsenen Burschen und bot ihm eine Stellung in seinem gut florierenden Altwaren- und Textilgeschäft an. Simbürger griff zu.
Bald schon ging seine Stellung bei Buchmayer weit über das Angestelltenverhältnis hinaus. Man munkelte von homosexuellen Beziehungen zwischen den beiden. Wenn sie zu-

sammen zu einem Bekannten nach Wien fuhren, übernachteten sie dort in einem Bett.
»Bierli« unterstützt den jungen Freund großzügig. Simbürger kann sich die elegantesten Anzüge und die teuersten Autos leisten. Zu seinem Wagenpark gehören bald ein Opel-Kapitän, ein Mercedes 220 SE und ein Mercedes 250 SL. Auch als Simbürger zwei Modegeschäfte eröffnet, hilft ihm sein Gönner. Er gibt ihm seine ganzen Ersparnisse: über eine Million Schilling. Die Hälfte davon will Simbürger dem älteren Freund monatlich mit 3000 Schilling zurückzahlen. Doch diese Abmachung erfüllt er nie.
Trotz der Zuwendungen Buchmayers wird die wirtschaftliche Lage des Playboys, der nach kurzer Ehe geschieden worden ist, immer schlechter: eine Folge seines aufwendigen Lebensstils und geschäftlicher Fehlspekulationen. Die Schulden wachsen ihm schließlich über den Kopf. Auch Buchmayer kann ihm nicht mehr helfen, er hat ihm ja fast alles, was er besaß, gegeben. Dadurch ist er selbst in die Klemme geraten: Für sein eigenes Geschäft kann er nur noch wenig Ware kaufen, und er bezahlt sie schleppend.
Arthur Simbürger bemüht sich, auf verschiedenen Wegen zu Geld zu kommen.
Zunächst einmal wendet er sich an seine geschiedene Frau Helga, die inzwischen wieder verheiratet ist. Er bittet sie, für einen Bankkredit, den er aufnehmen will, auf die Dauer von zehn Jahren mit ihrem Besitz zu bürgen. Sie lehnt ab.
Neue Hoffnung schöpft er, als er im Frühjahr 1968 die Tochter eines Juweliers aus St. Pölten kennenlernt. Sie erzählt ihm, daß sie 200 000 Schilling auf der Sparkasse hat. Sie will ihm das Geld schenken, wenn er um ihre Hand anhält. Bei

ihrer Verlobung, so versichert sie ihm, habe sie noch weitere 200 000 Schilling von ihrer Großmutter zu erwarten. Auch mit diesem Betrag könne er rechnen. Für Simbürger in seiner Bedrängnis ein wahrer Glückstreffer. Er will sich die Chance nicht entgehen lassen und zögert nicht lange: Zu Pfingsten verlobt er sich mit der hübschen Neunzehnjährigen. Doch kaum hat er ihr den Ring übergestreift, gesteht sie ihm kleinlaut, daß sie nichts auf dem Sparbuch hat und auch nichts von der Großmutter bekommen wird. Sie hat ihn belogen, um sich als »gute Partie« interessant zu machen.
Aufgeregt erscheint der enttäuschte Bräutigam daraufhin bei seinem Freund, dem Versicherungsvertreter Siegfried C.
»Ich bin jetzt in Teufels Küche!« erklärt er. »Im Vertrauen auf die Zusagen meiner Braut habe ich einige kurzfristige Wechsel unterschrieben. Wenn jetzt nicht irgend etwas geschieht, ist alles zu Ende. Aber ich bin ein Glückskind – mir wird schon etwas einfallen.«
Ihm fällt ein, seine Lage durch Warenschmuggel oder einen Einbruch zu verbessern. Der Agent schüttelt zu solchen Überlegungen nur den Kopf. Als er ihn an Buchmayer verweist, entgegnet Simbürger: »Von dem ist nichts zu holen. Der hat ja selbst nichts mehr.«
An diesem Punkt des Gesprächs muß ihm der Gedanke gekommen sein, daß »Bierli« doch noch etwas sehr Wertvolles besitzt, das sich in Bargeld ummünzen läßt: sein Leben.
Er faßt den Entschluß, seinen Gönner umzubringen, um die halbe Million Schilling von der Versicherung kassieren zu können. Ein gedungener Mörder soll die schmutzige Arbeit für ihn verrichten. Er soll einen Unfall vortäuschen und sein Opfer mit einem Wagen in eine Schlucht stürzen lassen.

Die Pläne, die er von nun an in Gegenwart von Freunden und Bekannten entwickelt, sind nicht scherzhaft – wie er später angibt –, sondern blutig ernst gemeint. Auch das Angebot an den Mann seiner Exfrau, für 100 000 Schilling das Verbrechen auszuführen, ist kein Spaß. Als der sich weigert, wendet er sich an seinen Vetter Silvester Skutnik, an »Silvio«.

Der junge Schlosser, der 1965 aus Jugoslawien nach Krems gekommen ist, erscheint ihm für den Mordauftrag besonders geeignet. Er gilt als schneller aber wendiger Autofahrer, er ist mutig – er will den Pilotenschein machen – und vor allem: Er ist dem Playboy fast blind ergeben. Eine Art »Kammerdiener«, der ihm sogar die Schuhe putzt, sie ihm anzieht und zubindet.

Das Wort »Mord« vermeidet Simbürger, als er versucht, Silvio für seine dunklen Absichten zu gewinnen. Vorsichtig beginnt er: »Es müßte ein Unglück geschehen, damit ich aus meinen Schwierigkeiten herauskomme, Silvio. Ein Unglück wäre es, wenn dem Bierli etwas zustoßen würde. Das könnte mir helfen.«

»Was für ein Unglück?« fragt Silvio.

»Ein Autounfall. Der Bierli ist doch hoch versichert. Würdest du dabei mitmachen?«

Was er denn zu tun hätte, will Silvio wissen. Simbürger entwickelt ihm einen Plan, und er lockt mit dem Lohn: einem neuen Auto. Ein Auto ist der Traum des jungen Mannes, und er erklärt sich schließlich bereit, für diesen Traum zu töten.

Dann kommt es zu einer makabren Szene, die einem Kriminalfilm entstammen könnte:

Am 26. Juni fährt Simbürger mit dem Vetter los, um einen geeigneten Ort für das »Unglück« zu finden.
In der Gaststätte am Seiberer sucht Simbürger die Gegend mit einem Fernglas ab. Schließlich hat er eine passende Stelle gefunden, und er fährt mit Silvio dorthin. Es dunkelt schon, als die beiden an der abschüssigen Straße, die vom Seiberer ins Tal führt, den Tod des Kaufmanns besprechen.
Simbürger deutet auf einen Punkt des Geländers an einer Böschung, das hier sehr niedrig ist.
»Da vorne«, sagt er, »mußt du mit dem Wagen durchfahren. Du spürst, wenn der Wagen am Geländer aufstößt. Er fliegt dann ein Stück geradeaus durch die Luft – in diesem Moment springst du heraus. So passiert dir nichts. Wichtig ist: Du mußt dich aufstützen, wenn das Auto von der Straße weg ist. Dann die Tür öffnen – und springen!«
»Du meinst, das geht gut?« fragt zweifelnd Silvio.
»Aber klar. Ich habe selbst schon viele Unfälle gehabt. Da lernt man, daß man sich sofort abstützen muß.«
Der andere nickt.
Simbürger gibt die letzte Anweisung: »Also nochmals: Du fährst bei der Kurve geradeaus über den Hang. Du verhältst dich so, wie ich es dir gesagt habe. Das ist kein Risiko für dich. Wenn dich später die Verkehrspolizei fragt, sagst du, es hätte dir das Steuer weggerissen. Verstehst du?«
»Ja. Und wann soll ich es machen?«
»Nächsten Sonntag.«
Die beiden stehen noch einige Zeit an der späteren Unfallstelle. Ein Zeuge beobachtet sie dabei, wie sie Steine in die Schlucht werfen, wohl um festzustellen, wie tief sie ist.
Dann kommt der Sonntag, den Simbürger als Todestag be-

stimmt hat. Er bittet den älteren Freund zusammen mit Silvester Skutnik in sein Modegeschäft nach Melk zu fahren. Er soll dort die Einnahmen abholen. Außerdem soll er ihm seine Sonnenbrille mitbringen, die er angeblich im Gasthof am Seiberer vergessen hat.

Damit ist die Todesroute festgelegt, die tödliche Falle gestellt. Doch Buchmayer tappt nicht in die Falle hinein. Als Silvio ihn abholt, eröffnet Buchmayer ihm, daß er nicht allein mitkommt. Er hat eine Nachbarin und deren Sohn zur Mitfahrt eingeladen. Das rettet ihm das Leben.

Simbürger ist wütend über die Verzögerung. Er setzt einen neuen Termin: den 7. Juli 1968 – das ist der kommende Sonntag.

Abermals bittet er am Morgen dieses Tages den Freund, für ihn nach Melk zu fahren. Er sagt: »Bierli, ich brauche dringend das Geld und die Belege aus der Kasse.«

Buchmayer lehnt mürrisch ab. »Heute nicht. Ich habe selbst zu tun – ich muß einen Teppich waschen.«

Aber der junge Mann läßt nicht locker. Buchmayers Nachbarin, die sich gerade in der Wohnung des alten Kaufmanns aufhält, wundert sich, wie hartnäckig Simbürger ihn bedrängt.

»Tu mir den Gefallen, Bierli! Und vergiß nicht die Sonnenbrille auf dem Seiberer. Spätestens um zwei Uhr seid ihr ja wieder zurück.«

Buchmayer hat dem blonden Schönling noch nie einen Wunsch abgeschlagen. Auch diesmal kann er nicht nein sagen. Wenn auch nur murrend, steigt er schließlich zu Skutnik in den dunkelblauen Karman-Ghia – das Todesauto.

Durch das offene Seitenfenster sagt Simbürger: »Und noch eins, Bierli. In Weißkirchen ist auf der Hauptstraße ein Modegeschäft, das verkauft billiger als ich. Steig doch mal aus und vergleich die Preise.«
Buchmayer: »Die werden doch am Sonntag die Rolläden unten haben.«
Simbürger: »Schau halt nach!«
Er gibt Buchmayer, der einen dunklen Anzug trägt, einen Klaps auf die Schulter. Eine Abschiedsgeste. Aber der Freund weiß es nicht.
Folgsam führt er den Auftrag aus. Zunächst läßt er sich von Skutnik zu Simbürgers Modegeschäft bringen. Dann fährt er auf der anderen Donauseite nach Weißkirchen, um nach Simbürgers Konkurrenz zu sehen. Als er auch das hinter sich gebracht hat, sagt er zu Skutnik: »Jetzt holen wir die Brille auf dem Seiberer.«
Der junge Mann nickt. Er weiß, daß der Augenblick des »Unglücks« herannaht.
Im Gasthaus auf dem Seiberer liegt Simbürgers Brille nicht. Nachdem sie vergeblich danach gefragt haben, essen Buchmayer und der Jugoslawe zu Mittag. Der Kaufmann trinkt noch eine Flasche Bier aus, ehe sie um 13 Uhr 30 weiterfahren. Der 67jährige steckt sich eine Zigarre an und lehnt sich schläfrig in seinen Sitz zurück, während Skutnik sich auf der abschüssigen Serpentinenstraße der Stelle nähert, die Simbürger bestimmt hat.
Er sieht das niedrige Geländer heranschießen. Blitzschnell reißt er das Steuer des Karman-Ghia zuerst etwas nach links, dann nach rechts.
Der Wagen rammt das Geländer. Skutnik verspürt einen

harten Ruck. Im nächsten Moment kippt das Auto über den Straßenrand auf die Böschung. Skutnik will herausspringen. Doch er bringt die Tür nicht auf – sie klemmt!
In Todesangst klammert er sich ans Steuer, während der Wagen rumpelnd in die Tiefe stürzt. Buchmayer neben ihm prallt mehrfach mit dem Kopf gegen das Wagendach. Er erleidet einen tödlichen Schädelbruch. Skutnik aber hat Glück, das an ein Wunder grenzt: Er überlebt den Absturz. Blutend kann er das Wrack verlassen und mit letzter verzweifelter Kraft die Böschung emporklettern.

»So und nicht anders ist es gewesen«, sagt einer der beiden Polizeiinspektoren, die Simbürger ihre Version des Geschehens vorhalten.
Der schöne Blonde kann seine Verblüffung über das genaue Wissen der Beamten nicht verbergen. Langsam dämmert ihm, woher sie es haben. Natürlich: Silvio, sein »Miet-Killer«, muß geplaudert haben. Er zuckt die Achseln, gibt das Spiel verloren.
Seufzend gesteht er: »Ja, so war es ...«
»Warum haben Sie es getan?«
Abermals seufzt Arthur Simbürger: »Meine Schulden. Ich brauchte dringend 200 000 Schilling – sonst hätte ich Konkurs anmelden müssen.«
»Da haben Sie lieber Ihren Freund umgebracht?«
Keine Antwort.
Bei der nächsten Vernehmung schränkt Simbürger sein Geständnis ein. Er erklärt: »Ich habe mit meinem Vetter lediglich über die Möglichkeit gesprochen, Bierli durch einen Unfall umzubringen. Einen Auftrag habe ich ihm nicht erteilt.«

»Aber das nimmt Ihnen doch kein Mensch ab«, erwidert einer der Beamten. »Der Skutnik hatte kein Motiv. Der riskiert doch nicht zum Spaß Kopf und Kragen. Nur für einen war der Tod des alten Herrn wichtig, für einen einzigen Mann, der einen hohen Nutzen davon hatte – für Sie!«
Simbürger bleibt bei seiner Darstellung.
Weiterer Vorhalt: »Sie haben doch einen Killer gesucht. Dem Mann Ihrer geschiedenen Frau haben Sie für Buchmayers Beseitigung 100 000 Schilling geboten. Seine Aussage liegt uns vor.«
Simbürger: »Auch das stimmt nicht. Es kann höchstens sein, daß ich mit meiner früheren Frau über den Buchmayer gesprochen habe.«
Bei dieser Marschroute bleibt er auch in dem Prozeß, der am 9. Juni 1969 im Schwurgerichtssaal des Kreisgerichtes in Krems beginnt: Er streitet die Anstiftung zum Mord ab. Skutnik, so erklärt er, habe auf eigene Faust gehandelt.
Gegen seine Darstellung steht die Aussage des jungen Jugoslawen, der bei der Polizei ein ausführliches Geständnis abgelegt hat. Dabei weicht er auch vor Gericht ab. Er ergänzt es in der Verhandlung allerdings noch um einen überraschenden Punkt.
Er sagt: »Zuerst habe ich mich von Simbürger überreden lassen. Er sagte, mir könne nichts passieren, er werde schon alles regeln. Als es dann am 7. Juli aber so weit war, bekam ich Angst. Ich wollte nicht mehr, weigerte mich, es zu tun. Da sagte Simbürger: ›Heute muß es geschehen – sonst passiert dir etwas!‹ Er drohte mir mit einer Pistole!«
Raunen im Saal. Dem dunkelhaarigen Jüngling, der das Todesauto steuerte, und der noch sehr kindlich wirkt, gelten

mehr Sympathien, als dem geschniegelten, kalt auftretenden Simbürger. Wurde dieses halbe Kind zum Mörder, weil es um sein eigenes Leben fürchtete?

VORSITZENDER: »Angeklagter Simbürger, stimmt das? Haben Sie Skutnik bedroht?«

SIMBÜRGER verächtlich: »Ich hatte schon schlechte Träume, aber solche noch nicht.«

VORSITZENDER: »Das ist keine klare Antwort.«

SIMBÜRGER: »Natürlich habe ich ihn nicht bedroht.«

STAATSANWALT: »Besaßen Sie damals eine Pistole?«

SIMBÜRGER: »Ja.«

Kaum jemand unter den Prozeßbeobachtern, der die Pistolengeschichte ernst nimmt. Skutnik hätte auf der Fahrt ja genügend Gelegenheit gehabt, auszusteigen und das Verbrechen nicht zu begehen. Vielleicht will der junge Angeklagte sich mit dieser Darstellung entlasten und in ein besseres Licht stellen, weil seine Eltern – sie sind aus Jugoslawien gekommen – im Saal sind.

Erst nach langem Zögern und nachdem auf Weisung des Vorsitzenden Dr. Faltl die Eltern den Verhandlungsraum verlassen haben, gibt Sylvester Skutnik zu, daß er den Wagen bewußt nach rechts in den Abgrund gesteuert hat.

STAATSANWALT: »Ihr Wagen ist nach Feststellung der Sachverständigen für Defekte an der Lenksäule anfällig. Ein solcher Defekt führte nicht zum Absturz?«

SKUTNIK: »Der Lenker war in Ordnung.«

VORSITZENDER: »Haben Sie sich denn nichts dabei gedacht, einen Menschen in den Tod zu führen?«

SKUTNIK: »Ich wollte meinem Vetter helfen.«

VORSITZENDER: »Tut es Ihnen leid?«

SKUTNIK mit weinerlicher Stimme: »Ja.«
Arthur Simbürger macht seine Vernehmung zur Show. Mit federnden Schritten tritt er vor Richter und Geschworene. Zuerst steht er in seinem eleganten Anzug aufrecht und ruhig, später begleitet er seinen mit Fremdwörtern gespickten Vortrag mit temperamentvollen Arm- und Handbewegungen.
Es kommt zu einem Duell zwischen ihm und Staatsanwalt Dr. Mayer, dem Vertreter der Anklage, der in ihm einen Mörder sieht.

STAATSANWALT: »Wenn Sie, wie Sie heute erklären, den Mord nicht begangen haben, warum haben Sie ihn dann bei der Polizei eingestanden?«

SIMBÜRGER: »Die Polizei hat bestimmte Methoden angewandt. Außerdem war ich damals krank – ich hatte Magenkrämpfe. Was im Protokoll steht, sind nur Entstellungen.«

STAATSANWALT: »Warum haben Sie diese Entstellungen dann beim Untersuchungsrichter unterschrieben?«

SIMBÜRGER: »Ich wollte nicht unhöflich sein. Ich unterschrieb alles, ohne es gelesen zu haben.«

STAATSANWALT: »Sie sind gesehen worden, wie Sie mit dem Mitangeklagten die spätere ›Unglücksstelle‹ am Seiberer besichtigten.«

SIMBÜRGER: »Das war in einem ganz anderen Zusammenhang. Silvio war die Straße zu schnell heruntergefahren. Ich zeigte ihm, wie er sich zu verhalten habe, falls er die Kurve einmal nicht erwischt. Mir ist das selbst schon bei einem Unfall in Graz passiert.«

Als der Versicherungsagent Siegfried C. in den Zeugenstand

tritt, ist Staatsanwalt Dr. Mayer in seinem Element. C. fungiert als sein Kronzeuge. Er liefert ihm die Stichworte, mit denen er den Hauptangeklagten immer weiter in die Enge treibt. Simbürgers hartnäckige Bemühungen, kurz vor dem Drama am Seiberer die Lebensversicherung Buchmayers zu aktivieren, kommen zur Sprache.

STAATSANWALT: »War das denn so ohne weiteres möglich?«

ZEUGE: »Nein. Meine Gesellschaft knüpfte daran zwei Bedingungen. Erstens: Vorlage eines neuen ärztlichen Attests von Buchmayer. Zweitens: Bezahlung einer Monatsgebühr und der Ausfertigungsgebühr für die Police. Normalerweise müssen in einem solchen Fall sämtliche Rückstände nachgezahlt werden.«

STAATSANWALT: »Wann brachte Simbürger Ihnen das neue Attest?«

ZEUGE: »Zwei Tage nach dem Bescheid der Direktion. Er sagte mir, Buchmayer habe sich zunächst geweigert, nochmal zum Arzt zu gehen. Er habe ihn aber überredet. Stolz fügte er hinzu: ›Was sagst du jetzt – bin ich nicht ein Bursch?‹«

STAATSANWALT: »Und wann brachte er das Geld?«

ZEUGE: »Kurz darauf. Er bedrängte mich dann, ich sollte ihm rasch die Versicherungspolice besorgen. Einmal sagte er: ›Die Sache eilt – ich kann nicht lange warten!‹«

STAATSANWALT: »Schöpften Sie da keinen Verdacht?«

ZEUGE: »Ich nahm das Ganze nicht ernst, beschwor ihn aber, keine Dummheiten zu machen. Darauf schaute er mich an und sagte: ›Schau mich doch an – traust du mir so etwas zu?‹«

STAATSANWALT: »Deutete er Ihnen nicht an, daß er sich erkenntlich zeigen wollte, für den Fall, daß dem Buchmayer etwas passiert, und Sie ihm bei der Regelung der Auszahlung helfen?«

ZEUGE: »Er sagte: ›Verlaß dich drauf, daß es dein Schaden nicht ist. Du bist mein Freund, und wenn es mir gutgeht, dann geht es auch meinen Freunden gut. Wenn ich saniert bin, dann werde ich auch dich sanieren.‹ Später stellte er das als Spaß hin.«

Schwer belastend für Arthur Simbürger ist auch die Aussage des Zeugen, mit dem er nach Besichtigung des Unglücksortes in Buchmayers Wohnung fuhr. Er zeigte ihm das Testament, in dem er zum Alleinerben des Kaufmanns eingesetzt worden war.

ZEUGE: »Er forderte mich auf, das Testament als Zeuge zu unterschreiben, sonst komme er damit nicht durch.«

STAATSANWALT: »Sagte er sonst noch etwas?«

ZEUGE: »Ja. Falls man mich fragen würde, sollte ich angeben, daß ich dabei war, als Buchmayer das Testament aufsetzte.«

STAATSANWALT: »Aber Sie waren nicht dabei?«

ZEUGE: »Nein.«

STAATSANWALT: »Sie unterschrieben es aber trotzdem?«

ZEUGE: »Ja.«

Bei seinem Plädoyer hat Staatsanwalt Dr. Mayer es leicht. Die Beweisaufnahme, so erklärt er, habe einwandfrei den bestellten, heimtückischen Mord bewiesen. Er fordert für beide Angeklagte die dafür im Gesetz vorgesehene Höchststrafe: lebenslangen schweren, verschärften Kerker.

Skutniks Verteidiger Dr. Lukesch weist darauf hin, daß dieser unreife junge Mensch von Simbürger beherrscht worden

sei. Er sagt: »Mit einem Auto hat er ihm den Himmel geöffnet. Hätte er bessere Freunde als Simbürger gehabt, wäre er niemals auf die Anklagebank gekommen.« Er bittet um eine milde Strafe.
Zu einem Entrüstungssturm im Zuschauerraum kommt es, als Simbürgers Verteidiger Dr. Strizik für seinen Mandanten Freispruch fordert. Die Belastungen gegen ihn stammten in der Hauptsache von Skutnik, der dadurch versuche, die eigene Schuld voll auf Simbürger abzuwälzen. Verschiedene Zweifelsfälle müßten zugunsten seines Mandanten ausgelegt werden.
Am 13. Juni um 13 Uhr 45 ziehen sich die Geschworenen zur Beratung zurück. Sie brauchen drei Stunden, um ihren Spruch zu fällen. Um 16 Uhr 45 verliest ihr Obmann ihn. »Silvester Skutnik des Mordes für schuldig erkannt: 8 Ja-Stimmen. Zusatzfrage: Ist die Tat in tückischer Absicht vollbracht worden: 5 Ja-Stimmen, 3 Nein-Stimmen.
Arthur Simbürger der Anstiftung des tückischen Mordes für schuldig erkannt: 8 Ja-Stimmen.«
Als der Geschworenenobmann geendet hat, springt Simbürger auf. Erregt ruft er: »Das ist ja Wahnsinn!«
Oberlandesgerichtsrat Dr. Faltl gibt anschließend das Strafmaß bekannt: »12 Jahre schweren, verschärften Kerker für Silvester Skutnik und Landesverweis nach Beendigung der Strafe. Lebenslanger schwerer, verschärfter Kerker für Arthur Simbürger.«
Nach der Urteilsverkündung bricht im Zuschauerraum eine Frau mit lautem Aufschrei zusammen – Simbürgers Mutter. Bis zum Schluß hatte sie an die Unschuld ihres Sohnes geglaubt.

In einigen Kommentaren nach Abschluß des Prozesses wird deutlich, warum der an sich intelligente und gerissene Kremser Playboy so sorglos über seine dunklen Absichten sprach: Er hatte mit eingeplant, daß sein Vetter den Absturz am Seiberer ebensowenig wie sein Freund und Gönner Johann Buchmayer überleben würde.
Ein toter Skutnik aber wäre der beste Beweis für einen Unfall – und damit für seine »Unschuld« gewesen.

Der Fall Franz Xaver Uhl

Ausflug am Muttertag

Niemand weiß später, woher der dunkelhaarige Mann, mit seinen 1,97 Metern ein Riese, an diesem Tag seine Freundlichkeit hernimmt. Besonders zu seiner hübschen, aber verhärmten Frau Maria ist der Maurer Franz Xaver Uhl ganz anders als sonst. Sie ist es gewohnt, von ihm beschimpft, bedroht und manchmal sogar geschlagen zu werden. Heute aber zeigt er sich ihr gegenüber von seiner besten Seite. Er ist nett und aufmerksam, beinahe zärtlich.

Vielleicht weil Muttertag ist.

Mittags mäht Uhl den Rasen hinter dem Haus. Nachmittags repariert er seinen Wagen. Abends sagt er zu Maria: »Komm, wir fahren noch ein bißchen durch die Gegend!« Er hat ihr das zum Muttertag versprochen. Sylvia, die dreijährige Tochter der beiden, liegt schon im Bett und schläft.

Maria Uhl setzt sich neben ihn in seinen steingrauen Mercedes 170 D, Baujahr 1951.

Der Tag hört für sie besser auf, als er angefangen hat. Am Morgen war der Polizeimeister Hugo Schönberger vom Landpolizeiposten Bühlertann in ihrem Haus in Fronrot (Kreis Schwäbisch Hall) erschienen. Er wollte Uhl über den Diebstahl einer Sämaschine vernehmen, den man ihm vorwirft, traf ihn aber nicht an. Der Beamte bat daraufhin die Frau, ihrem Mann die Vorladung auf die Wache zu bestellen.

Maria Uhl weigerte sich. »Dann gibt es wieder Streit«, sagte sie. »Sie werden es noch erleben, daß er mich eines Tages hinmacht!« Ihr Mann hat ihr mehrfach gedroht, sie totzuschlagen, wenn sie jemals über ihn aussagen würde. Und sie hat Angst vor ihm.

Jetzt aber, als der Dieselmotor laut nagelnd anspringt, wischt sie die trüben Gedanken fort.

Sie unterdrückt auch ihre Angst, die sie jedesmal befällt, wenn sie in den Wagen ihres Mannes steigt. »Sie lebte in dem Wahn, mit dem Wagen gebe es noch ein Unglück, das sie nicht überleben würde«, sagen später Arbeitskolleginnen aus.

Uhl schlägt mit dem Mercedes zuerst die Richtung zum Forsthaus bei Gnadental ein. Später erreichen sie die Bundesstraße 19.

Die hübsche 25jährige Maria lehnt sich entspannt in ihrem Sitz zurück. Der Mann an ihrer Seite, der heute wie umgewandelt zu sein scheint, gibt ihr ein lange nicht mehr gekanntes Gefühl von Geborgenheit.

Sie ahnt nicht, daß dieses Gefühl trügt. Sie hat nur noch wenige Kilometer, wenige Minuten zu leben ...

Kurze Zeit später: Ein 43jähriger Holzkaufmann, der ebenfalls die Bundesstraße 19 zwischen Ottendorf und Gaildorf befährt, sieht plötzlich einen riesengroßen Mann in die Lichtkegel seiner Scheinwerfer taumeln. Der Mann hebt die Arme, bittet ihn anzuhalten. Sein Anzug ist klitschnaß und schmutzig.

»Bitte, helfen Sie mir!« ruft er verzweifelt, sichtlich am Ende seiner Kraft. »Meine Frau ... meine Frau ist weg!«

Der Fahrer des Wagens hält, steigt aus, stützt den Mann. Es ist Franz Xaver Uhl.
Verstört berichtet er von einem schweren Unfall, den er soeben erlebt hat. Mit seinem Auto habe er auf der Straße wenden wollen, an einer Stelle, an der die Böschung steil zum Kocherfluß abfällt. Dabei sei das Fahrzeug über das Bankett gerollt und in die Tiefe gestürzt.
»Ich wurde herausgeschleudert«, schließt er. »Aber ich weiß nicht, was mit meiner Frau passiert ist...«
Der Holzkaufmann, der an diesem Abend des 10. Mai 1959 mit seiner Tochter unterwegs ist, hört unten vom Fluß her den laufenden Motor des abgestürzten Wagens. Er sagt: »Suchen Sie nach Ihrer Frau – vielleicht ist sie noch zu retten!«
Franz Xaver Uhl, der sich vor Schmerzen krümmt und immer wieder an den Rücken faßt, schüttelt bekümmert den Kopf. »Ich habe schon das ganze Ufer abgesucht, aber ich kann sie nicht finden...«
Er läßt sich stöhnend auf die Straßenböschung sinken, dreht sich zur Seite und reagiert auf keine Fragen mehr. Wie es aussieht, hat er das Bewußtsein verloren.
Ein anderer Autofahrer, der hinzukommt, verständigt die Polizei in Gaildorf. Kurze Zeit später trifft ein Hauptwachtmeister am Unfallort ein, wo sich inzwischen eine Schar Neugieriger versammelt hat. Er läßt Uhl, der reglos auf dem Rücken liegt, mit einem Sanitätsauto abtransportieren. Der Aufnahmearzt des Krankenhauses Gaildorf untersucht den bis zur Brust durchnäßten Zwei-Meter-Mann. Seine erste Diagnose: »Kreislaufkollaps.«
Verletzungen am Kopf oder am Körper oder Blutungen, die

vom Absturz herrühren könnten, sind bei Uhl nicht zu finden.
Die beiden Schwestern, die den Bewußtlosen ausziehen, abfrottieren und in ein Krankenbett packen, wundern sich, daß der Patient – im Gegensatz zu anderen Fällen von Bewußtlosigkeit – so ruhig ist.
Fünfzehn Minuten später schlägt Uhl die Augen auf. Mit weinerlicher Stimme fragt er: »Wo ist Maria – wo ist meine Frau?«
Mit ihr beschäftigt sich zur selben Zeit Kommissar Otto Eisenmann, Leiter der Landpolizei-Abteilung Gaildorf, der sich inzwischen an der B 19 ein Bild von dem Unglück zu machen versucht. Er sieht den steingrauen Mercedes, der unterhalb der etwa 32 Meter tiefen Böschung auf der rechten Seite liegt und halb aus dem Wasser ragt. Man müßte ihn näher in Augenschein nehmen, denkt der Beamte. Die Frau des Fahrers soll ja mit im Wagen gewesen sein.
Zwei junge Männer aus der Schar der Schaulustigen bieten ihre Hilfe an. Sie klettern über die Böschung nach unten, waten durch das Wasser des Kocher auf den Wagen zu. Wie sie sehen, sind die Türen der nach oben gekehrten linken Seite geschlossen. Durch ein zerbrochenes Fenster läßt sich einer der Helfer in den halb mit Wasser gefüllten Innenraum gleiten.
»Hier ist niemand mehr drin!« ruft er kurz darauf nach draußen.
Wo also ist Maria Uhl? Hat sie sich vielleicht ebenso wie ihr Mann retten können? Wo aber kann sie dann stecken?
Den Beamten wundert es, daß Uhl, der sich doch in der Gegend gut auskennt, seinen Wagen ausgerechnet an der ge-

fährlichsten Stelle der B 19 gewendet hat. Eine Erklärung könnte es dafür geben: daß er betrunken war.
Zwei Polizeibeamte suchen ihn um 1 Uhr am Morgen des 11. Mai im Krankenhaus auf, um ihm eine Blutprobe abzunehmen. Das Ergebnis: 0,07 Promille – also »stocknüchtern«.
Auf dem Polizeirevier in Gaildorf erscheint zu dieser Stunde der 50jährige Vorarbeiter August Müller, der Vater von Maria Uhl, die immer noch vermißt ist. Düster sagt er: »Wenn Uhl einen Unfall hatte, dann ist meine Tochter tot!«
»Was wollen Sie damit sagen?« fragt der Wachhabende.
»Daß der Uhl die Maria loswerden wollte. Der hatte doch nur andere Weiber im Kopf! Heute noch hat er ein Telegramm von einer anderen bekommen – von einer Frau aus Steinbach.«
Solange das Schicksal der Vermißten nicht geklärt ist, kann man mit der Aussage des besorgten Vaters nicht viel anfangen. Und doch bleibt sie nicht ohne Wirkung.
Am nächsten Morgen sitzt ein unerwarteter Besucher an Franz Xaver Uhls Krankenbett: Kommissar Karl Strengert vom Landeskriminalamt in Stuttgart. Er leitet die Ermittlungen. Uhl weiß nicht, daß der Kommissar Spezialist für Kapitalverbrechen ist.
»Schildern Sie mir bitte, wie es zu dem Vorfall gekommen ist«, sagt er. Daß er »Vorfall« und nicht »Unfall« sagt, entgeht dem Riesen, der sich jetzt ein wenig in den weißen Kissen aufrichtet.
Er berichtet, daß er am Muttertag mit seiner Frau eine Ausfahrt nach Bühlerzell und zum Forsthaus bei Gnadental unternommen habe. Auf der Heimfahrt habe sie ihn plötzlich gebeten, über Hessental nach Hause zu fahren.

Uhl: »Wir befanden uns auf der B 19, und ich mußte deshalb umkehren. Ich vergewisserte mich, daß im Augenblick kein anderes Auto kam. Dann schlug ich das Steuer nach links ein, fuhr wieder nach rechts und stieß den Wagen zurück.«
»Sie wendeten also nicht zum Berg hin, wie man das doch normalerweise tut, sondern zum Abhang hin?«
»Ja. Ich wußte nicht, daß die Stelle so gefährlich war. Außerdem fuhr ich vorsichtig. Ich wartete darauf, daß die Hinterräder gegen den Randstein stoßen würden.«
»An dieser Stelle gibt es auf der B 19 keinen Randstein«, wirft der Kommissar ein.
»Das merkte ich erst, als es zu spät war«, fährt Uhl seufzend fort. »Der Wagen neigte sich mit einemmal rückwärts und rollte den Hang hinunter. Ich trat auf die Fußbremse, zog die Handbremse. Es half nichts ... Alles ging plötzlich blitzschnell. Und dann –«
Er macht eine Pause.
»Ja, weiter.«
»Von da an weiß ich nichts mehr ... Irgendwie muß ich rausgekommen sein. Ich glaube, ich wurde herausgeschleudert. In diesem Augenblick habe ich das Bewußtsein verloren ...«
Zweifelnd entgegnet der Kommissar: »Sie haben doch kurz darauf einem Autofahrer gegenüber recht deutliche Angaben gemacht. Zum Beispiel, daß Sie das Ufer nach Ihrer Frau abgesucht hätten.«
»Ja, ja – aber ich weiß nicht mehr, wie sich das mit dem Absturz abgespielt hat. Ich versuche, mich zu erinnern – aber es geht nicht.« Uhl seufzt, hebt die schweren Schultern. »Da ist eine Lücke ...«
»Wo befanden Sie sich, als Sie wieder zu sich kamen?«

»Ich glaube, unten am Fluß. Ich bin dann nach oben geklettert.«
»Und da wurden Sie abermals ohnmächtig?«
»Ja.«
Der Kommissar erhebt sich. Ehe er geht, will er noch wissen: »War Ihre Frau eigentlich versichert – gegen einen Unfall?«
Uhl schüttelt den Kopf: »Nein.«

Wenige Stunden später wird von einem Suchtrupp achthundert Meter unterhalb der Absturzstelle im Kocher eine Frauenleiche gefunden. Die Frau, so scheint es, ist ertrunken. Sie ist mit einem dunklen Mantel bekleidet, Schuhe und Strümpfe fehlen. Franz Xaver Uhl soll sie identifizieren. Doch der große, grobschlächtige Mann, der alles andere als sensibel ist, weigert sich, an die Bahre zu treten. Der Vorarbeiter August Müller wird geholt, das Tuch über der Toten zurückgeschlagen. Müller braucht nur einen kurzen Blick, um seine Tochter zu erkennen.
»Ja«, sagt er schluchzend, »das ist Maria . . .«
Seine düstere Prophezeiung hat sich erfüllt.
Nachdem man die tote Maria Uhl zur Sektion in das Pathologische Institut der Städtischen Krankenanstalten in Heilbronn gebracht hat, wandelt Kommissar Strengert auf Maigrets Spuren.
Bedächtig und ohne Eile, beinahe wie ein Spaziergänger, umkreist er die Unglücksstelle. Aufmerksam mustert er die Straße, den steilen Abhang, das Ufer, den Fluß.
Dabei fällt ihm auf: Ausgerechnet an der Absturzstelle ist das Bankett nicht mit Gras bewachsen. Ausgerechnet an dieser Stelle der B 19 befindet sich auf dem Abhang kein Baum. Nur

hier konnte ein Auto von der Straße ungehindert in den Fluß stürzen. Nur wenige Meter links oder rechts davon hätte sich das Fahrzeug in den Bäumen und im dichten Buschwerk verfangen müssen.

Ein tragischer Zufall? Oder mehr?

Eine Versicherung ist nach der Aussage Uhls nicht im Spiel. Aber da ist immerhin die dunkle Andeutung des Schwiegervaters, der Hinweis auf Uhls Frauengeschichten.

Zunächst ist es nur sein in vielen Dienstjahren geschärfter Instinkt, der dem Kriminalkommissar Zweifel an der Unfallschilderung des Franz Xaver Uhl eingibt. Dann aber erhärten überraschende Tatsachen seine Vermutung.

Chefarzt Dr. Alfred Fischer aus Heilbronn und Professor Dr. Berthold Müller vom Gerichtsmedizinischen Institut in Heidelberg können bei der Obduktion von Maria Uhl nirgendwo auffällige Brüche oder andere schwere Verletzungen finden, die darauf schließen lassen, daß sie beim Sturz zu Tode gekommen ist. Auch ein normaler Ertrinkungstod ist nach ihren Feststellungen fragwürdig.

»Bei einem solchen Tod«, so diktiert Dr. Fischer ins Protokoll, »hätten sehr viele Kieselalgen, wie sie im Kocherwasser enthalten sind, in den Organismus eingeschwemmt werden müssen. Es sind aber keine Kieselalgen im Organismus des großen Kreislaufs nachzuweisen.«

Statt dessen entdecken die beiden Pathologen an der Toten etwas anderes, etwas, was sie überrascht: auffällige Veränderungen in der Halsregion – Spuren, »wie man sie ausschließlich in Fällen von Erwürgen vorfindet«. Dr. Fischer weiter: »Es gibt keinen Zweifel, daß tatsächlich gewürgt wurde, und zwar mit der rechten Hand. ›Marken‹ an der lin-

ken Halsseite können durch Abrutschen der Finger entstanden sein. Typische Merkmale für das Bild des Würgens sind das gedunsene Gesicht und die Blutungen in der Tiefe des Halsgewebes.«
Zudem: Die Verletzungen im Gesicht hängen nach den Feststellungen Dr. Fischers nicht mit dem Unfall zusammen, etwa mit dem Herumschleudern in einem abstürzenden Kraftwagen. Es sind vielmehr »Schlagverletzungen, vielleicht durch Fausthiebe«.
Nach Meinung der Gerichtsmediziner muß die junge Frau »noch lebend ins Wasser gekommen sein, aber im Zustand tiefer Bewußtlosigkeit«. Erst dann ist sie ertrunken.
Damit erscheint das angebliche »Unglück« auf der B 19 plötzlich in einem anderen Licht: Maria Uhl ist nicht einem Unfall zum Opfer gefallen, wie ihr Mann es darzustellen versucht, sondern »menschlicher Gewalteinwirkung«, wie es im Obduktionsbefund steht.
Sie ist bis zur Bewußtlosigkeit geschlagen und gewürgt worden, ehe sie – schon sterbend – ins Wasser gelangte. Ihr Tod ist vorsätzlich herbeigeführt worden.
Mord!
Ähnlich fragwürdig wie durch die Erkenntnisse der Mediziner wird die Schilderung Uhls vom angeblichen Unfall durch das Ergebnis der Untersuchung, die der Kraftfahrzeugexperte Otto Dürr vom Technischen Überwachungsverein Blaufelden zwei Tage nach dem Absturz an dem Mercedes Uhls anstellt.
Der Sachverständige stellt fest, daß Uhls Wagen nicht wegrollen konnte. Uhl hätte ihn ohne weiteres mit der Fußbremse halten können, wenn er beim Zurücksetzen auf den

ersten Abschnitt der Böschung geraten sei. Die Fußbremse habe ausgesprochen gut gearbeitet. Von einem Herausschleudern Uhls könne keinesfalls die Rede sein. Schon ein Herausspringen aus einem rückwärts bergabfahrenden Wagen, also entgegen der Bewegungsrichtung, sei für den Fahrer äußerst schwierig. Ein Herausschleudern, wie Uhl es angegeben hat, sei – so weiter der Experte – auch deshalb ausgeschlossen, weil auf dem ersten Böschungsabschnitt keine wesentlichen Zentrifugalkräfte einwirkten.

»Was bedeutet das konkret?« will ein Kriminalbeamter von dem Sachverständigen wissen.

»Uhls Aussage kann nicht stimmen. Er ist nicht herausgeschleudert worden und vermutlich auch nicht aus dem stürzenden Wagen gesprungen. Der Wagen ist möglicherweise gar nicht rückwärts abgeglitten.«

»Sondern?«

»Uhl konnte den 1200 Kilogramm schweren Wagen ohne weiteres im Leerlauf über das Bankett schieben.«

»Noch eine andere Möglichkeit?«

»Ja. Er hätte auch von außen mit der Hand die Kupplung herunterdrücken, dann den Gang einlegen und auf dem Gaspedal einen schweren Gegenstand befestigen können, einen Stein zum Beispiel. Dann wäre der Wagen mit Motorkraft über die Böschung gefahren und abgestürzt.«

Auch die Aussage dieses Sachverständigen belastet Uhl. Seine Frau, deren letzter Begleiter er war, ermordet, seine Unfallschilderung als Lüge entlarvt – es steht nicht gut für den Mann im Krankenbett.

Ist er ein Mörder? Hat er seine Frau beim Muttertagsausflug womöglich erwürgt und ins Wasser geworfen und dann den

leeren Wagen zum Absturz gebracht, um einen Unfall vorzutäuschen?
Das alles ist nur denkbar, wenn Uhl ein Motiv hatte. Aber welches?

Als wolle er der Polizei selbst das entscheidende Indiz liefern, schickt Uhl am 25. Mai 1959 – fünfzehn Tage nach dem mysteriösen Geschehen am Kocher – seinen Vater zu einem Versicherungsvertreter nach Aalen.
Uhl senior weist zwei Policen und eine Vollmacht seines Sohnes vor. Unter Hinweis auf den Unfall verlangt er von dem Agenten Bargeld: 60 000 Mark.
So hoch hatte der Maurer seine Frau im April 1959, also kurz vor dem Unfall, versichert. Dem Kommissar Strengert hatte er diese nicht unwichtige Tatsache verschwiegen. Jetzt soll der Vater für ihn kassieren.
Der Agent, ein dicklicher, untersetzter Mann Anfang der Sechzig, der seit 37 Jahren im Versicherungsgeschäft arbeitet, ist schockiert und beginnt zu schwitzen – er sitzt plötzlich in der Klemme. Denn beim Abschluß der beiden Versicherungen für Maria Uhl ist es nicht mit rechten Dingen zugegangen. Aber das weiß vorerst nur er selbst. Er verweigert dem Vater Uhls die Auszahlung des Geldes mit der Begründung, der Schadensfall müsse erst registriert werden.
Als der Versicherungsmann zur Absturzstelle an der B 19 fährt, um sich ein Bild zu machen, trifft er auf Kriminalbeamte, die ihn mit zum Revier nehmen und ihn sofort zur Sache verhören.
Seine Aussage enthüllt Uhls vermutliches Motiv: Habgier – das klassische Motiv jedes Versicherungsverbrechens.

Der Maurer, so schildert der Agent, sei am 7. April in sein Büro gekommen. »Er wollte eine Unfallversicherung für seine Frau abschließen, über einen möglichst hohen Betrag. Ich schlug zuerst 10 000 Mark vor, dann 20 000. Aber Uhl wollte mehr. Wir einigten uns schließlich auf 40 000 Mark.«
»Wie begründete er diese hohe Summe?« will einer der vernehmenden Beamten wissen.
»Er sagte, seine Frau müsse täglich den gefährlichen Weg nach Ellerwangen ins Geschäft zurücklegen, wo sie arbeitete.«
»Wie hoch war die Prämie?«
»350 Mark im Jahr.«
»Das ist doch ungewöhnlich viel für einen Maurer.«
Der Agent nickt. »Er sagte aber, er könne es leicht zahlen. Seine Frau arbeite ja auch.«
Zwei Wochen später, so berichtet er weiter, sei Uhl abermals zu ihm gekommen. Diesesmal habe er eine Insassenversicherung für seinen Wagen über 20 000 Mark abschließen wollen. Begründung: Er müsse jeden Tag Kollegen mit zur Arbeit nehmen. Auch diesen Antrag Uhls habe er befürwortet. Der Vertrag sei daraufhin anstandslos von der Bezirksdirektion in Stuttgart angenommen worden.
In einem Buch, das sich mit den aufsehenerregendsten Versicherungsverbrechen beschäftigt, muß auch kritisch angemerkt werden, daß die Versicherungsgesellschaften, die zum »Opfer« der Täter werden oder werden sollen, mit ihrem Verhalten manchmal die eigene »Opfersituation« heraufbeschwören. Sie lassen es bei der Prüfung der Anträge an der nötigen Sorgfalt fehlen. Damit leisten sie – wenn freilich auch unbewußt und ungewollt – den Tätern Vorschub.

Bezeichnend dafür ist der hier geschilderte Fall des Franz Xaver Uhl. Der Agent, mit dem er das »Geschäft« abschloß, hätte aus vier Gründen mißtrauisch werden müssen:

1. Weil eine Unfallversicherung über 40 000 Mark auf das Leben einer Ehefrau mit dem Ehemann als Begünstigtem äußerst ungewöhnlich ist. Normalerweise will man die Kinder sichern und setzt sie als Berechtigte ein.
2. Weil es merkwürdig war, daß die Frau, die so hoch versichert werden sollte, nicht zugegen war, als es um die Einzelheiten des Vertrages und um den Abschluß ging.
3. Weil zwischen Höhe der Versicherungsprämie und Einkommen des Versicherungsschließenden ein klar erkennbares krasses Mißverhältnis bestand. Uhl hatte damals als Maurer einen Stundenlohn von 2,36 Mark. Die Jahresprämie, die er für die Unfallversicherung seiner Frau bezahlen mußte, entsprach mit 350 Mark etwa einem Monatslohn.
4. Weil kurz nach dem Abschluß die Versicherung von Uhl um 20 000 Mark auf 60 000 Mark erhöht wurde. Nach kriminalistischer Erfahrung weist das häufig auf ein geplantes Verbrechen hin. Die Vertragssumme wird angehoben, damit die Tat sich besser »lohnt«.

Jedoch: Der Agent setzte sich über alle diese Bedenken hinweg. Mehr noch: Er soll es mit der Unterschrift Maria Uhls auf dem Antrag nicht so genau genommen haben. Später im Prozeß wird ein Schriftsachverständiger sogar erklären, die Unterschrift Maria Uhls auf diesem Dokument stamme »mit größter Wahrscheinlichkeit« eben von diesem Versicherungsvertreter!

Man kann es fast nicht glauben, daß das Schielen nach Umsatz und Provision einen versierten Versicherungsagenten

zu einem solchen leichtfertigen, ja gewissenlosen Handeln getrieben haben soll.
Tatsache ist jedenfalls: Maria Uhl hat nie etwas von den Versicherungen erfahren, die ihr Mann auf ihr Leben abgeschlossen hatte. Er versteckte die Policen in seinem Haus hinter dem Küchenschrank. Er ließ sie erst von seinem Vater hervorholen, als seine Frau tot am Ufer des Kocher angeschwemmt worden war, und er schickte ihn damit los, das Geld zu kassieren.
Am 26. Mai wird Franz Uhl aus der Klinik entlassen. Vor dem Portal warten Kripobeamte auf ihn. Sie fragen ihn, warum er die Versicherungen seiner Frau bei der ersten Vernehmung selbst auf die ausdrückliche Frage des Kommissars hin verschwiegen hat. Der hünenhafte Mann erwidert achselzukkend: »Damals stand ich noch unter dem Schock. Ich hatte die Abschlüsse einfach vergessen ...«
»Und woher stammen die Würgemale am Hals Ihrer Frau?« fragen die Kriminalbeamten weiter. »Und die Schlagverletzungen in ihrem Gesicht?«
Auch dafür hat Uhl keine plausible Erklärung. »Das kann nur durch den Sturz passiert sein. Ich habe sie jedenfalls nicht angefaßt, falls Sie das meinen. Welches Interesse hätte ich denn am Tod meiner Frau haben sollen?«
»Das Geld beispielsweise, die 60 000 Mark.«
Uhl: »Dafür bringe ich doch meine Frau nicht um.«
»Es sind schon Menschen für viel weniger getötet worden.«
Uhl wird unter dringendem Mordverdacht verhaftet und in Untersuchungshaft gebracht. Hartnäckig bestreitet er jede Schuld. Auf alle Vorhalte erklärt er lakonisch: »Das ist nicht wahr! Das stimmt nicht! Ich kann mich nicht erinnern!«

Es gibt keinen Zeugen für die Tat, die man ihm vorwirft. Aber zu den Indizien, die ihn belasten, kommt nach seiner Verhaftung noch ein weiteres hinzu: Ein Bekannter des Ehepaars Uhl sagt vor der Polizei aus, daß er Uhl zusammen mit dessen Frau drei Tage vor dem Vorfall auf der B 19 gesehen habe – sie sahen sich genau jene Stelle an, an der später der Absturz geschah. Uhl hatte demnach zusammen mit dem von ihm ausersehenen ahnungslosen Opfer den »Tatort« inspiziert!

Damit bricht zugleich auch die Aussage Uhls vor Kommissar Strengert zusammen, nach der er von der Gefährlichkeit dieser Stelle der Straße nichts gewußt habe.

Auch für Uhls mögliches Motiv gibt es einen neuen Hinweis: Bei ihren Recherchen findet die Kriminalpolizei eine Zeugin, mit der Uhl bis kurz vor dem plötzlichen Tod seiner Frau ein intimes Verhältnis hatte und die er heiraten wollte.

Nach ihrer Aussage erhebt der Staatsanwalt Anklage gegen Uhl. Er hat jetzt keinen Zweifel mehr, daß der Maurer ein Mörder ist.

Der Prozeß vor dem Heilbronner Schwurgericht beginnt am 7. November 1960. Das Gericht tagt im Saal des Rathauses, einem prachtvollen alten Fachwerkbau.

Da keine direkten Beweise gegen den Angeklagten vorliegen, ist es ein reiner Indizienprozeß. Und wie immer in solchen Prozessen, ist der Ausgang völlig offen, ist jedes Urteil möglich – die Höchsstrafe ebenso wie Freispruch. Von den geladenen 58 Zeugen und den 5 Sachverständigen hängt es ab, ob Uhl des Mordes überführt werden kann.

Begleitet von zwei Gefängnis-Wachtmeistern, die er um

Haupteslänge überragt, betrifft der riesengroße Angeklagte kurz nach 9 Uhr den Verhandlungssaal. Er trägt einen modischen Anzug, eine schwarze Krawatte und sorgfältig gescheiteltes Haar. Das unentwegte Mahlen seiner hervorspringenden Backenknochen verrät seine Nervosität. Die Eltern seiner toten Frau, die als Nebenkläger zugelassen sind, würdigt er keines Blicks.

Um 9 Uhr 15 eröffnet der Vorsitzende Landgerichtsdirektor Hanns Bühler die Sitzung.

Nach der Anklage, die nach dem Eröffnungsbeschluß verlesen wird, hat der 30jährige Franz Xaver Uhl seine um fünf Jahre jüngere Ehefrau Maria, geborene Müller, am Abend des 10. Mai 1959 getötet, »indem er sie ins Gesicht geschlagen, gewürgt und dann in den Kocher geworfen hat«. Es bestehe auch die Möglichkeit, daß er sie in seinem Kraftwagen habe in den Kocher stürzen lassen. Auf diese Weise habe er die ihm lästig gewordene Ehefrau loswerden wollen, um für eine andere Frau frei zu sein. Gleichzeitig habe er sich so in den Besitz von Versicherungsgeld in Höhe von 60 000 Mark bringen wollen. Das erfülle den Tatbestand des Mordes.

VORSITZENDER: »Angeklagter, was sagen Sie zu diesen Vorwürfen?«

UHL: »Das habe ich nicht getan. Das war ein Unfall!«

VORSITZENDER: »Die Anklage glaubt Ihnen die Darstellung des Unfalls nicht.«

UHL: »Es war aber so, wie ich es gesagt habe.«

Die Zuschauer und Prozeßbeteiligten fragen sich natürlich: Ist diesem Mann ein so brutales Verbrechen überhaupt zuzutrauen? Eine erste Antwort darauf kann die nun beginnende Vernehmung zur Person bringen.

Nach Uhls Schilderung verlief seine Jugend wenig aufregend. Der Sohn eines Landwirts war ein durchschnittlicher Volksschüler. Er lernte das Maurerhandwerk und legte eine gute Gesellenprüfung ab. 1957 heiratete Uhl, der ein uneheliches Kind von einer anderen Frau hatte, die damals 22jährige Maria Müller, die er schon seit dem 16. Lebensjahr kannte.
Eigentlich wollte er die Mutter seines unehelichen Kindes zur Frau nehmen, »um Alimente zu sparen«. Dann gab er Maria den Vorzug, die auch ein Kind von ihm bekam. Geld und gute Worte von ihm, so weiß man von Zeugen aus der Voruntersuchung, waren bald für sie knapp. Dagegen waren Mißhandlungen nicht selten.

VORSITZENDER: »Haben Sie Ihrer Frau gelegentlich gedroht, sie totzuschlagen?«

UHL: »Auf der Baustelle lernt man eben solche Ausdrücke.«

Uhl erklärt im Verlauf seiner Vernehmung grimmig, es sei in seiner Heimat grundsätzlich so gewesen: Wenn etwas passiert ist, muß es der Franz Uhl gemacht haben, »bloß, weil ich ein paar Vorstrafen habe«.
Es sind immerhin ein gutes Dutzend Vorstrafen zwischen 1945 und 1959. Sie reichen von 30 Mark Geldstrafe bis zu zwei Monaten Gefängnis. Nichts Ernsthaftes, Bösartiges also, nichts, wovon sich eine Linie zu einer Tat wie einem Mord ziehen ließe.
Allerdings gewinnen Polizei und Gerichte in diesen 14 Jahren auch nicht gerade ein erfreuliches Bild seines Charakters.
In einer Beurteilung eines Richters heißt es: »Uhl ist ein Raufbold, er neigt zu Gewalttätigkeiten, vor allem, wenn er getrunken hat (nach eigenen Angaben täglich bis zu 12 Fla-

schen Bier), er ist ein disziplinloser, ungehobelter Flegel, der sich in lümmelhaften Äußerungen gefällt.«

Zu den Delikten, für die er bestraft wurde, kommen in diesen Jahren noch eine Reihe von Ermittlungsverfahren, die wieder eingestellt werden mußten, weil Uhl – wenn er nicht gerade auf frischer Tat ertappt wurde – bei der Polizei nicht ein einziges Mal zur Sache aussagte. Immer wieder bat seine Frau Maria die Gerichte um Strafaufschub, damit sie und ihre Tochter nicht in Not gerieten. Häufig aber mußte der Strafaufschub widerrufen werden, weil Uhl die ihm gewährte Begünstigung zu neuen Straftaten benutzte. Zur Verteidigung führte Uhl meist an, er habe gestohlen, weil seine wirtschaftliche Situation außerordentlich schlecht sei.

Hier hakt Landgerichtsdirektor Bühler nach.

Vorsitzender: »Waren Sie in letzter Zeit in Schwierigkeiten? Brauchten Sie Geld?«

Uhl: »Nein, ich war in keiner Notlage.«

Wie ihm vorgehalten wird, blieben ihm im Monat oft nur 60 Mark. Pfändungen – etwa für den Unterhalt seines unehelichen Kindes – waren an der Tagesordnung. Dazu kamen Ratenzahlungen, die seinen Rahmen weit überstiegen. Also doch finanzielle Schwierigkeiten.

Liegt hier – wie der Staatsanwalt vermutet – eine der Wurzeln der Tat, die man ihm zuschreibt?

Kaum zu verstehen ist jedenfalls, daß ein Mann in dieser angespannten, prekären Situation hohe Versicherungen für seine Frau abschließt, die ja nicht die Ernährerin der Familie ist. Als dieser Komplex zur Sprache kommt, wächst die Spannung im Saal.

Vorsitzender: »Merkwürdig ist, daß Sie sich selbst und

nicht etwa Ihr Kind als Bezugsberechtigten eingetragen haben.«

UHL: »Das war der Wunsch meiner Frau.«

VORSITZENDER: »Warum haben Sie Ihre Frau nicht zur Unterzeichnung des Versicherungsantrags mitgenommen?«

UHL: »Sie war an diesem Tag im Geschäft.«

VORSITZENDER: »Das ist nicht richtig. Ihre Frau war an diesem Tag nicht im Geschäft. Ein anderer Versicherungsvertreter hat Sie vorher darauf aufmerksam gemacht, daß eine derart hohe Unfallsumme für eine Frau ungewöhnlich ist. Sie mußten dafür im Jahr ja über 350 Mark Prämie bezahlen.«

UHL: »Ich habe ja ordentlich verdient.«

VORSITZENDER: »Aber warum zahlten Sie dann nicht Ihre Schulden? Im übrigen wurden Ihnen von Ihrer Firma im Monat März nur 219 Mark und im April 140 Mark ausbezahlt.«

UHL: »Ich habe gar nicht gewußt, daß ich so viele Schulden habe.«

VORSITZENDER: »Von wem stammt auf dem Versicherungsantrag die Unterschrift Ihrer Frau, nachdem Sie Ihre Frau ja nicht mitgenommen haben, als Sie die Versicherung abschlossen?«

UHL: »Auf dem Antrag hat für meine Frau der Versicherungsagent unterschrieben. Daß das eine Urkundenfälschung ist, habe ich nicht gewußt.«

VORSITZENDER: »Sie wollen uns doch nicht weismachen, daß dieser alte Versicherungshase in Anwesenheit eines anderen die Unterschrift fälscht.«

UHL: »Doch, es war so ...«

(Ein Sachverständiger bestätigt später seine Darstellung.)

Vorsitzender: »Mir erscheint es merkwürdig, daß Sie so kurz vor dem Unfall – das Wort ›Unfall‹ ist allerdings in Anführungszeichen zu setzen – eine solche Versicherung für Ihre Frau abschlossen.«

Uhl: »Es geschah auf den Wunsch meiner Frau.«

Vorsitzender ungehalten: »Also ausgerechnet auf den Wunsch der Frau, die ständig über Geldmangel klagen mußte. Immerhin wären Sie, Angeklagter, mit der Auszahlung des Geldes für die Zukunft saniert gewesen.«

Uhl: »Auf dieses Geld bin ich nicht angewiesen.«

Als die Hauptverhandlung auf den Tag des »Unfalls« zusteuert, wird Uhl immer nervöser. Er verwickelt sich in Widersprüche, weicht von Darstellungen ab, die er früher vor der Polizei gegeben hat.

So erklärt er jetzt im Gegensatz zu einer anderen Aussage, er sei auf der B 19 nicht auf Wunsch seiner Frau umgekehrt, sondern deshalb, weil er selbst festgestellt habe, daß er sich verfahren hätte. Deshalb habe er seinen Wagen auf der Straße gewendet, deshalb sei er rückwärts auf die Böschung geraten und das Fahrzeug mit seiner Frau, die sich nicht mehr retten konnte, in den Fluß gestürzt.

Am dritten Verhandlungstag sitzt er abermals am Steuer seines steingrauen Mercedes 170 D, um Richtern und Geschworenen an der »Unglücksstelle« auf der B 19 zu demonstrieren, wie er das Wendemanöver ausführte.

»Der düstere Novembertag und der kalte Wind, der über die Kocherhöhe strich, unterstrichen das Gespenstische dieser Szene«, schreibt am nächsten Tag ein Reporter. »Holpernd setzte sich der verbeulte Wagen in Bewegung. Uhl zog ihn von der rechten Straßenseite nach links, beschrieb einen halbkreisförmigen Bogen zum ansteigenden rechten Hang, legte dann den Rückwärtsgang ein und fuhr auf den 32 Meter tiefen zum Kocher hin abfallenden Hang zu. Hart vor der Böschung brachte er den Wagen wieder zum Stehen.«

Der Sachverständige Ingenieur Dürr zu dieser Demonstration: »Wenn Sie so bei der Führerscheinprüfung gewendet hätten, Herr Uhl, wären Sie glatt durchgefallen.«

Anschließend zeigt der Sachverständige, daß der über den Böschungsrand zurückgesetzte Wagen mit der Fußbremse mühelos zum Stehen gebracht werden kann. Außerdem saß das mit zwei Personen besetzte Auto beim Überfahren des kaum wahrnehmbaren Banketts zunächst einmal fest am Boden auf. Der Ingenieur mußte schon kräftig Gas geben, um den Wagen weiter zurückzusetzen. Klare Beweise dafür, daß der »Absturz« in der Art, wie Uhl ihn behauptet, nicht möglich gewesen ist.

Als die Verhandlung im Rathaussaal fortgeführt wird, tritt als erster der Zeuge auf, der Uhl am frühen Nachmittag des Himmelfahrtstages – also drei Tage vor dem Geschehen am Kocher – am späteren Unfallort gesehen haben will, ein 21jähriger Autoschlosser.

STAATSANWALT: »Sind Sie sicher, daß es der Angeklagte war?«

ZEUGE: »Ja. Auf der Straße stand sein grauer Mercedes und daneben seine Frau, die mir persönlich bekannt ist. Ich habe mich damals gefragt: Was tut denn bloß der Uhl an der Kocherhalde?«

VORSITZENDER: »Hat es sich wirklich bei der Frau um Frau Uhl gehandelt?«

ZEUGE: »Nach meinem Ermessen war es niemand anders.«
Die Menschen im Saal schütteln die Köpfe, empörte Rufe werden laut. Nach dieser Aussage war Uhls Frau tatsächlich ahnungslos dabei, als ihr Mann das Grab für sie aussuchte. Ein Zynismus, der nicht mehr zu überbieten ist.

Das Verhältnis zwischen Uhl und seiner Frau wird beleuchtet, als das Gericht am fünften Prozeßtag die Angehörigen der Toten in den Zeugenstand ruft.

Vorher aber wird der Angeklagte aus dem Saal geführt. Staatsanwalt Dr. Renz hat seinen Ausschluß beantragt. Grund: August Müller, der Schwiegervater Uhls, hatte erklärt: »Sonst sagen wir nicht aus – wir haben Angst!« Ihm war zu Ohren gekommen, daß Uhl Zeugen gegenüber angedroht hatte, er wolle Müller totschlagen.

Als erste sagt die drei Jahre jüngere Schwester Marias aus. Schluchzend berichtet sie: »Ich habe zweimal erlebt, wie Uhl Maria geschlagen hat. Einmal gab er ihr einen Kinnhaken. Sie konnte danach tagelang nicht richtig kauen. Ein anderes Mal nahm er ihr die letzten 8 Mark weg, die sie zur Bezahlung des Wasserzinses zur Seite gelegt hatte.«

VORSITZENDER: »Wie war die Einstellung Ihrer Schwester zu dem Angeklagten? Hatte sie ihn gern?«

ZEUGIN: »Ja, sie hatte ihn gern. Sie glaubte immer wieder, daß trotz aller Schwierigkeiten die Dinge noch recht würden.«

Auch der Schwiegervater zeichnet von Uhl ein negatives Bild. »Wenn er heute die Freiheit erhält, wird er die Hand gegen mich erheben!« ruft er aus.

Er schildert, daß er sich von Anfang an der Eheschließung seiner Tochter mit Uhl widersetzt habe, weil er ihn für einen schlechten Menschen halte, für eine »Verbrechernatur«. Seine Tochter aber habe an diesem Mann gehangen. »Sie glaubte, sie kann den Franz erziehen. Aber sie erntete nur Enttäuschung.« Auch als die Streitigkeiten fast unerträglich wurden und die Eltern sie aufforderten, zu ihnen zu ziehen, habe sie nicht reagiert und an Uhl festgehalten. Als gläubige Katholikin sei die Ehe für sie ein Sakrament gewesen. Auch wollte sie ihrem Kind den Vater erhalten.

Maria Uhls Mutter sagt: »Andere Frauen waren ihm wichtiger als meine Tochter. Wenn er von ihnen kam, war er zu Maria immer besonders grob.«

Franz Xaver Uhl und die Frauen – diesen Komplex nimmt sich der Staatsanwalt mit aller Gründlichkeit vor. Denn in diesen Beziehungen vermutet er ja Uhls zweites Tatmotiv. Hier soll sich auch zeigen, wie rücksichtslos dieser Mann bei Frauen vorgehen konnte, um seine Ziele zu erreichen.

Zu einem Höhepunkt des Prozesses wird der Auftritt der letzten Geliebten Uhls, einer 26jährigen Elektromontiererin. Sie ist die wichtigste Zeugin des Staatsanwalts.

Blond, elegant gekleidet, tritt Irene K. vor den Richtertisch. Sie schildert, daß sie Uhl im März 1959 in einer Gaststätte kennengelernt und sich zwei Monate lang zwei- bis dreimal wöchentlich mit ihm getroffen hat. Man sei dann in Lokale gegangen, wo Uhl »mit Geld um sich warf«.

VORSITZENDER: »Wußten Sie, daß er verheiratet war?«

ZEUGIN: »Nein. Wenn ich ihn danach fragte, gab er mir keine Antwort. Seine Kollegen sagten mir, er sei ledig.«

VORSITZENDER: »Wann haben Sie denn erfahren, daß er Frau und Kind hatte?«

ZEUGIN: »Am 1. Mai, von seinem Bruder. Ich schämte mich danach so, daß ich mich in den Kocher stürzen wollte. Sein Bruder aber hat mich davon abgehalten.«

Die hübsche Blondine berichtet weiter, daß Uhl sehr eifersüchtig gewesen sei. Um sie allein für sich zu haben, sollte sie ihre Arbeit aufgeben und sich ein Zimmer in seiner Nähe nehmen. Er wollte für sie aufkommen.

STAATSANWALT: »Hat er Ihnen die Heirat versprochen?«

ZEUGIN: »Direkt versprochen – eigentlich nicht. Er machte immer nur Andeutungen. Dann war er aber meist betrunken.«

STAATSANWALT: »Nachdem Sie erfuhren, daß er verheiratet war, also am 1. Mai, haben Sie sich von ihm getrennt. Haben Sie ihn danach noch einmal getroffen?«

ZEUGIN: »Ja, in einer Wirtschaft. Als er sich zu mir setzen wollte, habe ich mich weggesetzt und ihm zugerufen: ›Geh doch zu deiner Frau und deinem Kind!‹«

STAATSANWALT: »Wie reagierte er?«

ZEUGIN: »Er beschimpfte mich wütend. Als ich das Lokal verließ, fuhr er hinter mir her. Er wollte mich zurückholen, aber ich lehnte das ab. Da sagte er: ›Du kannst hingehen, wo du willst – ich finde dich, und du wirst doch meine Frau!‹«

STAATSANWALT mit triumphierendem Blick in die Runde: »Danke!«

Uhls Pflichtverteidiger Dr. Wilhelm Pfeifer weiß, welche Bedeutung der Ankläger diesem Ausspruch seines Mandanten beimißt. Nach dessen Ansicht spiegelt sich darin der Wunsch Uhls, sich für diese andere freizumachen. Dr. Pfeifer will deshalb Richtern und Geschworenen vor Augen führen, daß die blonde Frau nur eine von mehreren Frauen in Uhls Leben war. Er fragt sie, ob sie nicht gewußt habe, daß er neben ihr noch andere Freundinnen hatte.

ZEUGIN: »Ja, das wußte ich! Ich war ein Objekt für ihn, eine von vielen.«

VERTEIDIGER ebenfalls triumphierend: »Danke!«

Staatsanwalt Dr. Renz spielt danach noch einige weitere Trümpfe aus, um seine These von Uhls Heiratsabsicht zu erhärten. Nacheinander ruft er drei weibliche Bekannte der blonden Elektromontiererin in den Zeugenstand.

Sie bestätigen, daß sowohl Uhl als auch Irene K. ihr Verhältnis sehr ernst genommen haben. Beide hätten sich geliebt. Irene sei sehr unglücklich gewesen, als sie erfuhr, daß Uhl verheiratet ist. Er habe ihr nach dem Streit um die Trennung tatsächlich nachgerufen: »Du wirst noch meine Frau!«

Daß er beabsichtigte, Irene K. zu heiraten, wenn er erst von seiner Frau geschieden sei, gibt auch eine andere Zeugin an: die Kellnerin Margit R.

Ihre Vernehmung vermittelt den Zuhörern einen Eindruck vom Charakter und Vorgehen des Angeklagten.

Vier Tage vor dem »Unfall« am Kocher, so berichtet die Zeugin, habe Uhl sie im Wald bei Schwäbisch Hall in seinem Wagen vergewaltigt. Sie habe ihn trotz heftiger Gegenwehr nicht davon abhalten können. Erst als er ihr ein zweitesmal Gewalt antun wollte, konnte sie fliehen.

Damit hatte Uhl aber noch nicht genug. Am selben Tag fuhr er mit der Verkäuferin Ingrid K., die ebenfalls als Zeugin auftritt, zum Einkaufen nach Hessental. Er hatte sie kurz vorher in dem Lokal kennengelernt, in dem die Kellnerin Margit R. arbeitete. Nach dem Einkaufen, so sagt die Zeugin, sei man in Uhls Mercedes in Richtung Einkorn gefahren. Plötzlich sei er in einen Seitenweg eingebogen und habe gehalten.

VORSITZENDER: »Und was geschah dann?«

ZEUGIN: »Muß ich das sagen?«

VORSITZENDER: »Wir können es Ihnen nicht ersparen.«

ZEUGIN stockend, mit kaum hörbarer Stimme: »Im Wagen hat Uhl mir Gewalt angetan, obwohl ich mich heftig wehrte ...«

VORSITZENDER: »Warum haben Sie damals keine Anzeige bei der Polizei erstattet?«

ZEUGIN: »Ich hatte Angst vor ihm. Er war so brutal!«

Ein Mann, der ständig Polizei und Gerichte beschäftigt, der seine eigene Frau schlägt, der für andere Frauen mit dem Geld spendabel umgeht, der sich von ihnen Liebe notfalls mit Gewalt holt, ein Mann ohne Moral und ohne Gewissen – ein trübes Bild, das sich da in den Aussagen der Zeugen enthüllt.

Es gibt in diesem Prozeß allerdings auch etwas Positives über den Angeklagten zu hören. So erklärt ein Müllerehepaar, in dessen Mühle Uhl lange Zeit als Maurer beschäftigt war, daß er »sehr gut« arbeitete. Auch diese Zeugen räumen aber ein, daß er als »Frauenheld« galt. Er habe in seinem Wagen bei Nacht oft Frauen mit auf den Hof der Mühle gebracht.

Dieser Wagen, in dem er andere liebte, hatte für seine Frau Maria etwas Gespenstisches, Furchterregendes. Arbeitskolleginnen der Toten sagen aus, daß sie sich ängstigte, eines Tages darin bei einem Unfall ums Leben zu kommen. Dieser Gedanke habe sie ständig verfolgt – eine dunkle Ahnung, die sich, so oder so, schließlich an der B 19 erfüllen sollte.

Der erste Sachverständige, der auftritt, entlastet Uhl: Krimi-

nalkommissar Fritz Neujahr, Handschriftenexperte des Landeskriminalamtes Baden-Württemberg.
Der Kommissar entkräftet den Verdacht, daß Franz Uhl die Unterschrift seiner Frau auf dem Versicherungsantrag gefälscht hat. Er erklärt: »Mit höchster Wahrscheinlichkeit stammt die Unterschrift Maria Uhls von dem Agenten, der die Versicherung mit Uhl abschloß.« Ein schwerer Schlag für den 61jährigen Agenten, der bei seiner Vernehmung unter Eid darauf beharrt hatte, diese Unterschrift nicht gefälscht zu haben.
Die nächsten Sachverständigen aber ziehen die Indizienkette um den Angeklagten immer enger. Der Kraftfahrzeugsachverständige Otto Dürr sagt aus, daß Maria Uhl, die ja weit unterhalb der Absturzstelle im Fluß gefunden wurde, nicht aus dem abstürzenden Wagen herausgeschleudert worden sein könne. Denn: Die Tür am Beifahrersitz sei durch den Sturz total verklemmt worden.
Das bedeutet: Die Frau des Maurers muß auf andere Weise ins Wasser gekommen sein.
Diese Meinung vertritt auch der medizinische Sachverständige Dr. Alfred Fischer aus Heilbronn, der die Leiche obduziert hatte. Maria Uhls Verletzungen seien keine Verletzungen, wie sie in einem abstürzenden Auto entstehen. Sie entstammten vielmehr »Gewalteinwirkungen von menschlicher Seite«. Frau Uhl sei gewürgt worden, ehe sie ins Wasser gelangte.
Dr. Fischer: »Sie ist zwar letztlich ertrunken, aber es spricht alles dafür, daß sie im Wasser nur noch die letzten Atemzüge getan hat.«
Professor Dr. Bertold Müller aus Heidelberg kommt zu ähn-

lichen Feststellungen, wenn er es allerdings auch für möglich hält, daß die Verletzungen der Toten, die auf Mißhandlungen hindeuten, durch das Hin- und Herschleudern im abstürzenden Wagen entstanden sein könnten. Auf jeden Fall hätten diese Verletzungen nicht die Bewußtlosigkeit und schon gar nicht den Tod von Maria Uhl zur Folge gehabt. Sie sei so heftig »bis zur Sauerstoffnot« gewürgt worden, daß der Tod die unmittelbare Folge hätte sein müssen, wäre sie nicht zuvor ertrunken.

Als letzter Sachverständiger kommt der Psychiater Medizinalrat Dr. Wendel zu dem Schluß, daß Franz Xaver Uhl voll zurechnungsfähig ist. Bei einer Untersuchung mit einem sogenannten Hirnstrommesser habe Uhl gefragt, ob er diese Prozedur nicht ablehnen könne. Er habe das Gerät für einen »Lügendetektor« gehalten und davor Angst gehabt.

Die angebliche »Gehirnerschütterung« und »Erinnerungslosigkeit« nach dem Unfall habe Uhl – so die Meinung des Psychiaters – nur vorgetäuscht.

DR. WENDEL: »Merkwürdig war, daß Uhl auf die Frage, was denn seine angeblich neben ihm sitzende Ehefrau getan habe, als der Wagen abzukippen begann, keine Antwort geben konnte. Er war nicht in der Lage, ihre Reaktion zu beschreiben.«

Nach dreiwöchiger Verhandlung beginnt Erster Staatsanwalt Dr. Renz sein Plädoyer. Für ihn spielte sich das Drama am Kocher so ab:

»Uhl hielt am Unglückstag mit seinem Wagen etwa 200 Meter vor der späteren Absturzstelle. Er ging mit seiner Frau auf einem ihm bekannten Weg zum Kocher, schlug sie dort, würgte sie und warf sie anschließend in leblosem Zustand

ins Wasser. Darauf setzte er sich wieder in seinen Wagen, fuhr bis zur Absturzstelle und ließ dort den leeren Mercedes über die Böschung in den Kocher fallen.« Es gäbe keinen letzten Beweis für diese Darstellung, doch alle Spuren sprächen für einen solchen Tatablauf.
Sein Motiv sei die Absicht gewesen, eine andere zu heiraten, und Habgier. Um mit dem Tod seiner Frau noch ein Geschäft zu machen, habe er sie kurz vor der Tat so hoch versichert. Er habe die Versicherung ohne ihr Wissen weit weg von seinem Heimatort abgeschlossen, die Versicherungspolice anschließend versteckt und vor Polizei und Untersuchungsrichter zunächst geleugnet, einen Abschluß getätigt zu haben.
Dr. Renz schließt: »Der Angeklagte hat die furchtbare Tat so kalt berechnend angelegt, so zynisch vorbereitet und so herzlos ausgeführt, daß nur die Höchststrafe dafür eine annähernde Sühne darstellen kann.« Sein Antrag: »Lebenslänglich Zuchthaus.«
Rechtsanwalt Dr. Wilhelm Pfeifer fordert dagegen Freispruch für seinen Mandanten. Nach seiner Meinung sei Uhl ein Mord nicht nachgewiesen worden. Gerade die Tatsache, daß Uhl seinen Vater fünfzehn Tage nach dem Unfall nach Aalen geschickt habe, um die 60 000 Mark von der Versicherung zu kassieren, sei ein Indiz für seine Unschuld. Er habe das für sein gutes Recht gehalten.
In diesem Moment kommt es zu Unmutsäußerungen im Publikum, die aber sofort von einem der beiden Beisitzer unterbunden werden.
Uhl, zum Schlußwort aufgerufen, springt auf und sagt: »Hohes Gericht! Ich kann mit gutem Gewissen sagen, daß

ich nicht schuld bin am Tod meiner Ehefrau. Ich könnte selbst unter den Toten sein!«

Richter und Geschworene aber glauben nicht ihm, sondern den Indizien, die gegen ihn sprechen. Nach eineinhalbtägiger Beratung verurteilen sie Franz Xaver Uhl am 29. November 1960 dem Antrag des Staatsanwalts entsprechend zu lebenslänglichem Zuchthaus.

Nach achtzehnjähriger Haft wird Uhl im September 1978 begnadigt.

Der Fall Linda Hollis
Der letzte Tanz

Die blonde Frau vor dem Spiegel ist nackt. Sie dreht sich in tänzerischer Pose hin und her und betrachtet dabei wohlgefällig ihren Körper, der trotz ihrer siebenunddreißig Jahre noch die frische Haut und die festen Formen eines Mädchens hat. »Du bist schön, Linda!« flüstert sie sich zu.
Sie tritt jetzt ganz nahe an das Spiegelglas heran, sieht ihre blaugrauen Augen, die kleine, gerade Nase, die hohen Bakkenknochen und die Sommersprossen auf der Stirn. Neben dem schmalen Mund haben sich tiefe Linien in ihr immer noch hübsches Gesicht gegraben, die Spuren der letzten Wochen und Monate. Man sieht ihr an, daß sie gelitten hat, und sie leidet immer noch.
Sie hofft, nicht mehr lange.
Langsam geht sie zum Schrank in der Ecke des Zimmers, öffnet die Tür, greift hinein und schiebt suchend die Kleider auf der Stange hin und her. Sie wählt das schönste aus: ein langes Abendkleid aus grünem Satin, schulterfrei und eng in der Taille. Mit diesem Kleid ist sie zu den großen Bällen in Düsseldorf gegangen, damals, als sie zum erstenmal verheiratet war. Man hat sie darin bewundert und hofiert, und nun, da sie es noch einmal überstreift, erinnert sie sich an die Melodien, zu denen sie damals tanzte.
Dann bricht die Musik jäh ab. Sie setzt sich an den Schreibtisch, holt ein Schriftstück aus der Schublade, schreibt ein

paar Zeilen dazu und steckt es in einen frankierten Umschlag. Mit großen, hastig hingeworfenen Buchstaben setzt sie eine Adresse darauf: die Anschrift ihres zweiten geschiedenen Mannes.
Ehe sie das kleine, einfach möblierte Zimmer verläßt, streift sie zwei Brillantringe über ihre linke Hand und zieht ihren Pelzmantel an. Er ist aus braunem indischen Lamm.
Ihrer Wirtin, die die Szene vor dem Spiegel zufällig durch die halboffene Tür gesehen hat, sagt sie: »Tut mir leid, Frau Hammacher, aber ich muß das Zimmer kündigen – bis Ende Januar. Ich fahre jetzt über Weihnachten zu meiner Schwester nach Hildesheim.«
»Ohne Koffer?« fragt die Wirtin.
»Ach, den brauche ich nicht; meine Schwester hat ja alles.«
Die blonde Frau im Pelz trägt nur eine kleine Handtasche unter dem Arm. Sie geht zur Dielentür, öffnet sie. Als sie ins Treppenhaus treten will, hält die Stimme der Wirtin sie zurück: »Die 900 Mark, die ich noch bekomme – ich könnte sie gut gebrauchen, jetzt vor Weihnachten.«
»Natürlich, Frau Hammacher«, entgegnet die Blondine betrübt. »Ich bin ganz verzweifelt, daß ich Ihnen das Geld noch nicht geben kann. Haben Sie bitte Geduld bis Anfang des Jahres, da bekomme ich einen größeren Betrag, ja?«
Die Wirtin, eine gutmütige, grauhaarige Dame, nickt. Sie hat ihre Untermieterin ins Herz geschlossen, und sie tut ihr leid, weil sie immer so einsam ist.
»Ist schon in Ordnung. Gute Fahrt!«
Vom Küchenfenster aus sieht die Wirtin, wie die Frau in ein Taxi steigt, das rasch im Verkehrsgewühl verschwindet.

Wenige Stunden später, am Mittag dieses 22. Dezember 1954, parkt ein grüner Ford 12 M auf der Chaussee, die das Dorf Neesen mit der Stadt Minden verbindet. Trotz des hellen Tages brennen die Abblendlichter.
Ein Vertreter, der gegen 13 Uhr die Straße befährt, gibt Blinkzeichen. Das Licht brennt weiter. Als er näherkommt, sieht er eine elegante blonde Frau im Pelzmantel am Steuer sitzen. In der einen Hand hält sie eine Zigarette und einen kleinen Handspiegel, in der anderen einen Lippenstift, mit dem sie sich langsam über den Mund fährt.
Als der Vertreter am Nachmittag abermals an der Stelle vorbeikommt, steht der Ford immer noch da, immer noch beleuchtet. Auch beim drittenmal, gegen 19 Uhr, das gleiche Bild. Der Mann verlangsamt die Fahrt, wirft einen neugierigen Blick in das Wageninnere.
Die elegante, schöne Frau am Steuer rührt sich kaum. Sie raucht, blickt nachdenklich geradeaus. Sie scheint auf jemanden zu warten ...
Drei Wochen später meldet ein Schäfer der Polizei in Minden eine merkwürdige Beobachtung.
Aufgeregt gibt er zu Protokoll: »Am rechten Weserufer neben der Neesener Chaussee, auf einer Wiese, da ist eine tiefe Autospur, die direkt ins Wasser führt. Und an einem Baum an der Straße sind frische Schrammen. Sieht nach einem Unglück aus, wenn ich mich nicht irre!«
»Sie meinen, da ist ein Wagen ins Wasser gefahren?« fragt der Wachhabende.
Der Schäfer nickt. »Ja, das nehme ich an.«
»Dann wollen wir uns die Sache mal ansehen.«
Ein Streifenwagen fährt zu der angegebenen Stelle am Ufer

der Weser. Die Beamten sehen den beschädigten Chausseebaum und die Reifenspur, die von der Straße geradewegs ins Wasser führt. Über Funk verständigen sie ihre Kollegen von der Wasserpolizei. Die kommen mit einem Boot über den Fluß heran und werfen einen Schleppanker aus. Nicht weit von dem Punkt entfernt, wo die Spur auf der Wiese am Ufer abbricht, stoßen sie auf Blech – in etwa vier Meter Tiefe.
»Scheint tatsächlich ein Auto zu sein«, sagt der Kommandant des Bootes.
Eine Stunde später rückt ein Bergungstrupp der Feuerwehr an. Ein Taucher steigt ins Wasser, mit einem Drahtseil, das er im Schlamm der Weser um einen unförmigen Gegenstand legt. Auf sein Zeichen hin beginnen die Männer am Ufer eine Winde zu drehen.
Mit ächzendem Geräusch kommt nach einer Weile ein Auto zum Vorschein – ein grüner Ford Taunus 12 M. Als er festen Boden erreicht, schießt ein Wasserstrahl aus dem offenstehenden rechten Fenster.
Entsetzt prallt der Feuerwehrmann zurück, der als erster einen Blick in das Innere des Wagens wirft. Mit weit aufgerissenen Augen starrt ihn eine Frau an – eine Tote.
Sie liegt quer über den beiden hinteren Sitzen, der Kopf ist nach links gefallen. Ihre Füße, ohne Schuhe, klemmen hinter dem rechten Vordersitz. Neben ihrem blonden Kopf steht eine kleine Handtasche.
Der Leichenbestatter trifft ein, und man holt die Tote aus dem Fahrzeug, legt sie auf eine Bahre. Man zieht sie aus, und zwar in dieser Reihenfolge: 1. zwei Ringe, 2. ein Pelzmantel, 3. ein langes Kleid, 4. Damenunterwäsche.
Im Protokoll, das die Polizisten aufnehmen, heißt es nüch-

tern: »Die Leiche ist stark verschlammt, die Leichenstarre ist gelöst. Waschhautbildung an Händen und Füßen. Äußere Einwirkungen von Gewalt sind mit Ausnahme einer leichten Prellung über dem linken Auge nicht feststellbar.«
Als man die Tote abtransportiert, erscheint der Vertreter, der den grünen Ford mit den brennenden Lichtern noch am Abend des 22. Dezember auf der Chaussee gesehen hat, am Ufer.
»Ich erkenne sie wieder – die Frau und den Wagen«, sagt er zu den Polizeibeamten. »Sie hat stundenlang auf der Straße geparkt. Jetzt wundert mich nichts mehr.« Auf Wunsch eines Uniformierten gibt er Namen und Adresse an.

Für die Kriminalbeamten, die das mysteriöse Ableben der Frau aus der Weser untersuchen, stellt sich vor allem eine Frage: Wie kam die Unbekannte mit ihrem Wagen von der Stelle auf der Chaussee, an der sie geparkt hatte, in die zweihundert Meter entfernte Stelle in den Fluß?
Geschah es zufällig, freiwillig oder gewaltsam?
Papiere hat man bei ihr nicht gefunden. Über das Erkennungszeichen des Autos, BR 267-257, ermittelt man den Besitzer, einen Autoverleiher in Duisburg. Er nennt den Namen seiner Kundin, die den grünen Ford gesteuert hat: Linda Hollis, 37 Jahre alt.
Drei Wochen zuvor, am 22. Dezember, hatte sie den Wagen in der Garage der Verleihfirma in Empfang genommen. Der Chef erinnert sich noch genau an sie.
»Sie trug einen Pelz über einem langen grünen Kleid, und sie machte einen sehr seriösen Eindruck«, berichtet er. »Eine gute Autofahrerin schien sie allerdings nicht zu sein. Das sah

ich daran, wie unbeholfen sie den Starter suchte und wie ruckartig sie schließlich anfuhr.«
Sie verabschiedete sich lachend mit den Worten: »Es wird schon schiefgehn! Wenn nicht, bringe ich Ihnen den Wagen morgen heil wieder. Ich werde mir jedenfalls alle Mühe geben.«
Es ist schiefgegangen. Der Wagen wurde stark demoliert aus der Weser gezogen, und Linda Hollis liegt nun tot im Leichenkühlraum des Städtischen Krankenhauses in Minden.
»Die Befunde sprechen für einen Tod durch Ertrinken«, geben die Ärzte, Professor Dr. Sachs und Dr. Dransfeld, nach der Obduktion der Leiche zu Protokoll. »Dies soll noch durch die Untersuchung der Lunge auf Algen erhärtet werden.«
Nach der Toten wird der Wagen untersucht, der für sie auf rätselhafte Weise zum Grab wurde. Die Uhr ist um 10 Uhr 5 stehengeblieben. Der Tachometer zeigt 70 406 Kilometer an. Die Reifen sind halb abgefahren, Stoßstange und rechter Kotflügel durch den Anprall an dem Chausseebaum eingedrückt.
»Dadurch war der Wagen in seiner Lenkfähigkeit stark behindert«, stellt ein Sachverständiger in seinem Gutachten fest. »Es war durch die eingedrückte Stoßstange und den eingedrückten Kotflügel nicht mehr möglich, daß er geradeaus oder nach rechts fahren konnte – er *mußte* in die Weser fahren. Der Lenker des Wagens hatte auf die Fahrtrichtung kaum noch einen Einfluß.«
Also ein Unfall?
Einiges deutet nach Meinung des Experten darauf hin. Allerdings, so gibt er zu bedenken, sei dann eines nicht zu verste-

hen: daß Linda Hollis nicht bis zum Schluß die Bremse getreten habe. Die Bremse war völlig intakt, und mit ihrer Hilfe hätte sie sich sicher vor dem Versinken mit dem Wagen retten können.
Ist sie einem Verbrechen zum Opfer gefallen?
Der Sachverständige setzt sich auch mit dieser Frage auseinander. Und er läßt diese Möglichkeit durchaus offen, als er in seinem Gutachten schreibt: »Es könnte sein, daß ein anderer Fahrer am Steuer gesessen hat, der kurz vor der Einfahrt in die Weser aus der Tür gesprungen wäre und die Tür im Augenblick des Absprungs sogar noch zugeschlagen hätte ...«
Das würde bedeuten: Mord!
Diese Version könnte auch erklären, warum Linda Hollis so viele Stunden in unmittelbarer Nähe der späteren Unglücksstelle im Wagen gewartet hätte. Vielleicht auf ein letztes Rendezvous – mit ihrem Mörder ...
Während die Bielefelder Polizei sich mit allen diesen Möglichkeiten beschäftigt, erscheint im Büro der Deutschen Beamtenversicherung in Essen ein hochgewachsener schlanker Mann im grauen Anzug. Es ist Mitte Januar, wenige Tage nach Bergung des Unglücksautos. Der Besucher gibt sich einem Angestellten gegenüber als geschiedener Mann der Toten aus.
Er legt eine Police auf den Tisch und sagt ruhig: »Meine Frau ist tödlich verunglückt. Bitte, zahlen Sie mir die Versicherungssumme aus – 120 000 Mark!«
Der Angestellte verweist ihn an den Bezirksdirektor. Der wiederum läßt sich die Akte »Hollis« bringen. Er blättert sie auf, liest und stellt dabei folgenden Tatbestand fest: Linda

Hollis, zweimal geschieden, Mutter zweier Kinder, die der Vater betreut, hat am 27. November 1954 eine Lebensversicherung abgeschlossen. Danach werden bei natürlichem Ableben 60 000 Mark fällig, 120 000 Mark bei Unfalltod. Begünstigte sind ihre Kinder Hans und Erich. Zu zahlen ist die jeweilige Summe an den Vormund der beiden, ihren geschiedenen Mann.
Soweit ist alles in Ordnung. Dann aber fällt der Blick des Direktors auf eine Notiz, die mit einer Büroklammer auf der Innenseite des Aktendeckels festgemacht ist. Er liest sie, runzelt dabei die Stirn.
»Tut mir leid«, sagt er dann aufblickend zu dem Mann im grauen Anzug, der ihm still gegenübersitzt. »Die Auszahlung des Geldes ist gesperrt worden. Bitte, wenden Sie sich an die Kriminalpolizei.«
Der Mann blickt erschrocken drein. Hastig nimmt er seinen Hut. Er läuft fast aus dem Zimmer. Als er fort ist, benachrichtigt die Direktion der Beamtenversicherung das Duisburger Polizeipräsidium.
Hier hat man Erfahrung mit Fällen, in denen die Auszahlung einer hohen Versicherung verlangt wird, noch ehe der Tote unter der Erde liegt. Kein Wunder, daß die Beamten jetzt sofort an ein Versicherungsverbrechen denken. Der Fall der Elfriede Tiltmann, der sich nicht weit von hier abspielte, ist den Spezialisten der Kripo noch in guter Erinnerung.
Am 12. Januar, um 10 Uhr 40, unterrichtet die Duisburger Kriminalpolizei ihre Kollegen von der Kriminalhauptstelle Bielefeld telefonisch von ihrem Verdacht und ersucht offiziell um »Übernahme der Verfolgung«. Kommissar Thewes, ein erfahrener Beamter, übernimmt den Fall.

Auch er glaubt nach den Umständen, die bisher bekannt geworden sind, an ein Verbrechen. Vor allem drei Punkte sprechen nach seiner Ansicht dafür. Erstens: die hohe Versicherung, die erst kurz vor dem »Versicherungsfall« abgeschlossen wurde. Das war im Fall Tiltmann ganz ähnlich. Zweitens: mehrere seltsame Umstände am Tatort. Neben den Wagenspuren sind zum Beispiel Motorradspuren festgestellt worden. Außerdem: Das Seitenfester des in den Fluß gestürzten Wagens stand offen, und die Tote lag auf den Hintersitzen. und drittens: Die Leiche trug keine Papiere bei sich.
Allerdings gibt es zugleich zwei Punkte, die einen Mord fraglich erscheinen lassen.
Anders als bei anderen Versicherungsverbrechen, bei denen Ehemänner oder Ehefrauen als Täter auftreten, um sich als Begünstigte am Tod des Partners zu bereichern, ist in diesem Fall nicht der Ehemann, der ja schon die 120 000 Mark kassieren wollte, der Bezugsberechtigte, sondern die Kinder der Toten sind es. Allerdings hat er als der Vormund der Kinder ja Einzugsvollmacht. Hinzu kommt: Die erste Vermutung, daß Linda Hollis schon tot war, als der Wagen in die Weser fuhr, daß sie also womöglich schon vorher getötet wurde, ist durch die Obduktion und die daran anschließende Untersuchung der Lunge auf Algen widerlegt worden. Linda Hollis ist erst nach dem Absinken des Wagens ertrunken.
Kommissar Thewes erhofft sich größere Klarheit von dem Mann, der Linda Hollis vermutlich als letzter gesehen hat – von dem Vertreter, der beim Abtransport der Leiche am Weserufer aufgetaucht ist. Er lädt ihn vor, einen hageren Mann von fünfundvierzig, mit der ungesunden Gesichtsfarbe eines Magenkranken.

»Ich sah die Frau zum erstenmal am Mittag in ihrem beleuchteten Wagen sitzen«, gibt er zu Protokoll. »Als sie am Abend immer noch da saß, hielt ich auf dem Rückweg und sprach sie an.«
Der Kommissar blickt auf. Das ist neu für ihn. »Was machte sie für einen Eindruck?«
»Sie wirkte sehr ruhig. Ich fragte sie, was mit ihr los sei. Sie antwortete: ›Meine Batterie ist leer. Deshalb kann ich nicht starten.‹ Ich bot ihr meine Hilfe an, aber sie erklärte, es seien schon zwei junge Männer unterwegs, um eine neue Batterie zu holen. Einer der jungen Männer, den ich übrigens kenne, kam kurz darauf zurück, mit leeren Händen.«
Der Mann macht eine Pause und zündet sich eine Zigarette an.
»Weiter«, drängt Kommissar Thewes. »Was geschah dann?«
Nach einem tiefen Zug aus der Zigarette fährt der Zeuge fort: »Jetzt machte ich mich auf den Weg. Ich fuhr zu einem Tankstellenbesitzer in der Nähe. Er hatte eine Batterie. Er lud sie bei mir ein, und er fuhr mit mir zurück, um sie in den Ford einzubauen. Als wir ankamen, sah ich den jungen Mann rauchend neben der Frau im Wagen sitzen. Der Einbau der Batterie kostete 57 Mark. Die Frau hatte aber nur 50 Mark bei sich, und sie versprach, den Rest zu überweisen, sobald sie wieder zurück in Duisburg sei. Als ich mit dem Tankstellenbesitzer wegfuhr, saß der junge Mann immer noch neben ihr.«
»Wie spät war es da?«
»So gegen 21 Uhr.«
»Sie sagten, daß Sie den jungen Mann kennen. Wissen Sie, wo er wohnt?«

»Ja.«
Der Vertreter nennt die Adresse, und der junge Mann, ein Autoelektriker, wird ins Präsidium geholt. Von ihm ist womöglich die entscheidende Aussage zu erwarten.
»Wann haben Sie die Frau im Ford verlassen?« will Kommissar Thewes von ihm wissen.
»Kurz nach den beiden Männern, die die Batterie eingebaut haben.«
»Die beiden Männer fuhren gegen 21 Uhr. Es soll aber noch gegen 22 Uhr ein Mann im Wagen von Linda Hollis gesessen haben. Das wissen wir von einem Zeugen. Der Wagen war zu diesem Zeitpunkt dunkel.« Der Kommissar hebt die Stimme, fixiert sein Gegenüber scharf. »Waren Sie dieser Mann?«
»Nein. Das muß jemand anders gewesen sein.«
Noch ist nicht klar: Hat der Zeuge, den Thewes erwähnt hat, sich in der Zeit geirrt – oder hat der junge Mann etwas zu verbergen?
Er bestreitet, Linda Hollis gekannt zu haben, und er will mit ihr nur über Belanglosigkeiten gesprochen haben. Doch immerhin: Kurz nachdem er sie verlassen hatte, endete ihr Leben zweihundert Meter entfernt in den kalten Fluten der Weser.
Noch ehe sich der Verdacht gegen ihn weiter verdichtet, erscheint bei der Kriminalpolizei in Duisburg der geschiedene Mann der Toten. Er kommt damit einer Ladung zuvor, die der Polizei nun zwingend erscheint. Denn wenn Linda Hollis eines unnatürlichen Todes gestorben ist, dann – so meint man – muß das Motiv dafür bei ihm zu finden sein. Und man findet es auch, allerdings ganz anders als vermutet.

Der Mann legt vor den Beamten einen großen Umschlag auf den Tisch, den er am Vormittag des 23. Dezember mit der Post erhalten hat. Absender: seine geschiedene Frau. Inhalt: die Versicherungspolice und ein Brief von Linda Hollis.
Die Beamten blicken überrascht, als sie den Brief lesen. Es heißt da:
»Lieber Helmuth ... nimm Du das Geld meiner Lebensversicherung in Empfang. Ich gebe diese detaillierte Anordnung, da ich neulich einen kleinen Unfall hatte ... Wenn Ihr die Anordnung nicht befolgt, werdet Ihr keine Ruhe haben ... Begraben möchte ich sein auf dem Bergfriedhof bei Bad Wiessee am Tegernsee ... Die Bestattungskosten zahlt von der Versicherungssumme ...«
Es folgt eine genaue Beschreibung, wie sie sich ihr Grab, den Stein und die Inschrift darauf wünscht. Außerdem führt sie namentlich achtundzwanzig Personen auf, denen sie Geld schuldet. Darunter auch die Wirtin ihres möblierten Zimmers, die noch die 900 Mark von ihr zu bekommen hat. Auch diese Schulden sollen mit dem Geld aus der Versicherung abgedeckt werden.
Als Kommissar Thewes in Bielefeld diese Unterlagen erhält, ist für ihn das Rätsel gelöst: Linda Hollis ist nicht ermordet worden. Sie ist auch keinem Unfall zum Opfer gefallen – sie hat sich selbst umgebracht.
Um die Gründe zu erforschen, beginnt die Polizei das Leben der Toten zu untersuchen. Aus den Aussagen der Menschen ihrer engsten Umgebung formt sich allmählich das Mosaik einer Frau, die mit dem Dasein nicht fertig wurde.
Linda Hollis, am 18. Dezember 1917 in Velbert geboren, litt unter beinahe krankhaftem Realitätsverlust.

In ihren Tagträumen sah sie sich als erfolgreiche, von allen vergötterte Frau. Davon träumen viele, besonders in der Pubertät. Sie aber kam über dieses Stadium, das mit einsetzender Reife meistens von selbst wieder verschwindet, nicht hinaus. Sie zerbrach schließlich an der Realität, die nur Enttäuschungen für sie bereithielt.

Die heftigen Impulse, zu denen sie neigte, ließen ihre beiden Ehen scheitern. Die beiden Jungen aus ihrer letzten Ehe mit einem Angestellten übernahm sie nach der Scheidung. Sie gab sie jedoch ihrem ehemaligen Mann in Obhut, als er wieder geheiratet hatte und sie berufstätig wurde.

Zuerst versuchte sie sich, ihren romantischen Träumen folgend, als Schriftstellerin. Sie schrieb ein Hörspiel, das von Otto Lilienthal handelte, dem Ingenieur, der in seinen – wenn auch nur kurzen – Gleitflügen das verwirklicht hatte, was sie anstrebte: sich über die Köpfe der Menschen, über alle Sorgen und Probleme hinwegzuschwingen. Lilienthal stürzte ja allerdings tödlich ab, und auch sie hatte kein Glück mit ihrem schriftstellerischen Versuch: Der Sender Hannover schickte ihr das Hörspiel wieder zurück, mit sehr kritischen Anmerkungen.

Sie machte einen neuen Versuch und schrieb ein Buch. Sie schickte es an mehrere Verlage, fand aber keinen Verleger, der es druckte. Schließlich, um Geld zu verdienen, wandte sie sich einer profaneren Tätigkeit zu: Sie versuchte sich als Buchwerberin.

Neue Enttäuschung: Sie verdiente so wenig, daß sie auch damit Schluß machte. Unterstützung bezog sie nicht. Sie lieh sich Geld, und ihre Schulden bei Freunden und Bekannten wuchsen. Wie sollte es weitergehen?

Abermals klammerte Linda Hollis sich voller Hoffnung an ihre Träume: Sie wollte einen Mann finden, einen reichen Mann. Eine Art Prinz, der viele ihrer Sehnsüchte erfüllen, der sie verwöhnen und auf Händen tragen sollte. Wieder einmal lieh sie sich Geld und beauftragte ein Eheinstitut. »Ich suche einen Mann«, schrieb sie. »Beruf und Alter sind mir gleichgültig. Aber er darf nicht weniger als 1000 Mark im Monat verdienen ...«
Nur ein ernsthafter Kandidat meldete sich. Er zog sich jedoch zurück, als er erfuhr, daß Linda Hollis geschieden war, und das schon zweimal. Mit einer solchen Frau könne er als gläubiger Katholik keine Ehe eingehen.
Die schöne Linda war verzweifelt. Sie wollte elegant und attraktiv sein und etwas für ihre Kinder tun, die sie über alles liebte. Aber sie fand keinen Ausweg. Es gab niemanden, der sie brauchte, niemanden, der ihr helfen konnte. Sie zog Bilanz und stellte fest, daß sie am Ende ihres Weges angelangt war. So wollte und konnte sie nicht weiterleben.
In ihrer übersteigerten Phantasie sah sie sich endlich einen effektvollen und dramatischen Schlußstrich ziehen: Sie starb in den schönsten Kleidern ... und aus dem offenen Grab ließ sie Geldscheine über ihre beiden Söhne und über die Menschen flattern, die einmal gut zu ihr waren ...
Sie entschloß sich, sich umzubringen. Ihr Tod sollte sich aber für ihre Kinder und die Menschen, bei denen sie Schulden hatte, »lohnen«.

Am 27. November schloß Linda Hollis bei der Oberbezirksleitung Essen der Deutschen Beamtenversicherung eine Lebensversicherung über 60 000 Mark ab, die sich bei Unfalltod verdoppeln sollte. Die erste Rate von 209,40 Mark war am 1. Dezember fällig. Sie bezahlte sie verspätet am 16. Dezember – früher hatte sie kein Geld auftreiben können. Auch diese Summe mußte sie sich leihen.

Am 22. Dezember zog sie sich ihr schönstes Kleid an, das schulterfreie Ballkleid aus grünem Satin, ihren Pelzmantel aus braunem indischen Lamm, streifte ihre wertvollsten Ringe über und steckte die Versicherungspolice in einen Umschlag, den sie an ihren Mann adressierte. Sie kündigte ihr Zimmer und sagte ihrer Wirtin, daß sie über Weihnachten zu ihrer Schwester fahre.

Mit dem Taxi fuhr sie zum nächsten Autoverleih, wo sie den grünen Ford M 12 mietete, wie sie sagte, »für einen Tag«. Die unbeholfene Art, wie sie anfuhr, verriet dem Chef des Autoverleihs, daß sie keine gute Fahrerin war. Und in der Tat: Ihren letzten Vorgesetzten vom Lesering hatte Linda Hollis kurz zuvor in einen Straßengraben gefahren. An diesem Morgen, als sie zu ihrer letzten Fahrt aufbrach, hatten ihre Unsicherheit und Nervosität noch Gründe, die nicht mit ihrer mangelnden Fahrpraxis zusammenhingen.

Über die Autobahn fuhr sie in Richtung Hildesheim, in Richtung ihrer Schwester. Vor Minden bog sie ab. Über eine Straße, die zwischen den sanften Hügelketten des Weserlandes an dem ruhig dahingleitenden Fluß entlang führt, erreichte sie den Ort Neesen. Sie parkte einige Stunden lang außerhalb des Dorfes. In dieser Zeit muß sie noch einmal mit sich gerungen, muß sie über ihr Leben, über ihre verzweifelte Lage nachgedacht haben. Die Scheinwerfer hatte sie vermutlich irrtümlich eingeschaltet. Männer kamen und halfen ihr, als die Batterie nicht mehr funktionierte.

Es dauerte bis kurz vor 22 Uhr 5. Dann nahm sie allen Mut zusammen, um ihren Plan auszuführen: sich umzubringen und ihren Selbstmord als Unfall zu tarnen. Denn damit verdoppelte sich ja die Versicherungssumme für ihre Kinder.

Was sich weiter ereignete, rekonstruierten die Kriminalbeamten so:

Linda Hollis startete und steuerte den grünen Wagen durch die Lücke eines Weidenzaunes geradewegs ins Wasser hinab. Sie streifte dabei einen Baum, der die Lenkung blockierte. »Da die Wiese abschüssig ist, mußte der Wagen in die Weser rollen«, heißt es über die letzten dramatischen Sekunden im Leben der hübschen blonden Frau im Schlußbericht der Polizei. »Zumal einwandfrei erwiesen ist, daß bei der Bergung der Schalthebel auf Leerlauf stand. Diese Umstände deuten darauf hin, daß der Wagen mit Willen der Fahrerin in die Weser gefahren worden ist.« Und: »Als Motiv kann die vor dem Unfall abgeschlossene Versicherung bei eigener prekärer Lage angenommen werden.«

Linda Hollis, daran besteht kein Zweifel, starb schwer und qualvoll. Aber selbst ihr Tod brachte ihr nicht den »Erfolg«, den sie sich im Leben so sehnlich gewünscht hatte.

In ihrer Hinterlassenschaft fanden sich einige Zeitungsausschnitte mit Berichten über Menschen, die sich selbst getötet hatten, um ihre Angehörigen in den Besitz größerer Versicherungssummen zu bringen.

Da hatte sich zum Beispiel ein angesehener Pariser Kaufmann hoch zugunsten seiner Geliebten versichern lassen. Die Frau, der er außerdem noch eine Modeboutique eingerichtet hatte, zeigte sich ihm gegenüber aber reserviert.

Er schwor ihr mehrfach, daß er sie so sehr liebe, daß er selbst sein Leben für sie opfern würde, wenn sie das nur glücklich mache. Man weiß nicht, ob sie je von ihm verlangte, diesen Schwur einzulösen. Jedenfalls tötete er sich eines Tages – und sie kassierte von der Versicherung ein Vermögen.

Oder der Zeitungsausschnitt mit einer Meldung aus Amerika: Ein verschuldeter Gemüsehändler schloß eine hohe Lebensversicherung zugunsten seiner Frau ab. Sie half ihm sogar dabei, in der Garage den Staubsaugerschlauch an den Auspuff des Wagens anzuschließen. Er setzte den Motor in Gang und atmete die tödlichen Gase ein, während sie einkaufen ging. Als sie zurückkam, war er tot – und sie eine reiche Witwe.

Diese Berichte, die sie sorgfältig aufhob, hatten Linda Hollis, so schien es, zu ihrem eigenen Selbstmord inspiriert. Was sie dabei nicht bedacht hatte, war dies: Da ihr Unfalltod nur vorgetäuscht war, um einen Selbstmord zu verdecken, war die Versicherung von jeder Zahlungspflicht befreit.

Viele Versicherungsgesellschaften zahlen heute zwar auch dann, wenn ein Versicherter durch Selbstmord stirbt. Aber erst nach einer Wartezeit, die in der Regel drei Jahre beträgt. Dabei geht man von der Überlegung aus, daß ein Mensch eine Selbstmordabsicht nicht allzu lange mit sich herumträgt. Nach einer Reihe von Jahren sind solche dunklen Pläne, die oft nur augenblicklichen Schwierigkeiten oder Depressionen entspringen, durch bessere Umstände und durch Einsicht überholt.

Linda Hollis hatte den »Allgemeinen Geschäftsbedingungen«, in denen auf diese Wartezeit hingewiesen wird, keine

Beachtung geschenkt. Sie war ja auch davon ausgegangen, daß ihr Tod als Unfall behandelt würde.
So starb sie vergebens.
Ihre Kinder bekamen das Geld nicht, und sie wurde nicht am Tegernsee begraben, weil ihr geschiedener Mann es ablehnte, für ihre Bestattung aufzukommen. Sie endete als Versicherungsbetrügerin.

Der Fall Julian Harvey
Der Untergang der »Blue Belle«

Der Erste Offizier auf der Kommandobrücke sieht sie zuerst: die winzige Nußschale im Auf und Ab der mächtigen Wellenberge des Atlantik. Durch sein Fernrohr schraubt er den merkwürdigen Gegenstand näher heran. Er erkennt ein Rettungsboot, darauf eine Gestalt, die wild mit den Armen gestikuliert. Der Offizier gibt dem Steuermann des Tankers »Guflion« Anweisung beizudrehen. Langsam läuft das Schiff auf das kleine Boot zu.

Nach einer Weile erkennen die Matrosen auf dem Tanker, die sich jetzt an der Reling drängen, im Boot einen Mann, der zu ihnen heraufwinkt. Er deutet auf ein lebloses Bündel, das neben ihm auf dem Boden liegt.

»Ich habe ein totes Kind hier!« ruft er.

Ein Korb wird hinuntergelassen, die Leiche des Kindes, es ist ein blondes Mädchen, an Bord geholt. Dann klettert der Mann, der lediglich eine blaue Badehose und ein gestreiftes Strandhemd trägt, aus dem schlingernden Rettungsboot über eine Strickleiter nach oben.

Er ist groß und schlank, tiefgebräunt, mit breiten Schultern, muskulösen Armen, flachem Bauch und sehnigen, blond behaarten Beinen. Sein Haar ist kurz geschnitten und kräuselt sich etwas an den flach anliegenden Ohren. Die klaren blauen Augen blicken erschöpft. Man sieht, daß er in der Kälte des Novembertages friert.

Der Kapitän der »Guflion« nimmt ihn in Empfang. Er läßt von einem Besatzungsmitglied Decken holen, in die der Mann eingehüllt wird. Mit einem dampfenden Grog frischt man seine Lebensgeister wieder auf.
Dann erst stellt er sich vor: »Ich heiße Julian Harvey. Ich habe eine Segelyacht gesteuert, die ›Blue Belle‹. Sie ist etwa 60 Meilen südlich von hier in einem Sturm gekentert. Bevor sie sank, war alles voll Blut. Das Mädchen habe ich aus dem Wasser geholt, als ich mit dem Rettungsboot die Untergangsstelle umkreiste und nach Überlebenden suchte. Es ist ertrunken ...«
Julian Harvey, ein auffallend gut aussehender Mann mit männlich schönen Zügen, schildert den Vorfall ohne große Erregung, aber seltsam abwesend. Weitere Angaben macht er nicht. Der Kapitän weist ihm eine Koje an, und Harvey schläft tief, bis die »Guflion« Stunden später im Hafen von Miami anlegt.
Wie immer in solchen Fällen untersucht die Küstenwacht den Schiffsuntergang. Leutnant Ernest L. Murdock, der die Ermittlungen leitet, verschafft sich als erstes ein Bild von dem vermutlich einzigen Überlebenden der Zweimast-Yacht »Blue Belle«, der sich in Miami ein Zimmer in einem Motel nimmt, um für die Dauer der Untersuchung zur Verfügung zu stehen.
Julian Harvey, so ergeben die Recherchen der Küstenwacht, ist ein ehemaliger Oberstleutnant der US-Luftwaffe. Als Jagdflieger hat er für seine mutigen und erfolgreichen Einsätze im Zweiten Weltkrieg und in Korea hohe Orden verliehen bekommen. Vor sieben Jahren wurde er in Ehren aus der Armee entlassen. Seither lebt er von seiner Rente und

seinem Privatvermögen. Er bessert es gelegentlich dadurch auf, daß er kleine Yachten steuert, die von ihren Eigentümern verchartert werden.
Auch die »Blue Belle«, so berichtet Ex-Oberstleutnant Harvey in seinem ersten Verhör durch Leutnant Murdock, war ein Charterschiff. Sein Besitzer, ein gewisser Harold S. Pegg aus Hollywood, hatte das Boot für umgerechnet 3000 Mark an den Augenarzt Dr. Arthur Duperrault für eine Kreuzfahrt zu den Bahama-Inseln vermietet. Zusammen mit seiner fünfköpfigen Familie war der Arzt, unter der Führung von Harvey von einem Yachthafen in Florida losgesegelt – ins Unglück.
»War sonst noch jemand an Bord?« befragt Leutnant Murdock den Überlebenden.
Julian Harvey senkt den Kopf, ehe er erwidert: »Ja, meine Frau Mary ...«
»Tut mir leid«, sagt Murdock. Nach einer Weile fragt er: »Und alle sind umgekommen?«
»Ich fürchte, alle ...«
»Schildern Sie uns bitte, wie es zu dem Unglück gekommen ist, Mister Harvey.«
Der blonde Ex-Offizier fährt sich mit einer Hand über die Stirn, wie um einen bösen Spuk wegzuwischen, ehe er beginnt. Er spricht langsam und deutlich.
»Wir segelten etwa 30 Meilen von der Küste Floridas entfernt. An Bord befanden sich Dr. Duperrault, seine Frau, sein Sohn Brian und seine Töchter Renée und Terry Jo. Alles war in Ordnung, bis plötzlich der Sturm aufkam.«
Leutnant Murdock, ebenso schlank aber nicht ganz so groß wie Harvey, breitet auf dem Schreibtisch in seinem Büro eine

Seekarte aus. Er fragt: »In welchem Gebiet befanden Sie sich, als Sie den Sturm bemerkten?«
Harvey steht von seinem Stuhl auf, beugt sich über die Karte. Seine kräftige, sonnengebräunte Hand tastet einen Augenblick unsicher auf der Karte herum, die das Seegebiet östlich von Florida zeigt, aufgeteilt in ein Gitternetz quadratischer Vierecke. Schließlich deutet er auf einen Punkt in der oberen rechten Ecke eines der Vierecke.
»Ungefähr hier, Leutnant.«
Murdock kreist die Stelle mit einem Rotstift ein.
»Wie stark war der Sturm? Wie lange dauerte er?«
»Er kam urplötzlich, und er hatte eine ungeheure Kraft. Wir konnten die Segel nicht einholen, sosehr wir auch kämpften. Dann ein ohrenbetäubender Krach – der Hauptmast brach. Er schlug durch das Oberdeck und durch den Rumpf. Ich glaube, Dr. Duperrault wurde davon getroffen. Er lag leblos auf dem Deck – rings um ihn herum sah ich nur Blut ...«
Harvey, der bei seinen Einsätzen als Jagdflieger schon so häufig dem Tod begegnet ist, scheint die Erinnerung an den Untergang der »Blue Belle« besonders stark zu berühren. Man sieht ihm an, wie es in ihm arbeitet. Er wirkt blaß, seine Augen sind unruhig.
»Der Hauptmast muß auch die Maschinen getroffen haben«, fährt er fort. »Jedenfalls brach unter Deck ein Feuer aus. Es folgte eine Explosion, und das Schiff begann zu sinken.«
»Wo befanden Sie sich in diesem Augenblick?«
»An Deck. Ich ließ das Steuer los und wollte zu den Kabinen laufen, in denen die Frauen und Kinder untergebracht waren. Aber als ich die Tür, die nach unten führte, öffnete, schlugen mir Feuer und Qualm entgegen. Ich rief laut den

Namen meiner Frau und die Namen der anderen ... Niemand antwortete ... Sie müssen erstickt oder verbrannt sein ...«
Harvey hält inne. Er blickt grübelnd zu Boden.
»Und wie konnten Sie sich retten?« will Leutnant Murdock wissen.
»Es gelang mir, das Beiboot an Deck loszumachen und ins Wasser zu lassen. Mit dem Boot habe ich einige Male die Stelle umkreist, an der die ›Blue Belle‹ schließlich versank. Dabei entdeckte ich die kleine Renée, die leblos im Wasser trieb. Sie war schon tot. Ich zog sie zu mir ins Boot.«
»Sie war Ihrer Meinung nach ertrunken und nicht etwa erstickt, was Sie ja von den anderen Menschen an Bord vermuten?«
»Ja.«
Als Harvey seine Schilderung des Untergangs beendet hat, fragt der Leutnant: »Haben Sie nicht versucht, das Feuer zu löschen?«
Harvey schüttelt betrübt den Kopf. »Da war nichts mehr zu machen. Die ›Blue Belle‹ neigte sich zur Seite, und die Flammen schlugen so hoch, daß ich keine Chance hatte. Mir war es auch wichtiger zu versuchen, meine Frau und die anderen zu retten. Doch auch das war unmöglich.«
Murdock blättert in den Papieren, die vor ihm liegen. »Eine traurige Geschichte, Mister Harvey«, sagt er. »Wie ich hier lese, haben Sie Ihre Frau erst kürzlich geheiratet.«
»Ja – vor drei Monaten.«
»Mein Beileid, Mister Harvey!«
»Danke, Leutnant.«
Julian Harvey erhebt sich. Als der ehemalige Luftwaffen-

Oberstleutnant das Büro der Küstenwache in Miami verläßt, wirkt er müde und alt, ein gebrochener Mann.

Was der Kapitän der »Blue Belle« über den Ablauf des Schiffsunglücks zu Protokoll gegeben hat, ist klar und einleuchtend. Danach ist der Untergang der Yacht die Folge einer Verkettung von schicksalhaften Umständen. Und bei einem Kriegshelden wie ihm, der sogar zwei Abschüsse mit seinem Jagdflugzeug überlebte, ist nicht zu bezweifeln, daß er nicht alles, was ihm möglich war, getan hat, um die ihm anvertrauten Menschenleben zu retten. Schließlich war ja auch seine ihm frisch angetraute Frau mit an Bord gewesen. Leutnant Murdock denkt schon über den Text seines Schlußberichts nach. Er will die Akte »Blue Belle« in den nächsten Tagen ablegen.
Es ist reine Formsache, daß er die überprüfbaren Details der Aussage von Julian Harvey nachrecherchiert. Dabei stellt sich heraus, daß in dem von Harvey bezeichneten Seegebiet nahe den Bahamas in der Nacht zum 12. November 1961, der Unglücksnacht, kein Sturm herrschte. Im Gegenteil: Nach einem Bericht des Wetterdienstes gab es hier um 21 Uhr, als es zur Katastrophe kam, ganz normale See- und Windverhältnisse.
Es ist außerdem Formsache, daß die Küstenwacht in einem Fernschreiben bei den amerikanischen Versicherungsgesellschaften anfragt, ob die »Blue Belle« gegen Untergang versichert war.
Mit Vorsatz herbeigeführte, betrügerische Schiffsuntergänge gehören sozusagen zum täglichen Brot der Küstenwacht. Die zunehmende Zahl dieser und anderer Versiche-

rungsverbrechen hat zu dieser Zeit auch in Amerika zum Aufbau eines Informationsdienstes nach dem Vorbild des französischen »Cordon de Protection« geführt. In 28 von 50 US-Bundesstaaten wurde inzwischen eine solche Behörde geschaffen, bei der zum Beispiel Matrosen, Schiffsoffiziere, Taxifahrer, Flugkapitäne, Steuerleute und so weiter als Helfer mitwirken und den Büros des »Service of Insurance Protection« gegebenenfalls Winke und Hinweise auf verdächtige Vorkommnisse geben. Ein dicht gewirktes Netz, in dem schon mancher Gangster hängen geblieben ist. Julian Harvey zählt man natürlich nicht zu dieser Kategorie, aber durch seine Verwicklung in das Schiffsunglück muß auch er sich eine Überprüfung auf mögliche betrügerische Machenschaften gefallen lassen.

Wie erwartet, war die »Blue Belle« von ihrem Eigentümer Harold Pegg gegen Untergang versichert worden, zu den üblichen Sätzen. Daran ist nichts Auffälliges.

Unerwartet aber ist das Ergebnis der weiteren Auskunft, um die Leutnant Murdock die Versicherungen im Zuge seiner Anfrage gebeten hat: Auch auf die Frau des als Kapitän fungierenden Julian Harvey ist – für den Fall ihres Todes – eine Versicherung abgeschlossen worden. Und zwar über 40 000 Dollar. Begünstigter: ihr Mann Julian.

Der Leutnant blickt verwundert auf, als er das Telex mit dieser Information gelesen hat. Er schiebt es seinem Vorgesetzten Captain Barber zu. »Was halten Sie davon?«

Barber liest, zuckt mit den Schultern. »Bei einem anderen Mann würde mich das verdammt mißtrauisch machen. Allerdings: Mißtrauen ist unser Geschäft. Immerhin stimmen ja auch seine Angaben über den angeblichen Sturm nicht.«

»Er kann sich in dem Seegebiet geirrt haben«, entgegnet Murdock. »Vielleicht ging das Schiff woanders unter.«
Der Leutnant blickt nachdenklich. Er ist irgendwie verwirrt. Einerseits erscheint auch ihm der hohe Ex-Offizier als eine untadelige Persönlichkeit. Merkwürdig ist für ihn andererseits, daß er seine 34jährige Frau schon nach vierwöchiger Ehe gegen Tod versichert hat, wo man doch gerade in dieser Zeit eher an das Leben als ans Sterben denkt. Und merkwürdig ist natürlich auch, daß sie kurz darauf mit einem Schiff untergeht, das ausgerechnet ihr Mann steuert, der von ihrem jähen Ende profitiert. Und daß gerade er den Untergang überlebt.
Dennoch: Bei der untadeligen Vergangenheit dieses Mannes sind Zweifel an seiner Integrität wohl kaum angebracht. Barber und Murdock beschließen, Julian Harvey noch einmal vorzuladen und ihn zu den neu aufgetauchten Fragen zu vernehmen. Sie sind überzeugt, daß er darauf zufriedenstellende Antworten weiß.
Noch ein Mann wird von ihnen in das Büro der Küstenwacht in Miami bestellt: Mr. Pegg aus Hollywood, der Besitzer der »Blue Belle«. Auch an ihn haben die Beamten einige routinemäßige Fragen wegen der Versicherung zu stellen.
Eine dramatische Wendung des Falles ist ihrer Meinung nach nicht zu erwarten.

Und dann geschieht dies:
Zwei Tage nachdem Julian Harvey von dem Tanker »Guflion« an Bord genommen wurde, sagt ein Matrose auf dem griechischen Frachter »Captain Theo« zu einem Kollegen: »Sieh mal, da drüben! Was ist denn das auf dem Wasser?«

Der Blick des anderen folgt seinem ausgestreckten Finger. Plötzlich entdeckt auch er auf dem offenen Meer ein Floß, das auftaucht und verschwindet, wieder auftaucht, wieder verschwindet – ein Spielball der Wellen, die im Licht der aufgehenden Sonne ein seltsames, safrangelbes Aussehen haben.

»Da ist ja ein Mensch drauf!« ruft der Matrose.

Der Frachter »Captain Theo« befindet sich zu dieser Zeit 100 Meilen von der Küste Floridas entfernt. Ein Rettungsboot wird auf Anordnung des Kapitäns ausgesetzt, steuert auf das Floß zu. Als die Männer näherkommen, erkennen sie auf der Korkhülle ein kleines blondes Mädchen, das sich nicht bewegt. Es trägt einen dünnen, durchnäßten Schlafanzug.

Zwei Matrosen ziehen es vom Floß ins Rettungsboot. Immer noch zeigt es keine Spur von Leben. Die Glieder der Kleinen sind schlaff und steif.

»Tot, ja?« fragt der Mann, der das Boot wieder zum Frachter zurücksteuert.

Ein anderer streckt die Hand aus, um eine Salzkruste von der Haut des Mädchens wegzuwischen. Er zögert ein wenig, erschreckt von dem Gedanken, eine Tote zu berühren. Dann spürt er die Haut. Sie ist kühl, aber nicht kalt. Er streicht das nasse blonde Haar aus dem Gesicht. Die Augen, von langen blonden Wimpern gesäumt, sind geschlossen, die blau und rot gefrorenen Wangen von Sommersprossen übersät.

Der Matrose greift nach der Hand der Kleinen, fühlt den Puls.

»Nichts ...«, sagt er.

Doch er scheint an der falschen Stelle zu fühlen. Als er weitertastet, ruft er plötzlich: »Mein Gott – sie lebt!«

Während der Fahrt zum Frachter hält er den blonden Kopf des Mädchens auf seinem Schoß. Von Zeit zu Zeit scheinen ihre Augenlider zu zucken.
Das Mädchen wird an Bord der »Captain Theo« gebracht. Der Funker unterrichtet die Küstenwacht in Miami und fordert einen Hubschrauber an, der Minuten später aufsteigt. Die ganze Besatzung ist erleichtert, als er schließlich auf dem Deck des Frachtschiffs landet. Vorsichtig wird das bewußtlose Mädchen, dessen Körper blaugefroren und vom Salzwasser angegriffen ist, in den Laderaum des Hubschraubers getragen. Die Maschine steigt auf und nimmt Kurs auf das Mercy-Krankenhaus in Miami.
Hier beginnen die Ärzte wenig später ihren Kampf um das Leben des Mädchens. Sie wundern sich, daß es die Strapazen auf dem Atlantik überhaupt überstanden hat. Wie es aussieht, muß sie lange in Kälte und Wind durch die Wellen getrieben sein.
Nach drei Stunden schlägt die kleine Blonde die Augen auf. Sie spricht die ersten Sätze, und zu Beginn der nächsten Nachrichtensendung verkünden die Rundfunkstationen Floridas das Wunder: Das Mädchen ist eine weitere Überlebende der »Blue Belle« – die elfjährige Terry Jo, eines der drei Kinder des bei einem Schiffsunglück ertrunkenen Augenarztes Dr. Arthur Duperrault!
Julian Harvey sitzt zu dieser Zeit Leutnant Murdock gegenüber, der mit ihm über die noch offenen Fragen spricht: die Versicherung für seine Frau und seine Angaben über den Sturm, die nach den Recherchen der Küstenwacht so nicht stimmen können. Harvey hat gerade erklärt, daß er sich bei der Beschreibung des Seegebietes, in dem er den Sturm er-

lebte, auch geirrt haben kann, als ein fülliger Beamter ins Zimmer stürzt und ein wenig außer Atem dem jungen Offizier berichtet, was er soeben durch den Polizeifunk über die wundersame Rettung der Terry Jo erfahren hat.

Leutnant Murdock springt auf, geht um seinen Schreibtisch herum auf Harvey zu, legt ihm eine Hand auf die Schulter. »Menschenskind, Mister Harvey – was für ein Glück! Sie sind nicht der einzige, der mit dem Leben davongekommen ist. Vielleicht fischen sie noch andere aus dem Wasser. Ich hoffe für Sie, auch Ihre Frau!«

Der Angesprochene vernimmt es reglos, ohne jeden Ausdruck von Freude. Wieder, wie damals nach der Rettung, scheint er abwesend, mit seinen Gedanken weit fort zu sein. Schließlich nickt er, versucht sich an einem Lächeln.

»Ich hoffe es auch«, murmelt er. Nach einer Weile fragt er: »Wie geht es Terry Jo? Kann sie sprechen?«

Der Beamte, der die Nachricht überbracht hat, zuckt mit den Achseln. »Ich weiß es nicht.«

Murdock trägt ihm auf, Verbindung mit dem Mercy-Hospital herzustellen. Er will über den Zustand des Mädchens ständig unterrichtet werden. In ihr hat er jetzt neben Harvey eine weitere Zeugin für den Untergang der »Blue Belle« gefunden. Beruhigend erklärt er seinem Besucher: »Wenn wir die Kleine vernommen haben, können Sie nach Hause reisen, Mister Harvey. Sie wird Ihre Angaben ja bestätigen.«

Julian Harvey nickt, den Blick für einen Moment auf das Fenster hinter Murdock gerichtet, durch das man aufs offene Meer sieht. »Natürlich, Leutnant.«

Wenig später verläßt er die Dienststelle der Küstenwacht und fährt mit seinem Mietwagen zu dem kleinen Motel am

Rande der Stadt, in dem er seit seiner Ankunft in Miami wohnt.
Am Abend geht er ins Badezimmer. Ganz gegen seine Gewohnheit zieht er hinter sich die Tür zu.

Am nächsten Morgen sitzen Captain Barber und Leutnant Murdock in einem hellen Zimmer des Mercy-Hospitals im Beisein eines Arztes am Krankenbett der kleinen Terry Jo. Was das blonde Mädchen, das sich inzwischen einigermaßen erholt hat, über den Untergang der Zweimast-Yacht erzählt, läßt sie verwundert die Köpfe schütteln.
Ist das, was sie da in kindlicher Sprache zu hören bekommen, wirklich die Wahrheit – oder hat sich der Verstand des Mädchens verwirrt, als es die dreieinhalb Tage bis zu seiner Rettung ohne Trinkwasser und Proviant, nachts der Kälte, tagsüber der erbarmungslos brennenden Sonne ausgesetzt, über das Meer trieb?
Denn das, was Terry Jo berichtet, steht im krassen Gegensatz zu den Berichten des Ex-Oberstleutnant Julian Harvey.
»Nein«, sagt das Mädchen entschieden auf eine Frage, »es gab keinen Sturm. Auf dem Schiff ist auch kein Mast gebrochen, und Feuer habe ich auch nicht gesehen.«
Nach ihrer Aussage spielte sich das Drama auf der »Blue Belle« so ab:
Am Abend des 12. November mußten sie und ihre siebenjährige Schwester Renée als erste ins Bett. Sie schliefen in getrennten Kabinen. Terry Jo lag in einer Kabine im Achterdeck. Nach einer Weile wurde sie durch Geräusche wach. Hatte da nicht Brian, ihr vierzehnjähriger Bruder, geschrien? Und war da nicht die ängstliche Stimme ihrer Mutter?

Terry Jo hörte außer den Schreien auch ein merkwürdiges Stapfen. Sie sprang aus der Koje hoch und wollte an Deck. Auf dem Weg dorthin mußte sie durch die Hauptkabine, in der sie eine entsetzliche Entdeckung machte: ihre Mutter und ihr Bruder lagen in einer großen Blutlache leblos auf dem Boden.

Sie rannte weiter. Die Treppe und das Deck in Nähe des Cockpits waren ebenfalls voller Blut.

Terry Jo: »Oben kam mir Mister Harvey entgegen. Er hatte etwas Ähnliches wie einen Eimer in der Hand. Ich fragte ihn, was passiert ist. Er aber schrie mich an: ›Verschwinde nach unten!‹ und stieß mich die Treppe hinab.«

Wieder in der Kabine, vernahm sie Geräusche, als wenn Harvey Wasser über die Deckplanken schüttete und den Boden vom Blut zu reinigen versuchte.

Einige Zeit später näherten sich ihrer Kabine Schritte. Harvey kam herein, mit einer Flinte in der Hand. Eine Weile blieb er vor ihr stehen und starrte sie düster an. Er schien etwas zu überlegen. Ohne ein Wort mit ihr zu wechseln, verließ er die Kabine wieder und kehrte an Deck zurück.

Das nächste, was Terry Jo hörte, war ein Hämmern auf dem Schiff. Sie merkte, daß sich der Rumpf zur Seite neigte und daß Wasser durch die Türritze zu ihr in die Kabine drang. Das Wasser stieg höher und höher, und sie hatte immer größere Angst. Als das eindringende Wasser ihre Koje erreicht hatte, lief sie abermals an Deck – trotz der Warnung Mr. Harveys.

Terry Jo: »Als ich nach oben kam, trieb das Beiboot schon auf dem Wasser. Ich sah auch Mister Harvey. ›Sinkt das Schiff?‹ fragte ich ihn. Er antwortete: ›Ja.‹ Dann sprang er ins Wasser und schwamm auf das Boot zu. Ich konnte noch sehen, wie er auf einer Seite hineinkletterte. Dann verschwand er in der Dunkelheit. Ich habe ihn nicht wieder gesehen.«

Leutnant Murdock hat die Schilderung des Mädchens mit wachsender Erregung gehört. Er kann es nicht fassen: Sollte er sich in Julian Harvey so getäuscht haben? Was hatte er auf dem Schiff getrieben? Und warum hatte er das Mädchen alleine zurückgelassen, als die »Blue Belle« unterging?

»Bist du noch einmal zu deiner Mutter und deinem Bruder zurückgegangen?« fragt jetzt Captain Barber.

Das Mädchen, das blaß, mit geschundener Haut in den Kissen liegt, schüttelt den Kopf. »Nein.«

»Hast du deinen Vater noch gesehen?«

»Nein.«

»Und Renée, deine Schwester?«

»Auch nicht.«

»Ist dir die Frau von Mister Harvey später noch einmal begegnet?«

Wieder schüttelt das Mädchen den Kopf.

»Was hast du gemacht, als Mister Harvey weg war?«

»Ich wußte, daß auf dem Dach der Hauptkabine ein kleines Korkfloß festgebunden war. Ich lief hin und konnte es losmachen – im letzten Augenblick. Denn das Wasser schwappte schon über das Deck. Ich kletterte in das Floß und trieb vom Schiff ab. Ich sah noch, wie es sank ...«

Die Beamten von der Küstenwacht sehen einander an. Nach der Schilderung des Mädchens war der Untergang der »Blue Belle« kein Unglück. Julian Harvey hatte ihn vorsätzlich herbeigeführt, vermutlich, nachdem er alle Personen an Bord, bis auf die beiden kleinen Mädchen, mit der Flinte erschos-

sen hatte. Nach den Geräuschen, die Terry Jo gehört hatte, ehe das Wasser in ihre Kabine drang, hatte er das Schiff leckgeschlagen, um es sinken zu lassen.
Der gutaussehende Ex-Oberstleutnant ist also ein kaltblütiger, mehrfacher Mörder!
Aber noch kann Captain Barber nicht so recht daran glauben. Zu gut war der Eindruck, den der frühere Luftwaffenoffizier beim Verhör auf ihn und auf Leutnant Murdock gemacht hat. Waren sie auf eine beachtliche schauspielerische Leistung hereingefallen? Hatte er seine Zerknirschtheit, seinen Kummer nur gespielt?
»Hast du eine Explosion an Bord gehört?« fragt Barber das Mädchen.
»Nein.«
»Gab es manchmal Streit, fielen harte Worte?«
»Nein.«
Terry Jo ist erschöpft, und der Arzt drängt, die Vernehmung zu beenden. Die Polizeibeamten stehen auf, verlassen das Krankenzimmer.
Vor der Tür wendet sich Barber an den Mediziner. »Sie haben gehört, was Ihre kleine Patientin uns erzählt hat«, sagt er. »Das ist eine ungeheuere Anklage gegen einen Mann, der sich bei der Armee hoch verdient gemacht hat. Kann man davon ausgehen, daß Terry Jo klar bei Sinnen ist?«
»Sie ist völlig klar.«
»Kein Zweifel möglich?«
»Nein. Das Mädchen hat den Schock und die Strapazen gut überstanden. Ihr Gehirn ist in Ordnung, und ihr Erinnerungsvermögen hat nicht gelitten.«
»Dann«, sagt Barber, »müssen wir sie vor einem möglichen

Anschlag schützen. Sie ist die einzige Zeugin, die einen fünffachen Mörder überführen kann.«
Er ordnet an, daß sofort zwei Beamte der Küstenwacht vor dem Zimmer Terry Jos im Mercy-Hospital Posten beziehen.

Mit der Aussage der kleinen Terry Jo Duperrault erscheint Ex-Oberstleutnant Julian B. Harvey nun in einem neuen Licht: der Held von gestern – der Massenmörder von heute. Seine Kaltblütigkeit, sein Mut und seine Verwegenheit, Eigenschaften, die ihn als Jagdflieger auszeichneten und zu immer neuen Erfolgen führten – diese Eigenschaften hat er nun skrupellos für sein Verbrechen eingesetzt.
Keine Frage: Er ist ein Mann für den Henker.
Gründlicher als zuvor die Küstenwacht untersucht nun der FBI seine Vergangenheit. Vor allem die sieben Jahre seit seiner ehrenvollen Entlassung aus der Armee. Und dabei kommt vieles über diesen Mann, das bisher im Dunkeln lag, ans Licht. Schon einmal, so stellt sich heraus, war Harvey in einen mysteriösen Schiffsuntergang verwickelt. 1956 besaß er die Yacht »Torbathross«. Auch dieses Schiff ging unter, vor der Küste von Texas. Harvey hatte das Schiff mit 14 000 Dollar (damals 56 000 Mark) versichert. Anstandslos zahlte ihm die Versicherung das Geld.
Zwei Jahre davor war Harvey in eine ebenfalls undurchsichtige Geschichte verwickelt. Mit einem von ihm gesteuerten Auto war er in einen Kanal gestürzt. Seine erste Frau und seine Schwiegermutter, die mitfuhren, ertranken. Auch damals konnte Harvey sich als einziger retten.
Und ebenso wie für seine zweite Frau Mary, die mit der »Blue Belle« unterging, hatte er auch für seine erste Frau, die

unter so merkwürdigen Umständen ums Leben kam, eine Versicherung abgeschlossen.
Das Motiv für Harveys Verbrechen sehen die FBI-Detektive in Geldschwierigkeiten. Der Kriegsheld hatte sich im zivilen Leben zu einem großen Frauenheld entwickelt. Immer neue Liebschaften und ein großzügiger Lebensstil, wie er ihn pflegte, waren mit seiner eher bescheidenen Offizierspension nicht zu finanzieren. Deshalb verfiel Harvey auf die Idee, Versicherungen zu betrügen – und Menschen zu töten.
Seine letzte Frau Mary hatte er allem Anschein nach nur im Hinblick auf seine blutigen Pläne geheiratet. Schon einen Monat nach der Hochzeit versicherte er sie für 80 000 Mark. Und zwei weitere Monate später wurde sie zum Versicherungsfall – als sie mit der »Blue Belle« in den Wellen des Atlantik versank.
Die Charterfahrt mit dem Augenarzt Dr. Duperrault zu den Bahama-Inseln war Harvey als gute Gelegenheit erschienen. Daß die fünfköpfige Familie des Arztes mit sterben mußte, gehörte zu seinem Plan: Es machte das »Unglück«, das ja nur auf seine hochversicherte Frau zielte, glaubhafter.
Bei diesem Stand der Ermittlungen machen sich Captain Barber, Leutnant Murdock und ein FBI-Detektiv auf den Weg, um den Mörder zu verhaften. Sie fahren zu dem Motel am Rande von Miami, wo Harvey abgestiegen ist.
»Eines verstehe ich nicht«, sagt unterwegs Murdock. »Daß er nicht auch Terry Jo und ihre Schwester erschossen hat.«
»Kinder zu ermorden, davor schrecken selbst Profikiller zurück«, entgegnet der erfahrene Barber. »Er war ja schon mit dem Gewehr in die Kabine Terry Jos gekommen – irgendwie brachte er es dann doch nicht fertig. Er schonte sie und Renée

in der Annahme, daß sie beim Untergang des Schiffes ohnehin im Meer ertrinken würden. Renée ist dann ja auch tatsächlich ertrunken.«

»Und warum hat er ihre Leiche aufgefischt?«

»Er wollte sie als stumme Zeugin für seine Darstellung des Untergangs der ›Blue Belle‹ benutzen.«

Murdock nickt. »Daß es auch noch eine sprechende Zeugin geben würde, damit hatte er nicht gerechnet. Seine Skrupel wurden ihm zum Verhängnis.«

Verhängnisvoll für Julian B. Harvey war es auch, daß eine Reihe von außergewöhnlichen Umständen zusammentrafen, um die blonde Terry Jo zu retten. Der zu dieser Jahreszeit von Stürmen wildgepeitschte Atlantik war ruhiger als sonst, das Klima in diesen Novembernächten milder als gewöhnlich, so daß ein Mensch, der nur mit einem dünnen Schlafanzug bekleidet war, in dem vom Wasser überspülten Floß überleben konnte. Zu Terry Jos Glück – und damit zu Julian Harveys Unglück – gehörte es auch, daß das Mädchen, schon bewußtlos, sozusagen im letzten Augenblick vor dem Sterben von dem griechischen Frachter entdeckt wurde.

Nach schneller Fahrt biegt der Dienstwagen der Küstenwacht in die Einfahrt des Motels ein. Die drei Beamten steigen aus, gehen zum Pförtner, weisen sich aus. Sie fragen nach Julian Harvey.

»Kommen Sie auf meinen Anruf?« will der Portier, ein kleiner, weißhaariger Mann, wissen.

Barber schüttelt den Kopf. »Nein. Was für ein Anruf?«

»Ich habe den Sheriff wegen Mister Harvey verständigt.«

»Was ist mit ihm?«

»Er lebt nicht mehr. Er hat sich heute nacht umgebracht.«

Der Weißhaarige erzählt den Beamten, daß das Zimmermädchen den Gast von Zimmer 24 am Morgen im Badezimmer gefunden hat. Er lag in einer großen Blutlache auf dem Boden. Mit einem Rasiermesser hatte der Mörder sich die Pulsadern und die Kehle durchgeschnitten.
Den Entschluß dazu muß er gefaßt haben, als er im Büro der Küstenwacht von dem Schicksal der kleinen Terry Jo hörte. Er wußte ja, wenn sie sprach, war er verloren ...
Im Schlußbericht der Küstenwacht von Florida heißt es in echtem Behörden-Amerikanisch: »Eine Strafverfolgung erscheint angesichts des Todes von Julian Harvey nicht angebracht. Dagegen wird beantragt, den Besitzer der ›Blue Belle‹, Harold S. Pegg, wegen Verstoßes gegen die Bestimmungen zur Führung eines Schiffes vorladen zu lassen. Die Yacht hatte bei ihrer letzten Fahrt keinen Schiffsführer mit Patent an Bord.«
Die Akte über den Untergang der »Blue Belle« ist damit geschlossen.
Der letzte Akt in diesem Drama aber findet auf offener See statt: Am 23. November 1961 wird Julian B. Harvey, der Flieger, von Freunden nach seinem Letzten Willen in einem Seemannsgrab beigesetzt. Vor der Küste Floridas lassen sie seinen in ein Segeltuch gewickelten Leichnam von einer Motoryacht über Bord gleiten – nicht weit entfernt vom Schauplatz seines letzten Verbrechens.
Ein Anker aus blühenden Blumen markiert für kurze Zeit die Stelle, an der er seinen Opfern ins Wasser folgte.